客家研究
Hakka Studies

叢書主編：蕭新煌 教授

本書為科技部領袖學者助攻方案─沙克爾頓計畫（輔導規劃型）

（MOST 108－2638－H－008－002－MY2）研究成果的一部分

沙巴客家的形成與發展

劉瑞超　著

巨流圖書公司印行

國家圖書館出版品預行編目（CIP）資料

沙巴客家的形成與發展 / 劉瑞超 著.
-- 初版 . -- 高雄市：巨流圖書股份有限公司 , 2022.07
　　面；　　公分
ISBN 978-957-732-666-9（平裝）
1.CST: 客家 2.CST: 民族文化 3.CST: 區域研究 4.CST:
馬來西亞沙巴

536.211　　　　　　　　　　　　　　　111009187

沙巴客家的形成與發展

作　　　者	劉瑞超
編　　　輯	沈志翰
封 面 設 計	毛湘萍
發　行　人	楊曉華
總　編　輯	蔡國彬
出　版　者	巨流圖書股份有限公司
	80252 高雄市苓雅區五福一路57號2樓之2
	電話：07-2265267
	傳真：07-2233073
	e-mail: chuliu@liwen.com.tw
	網址：http://www.liwen.com.tw
編　輯　部	100003 臺北市中正區重慶南路一段57號10樓之12
	電話：02-29229075
	傳真：02-29220464
劃 撥 帳 號	01002323　巨流圖書股份有限公司
購 書 專 線	07-2265267 轉 236
法 律 顧 問	林廷隆律師
	電話：02-29658212
出 版 登 記 證	局版台業字第 1045 號

ISBN／978-957-732-666-9（平裝）
初版一刷 · 2022 年 7 月

定價：450 元

代序

「國家公民」和「客家族群」的新雙重認同

蕭新煌

臺灣亞洲交流基金會董事長
國立中央大學客家學院講座教授
總統府資政

我主持的科技部領袖學者助攻方案—沙克爾頓計畫（輔導規劃型）（MOST108-2638-H-008-002-MY2），旨在帶領和協助中央大學客家學院六位新、中生代客家研究學者一齊以區域化、國際化策略聚焦和呈現他們已有的研究長項，以提升其學術知名度和聲望。另一附帶功能，即是提攜輔導更年輕的客家研究學者（如博士後），以出版優良著作作為途徑，讓他們盡早進入客家學術研究的殿堂。

劉瑞超博士這本由博士論文改寫的新書，就是本計畫推廣並補助出版的一個對象。這本以「沙巴客家的形成與發展」為題的好書，訴說的是東馬沙巴客家人如何建構出一個屬於他們可以集體認同的「沙巴客家」集體意象，也就是一種從「自在沙巴客家」轉變提升成為「自為沙巴客家」的歷程。根據瑞超在這本書所呈現的研究成果，除會館、宗教、語言等內在促成因素之外，跨域客家網絡交流和巴色客家教會也扮演了凝聚的加乘角色。這就是沙巴客家認同的在地化特殊脈絡或他所稱的沙巴模式（Sabah style）。

　　很明顯地，他的立論基礎是建構論（constructionism），而非本質論（essentialism），這點我是覺得它已是目前在研究海內外客家認同普遍被接受的理論依據。但是，建構論絕非憑空想像，也非毫無任何血緣或婚姻的連帶就能形成出客家意識。

　　本書第 4 章討論提到跨國客家網絡在地化的拉拔功能，從跨國連結深化在內紮根。文中還涉及沙巴客家如何梭行遊走「兩岸」，到中國原鄉去「尋根」和「祭祖」；到臺灣新客鄉則是去找未來的客家文化發展出路。我想想，這倒是很理性的海外客家外交手腕，臺灣沒理由不張開雙手歡迎沙巴或其他任何一地的海外客家來臺灣為他們的後代子孫尋找客家文化願景。第 5 章的標題是「客家場域的論述與實踐」內容豐富，再次檢視公會（會館）、教會、相關客家文化標籤（符碼）的襲用、習用和創造等所發揮的催生和育成沙巴客家集體意識的作用。

　　第 6 章則又回到一個很人類學式的儀式——舞麒麟，藉此來再次凸顯沙巴舞麒麟已不再重複原鄉的形式與內容，已自創新型態了，這不就是沙巴在地化的另一個表現嗎？

　　瑞超在結論中指出，沙巴客家或是整個東南亞客家經歷了移民時代的「僑民」身分，到客居國的獨立建國後的「華人」地位，的確是不斷地在調整自我的認同與歸屬。我甚至還在觀察當下的沙巴或全球海外客家是不是也正在認真地建構另一種「國家公民」和「客家族群」的新雙重認同。

推薦序
海空不遠距間的連線

謝世忠
國立臺灣大學人類學系教授

　　尋覓世界客家，是當代臺灣客家知識界踐行的一項風潮，它是一不甚容易的任務，卻也十足迷人，其魅力之點就在於種種相關發現，總能帶著新穎驚奇，而卻也獲有一份溫馨同胞踏查心情。本書作者劉瑞超先生關鍵時刻躍上浪頭，在眾人殷殷期盼下，完成了博士論文，並於五年後的今日正式出版，可喜可賀。

　　臺灣是個望外瞧見海洋的基點，而大洋之外有什麼，在歷史時期和現代時空上，各有不同的答案，前者半風聞半想像，後者半定論卻也伴著半想像。客家臺灣花了三十年定序了我族位置，自不太公開外顯樣態，直至文化唱臺和權利復甦，著實引領了大家的眼光注目。此時，菁英成員開始處理歷史時刻風聞想像那份延續久久的茫然，梳理成真的動機，頓時成了指引方向。於是，外頭世界到底如何，除了既有資訊可以解我不知之外，進一步亟欲獲知語言、認同、會館、建築、信仰、慶典等等的細節，似乎就是自己應該前往探尋的責任。劉博士寫書就是在專論相關議題，畢竟，此等論題在臺灣業已獲得了研究成果認證，而海外地區似也需要一次

同等付出，然後二者客家才可以交談比對，連線之機嫣然形成。

　　馬來西亞是個絕對性選項，因為它是華人人口眾多的國家，更有豐富研究史的紀錄。臺灣的客家學術起身並成熟了之後，值得重新出發再探大馬，畢竟，熱騰騰的本島客家知識系統，正等著海外顯例的對應或比觀。劉博士以馬國東部海洋區域的領土沙巴為對象，而那對臺灣來說，的確是個夢幻近處，它在東南亞，不遠於臺，卻相對上陌生，研究者的勇氣與決心，預知了本書來年的完成問世。而它也成功地讓對陌生不遠地感興趣的客家讀者得到了知識獎賞。

　　本書的各章節平衡有序，前述客家典型生活要素通通有論，精彩的一段祭儀慶典展演的多方比較敘述作為末章，更不失為一好戲在後頭的有效策略。人類學民族誌有超微觀模式的堅持者，也有力爭突圍與宏觀世界對話的改革人，劉博士此書不陷入掙扎，從而大方地二者兼備，田野印記出現於張張自掌的鏡頭相片裡，也呈現在段落書寫的字句中，而古時代和今世代統合的文獻，在他手中亦有通盤的整理與評論，堪稱難能可貴。

　　作為劉博士在臺大時期的指導教授，對於門生的成就，驕傲不其然溢於言表。自己知道學生成長了，也成了新生代老師，那就和客家麒麟團的繽紛麒麟益顯勇猛出色相當，一份學術成績終究告知了作者自身的努力與潛力，我們繼續期待，也充分理解到客家的世界之旅從不稍歇，東馬給了故事，還有更多，當都在劉博士步步規劃中。當然，拉上了海空不遠卻也遠的距離，正是本書大貢獻，那份聯繫之情，也道盡客家數百年處處艱毅的痕跡。

謝世忠
寫於安坑綠色家屋中的綠色書屋

目錄

表目錄

圖目錄

第 1 章

導論

第一節　前言

　　1980 年代的臺灣社會經歷了政治開放、社會轉型之後，在各類蓬勃不斷的社會運動及本土化運動浪潮中，客家逐漸由少數菁英或民間零散論述走向大社會公共議題，在國家政治舞臺上展現其集體動能。臺灣客家由「隱形的客家人」到「無處不客家」，在短短十餘年間達到了法、政、學公開化的地位，成為臺灣社會的顯形要素之一。在這個過程中，臺灣客家展現了動員號召族裔成員的強大力量，國家也在此間調整了其作法，體認了臺灣社會內的多元文化成分，體制化了國內族群文化政策架構，某種程度上算是被動地回應了過去客家群體的訴求。

　　2001 年以後國家陸續設立之中央及地方層級的客家事務機構，可說是將客家社會文化的發展納入國家整體施政之中，藉由國家的力量及資源，主動地打造施政者心中的當代客家圖像。以中央層級的行政院客家委員會來看，該會成立二十年來，以豐沛的政府預算推動各項客家政策，包括客家人口基礎資料調查、客庄文化資源普查、推廣客家文藝、客家語言復甦、奠定客家研究基礎、推動客家特色產業、客家文化生活環境營造、

建構國際客家交流平臺等，可以看得出這些施政的企圖除了在「找出」客家「族群」與其「文化」的形質內涵以外，同時也在「打造」何謂客家。此外，這十餘年來在國家的支持下，許多大專院校紛紛成立客家研究相關學院系所中心，投入研究人力深化客家論述、建構「客家學」。在如此的政、學相輔的背景之下，臺灣民間客家也有其回應及參與此新一波客家社會運動的方式。簡單來說，在過去二十餘年來的發展趨勢中，我們可以看出國家與人民在對於「何謂客家」、「如何客家」上，似乎產生了主動性與被動性的角色上互換。

　　臺灣客家在取得國家高度以後所推動的客家政策已然延伸出國家疆界。客家委員會以客家之名，與世界各國內部的客家移民後裔、社群組織，展開了愈來愈多的連結，其中以走向東南亞最為顯著，並逐漸連結五大洲的客家組織與社區。此外，臺灣學術界在累積了相當的本土客家研究後，亦配合國家政策走向國際客家研究，尤其是對東南亞區域的客家，已累積相當的成果。臺灣客家研究者的「東南亞客家知識」也自此逐漸建立，並與臺灣客家研究傳統展開對話。基本上，學者們都體認到東南亞地區的「客家」意涵顯然與臺灣一般對於「客家族群」的界定，在形貌與內涵上皆有程度不等的異同。

　　國家力量與族群文化發展之間總有著複雜的關係，包括了當代臺灣原住民及客家。原住民族在國家行政體制下如何透過文化復振及傳統再造，以界定自我族群文化邊界與內涵，並探討族群文化傳統與國家的對話。客家是臺灣社會中另一顯著的族群，在其社會運動階段之後緊接而來的文化運動中，客家也面臨了界定自我形質構成的階段。客家自隱形至顯形的過程中，我們看見了族群與國家間的動態對話過程。很明顯的，當代國家社會中的「族群」，其出現之樣態，實乃反應出所處環境的政治經濟及社會文化條件。以臺灣的南島語系原住民族及漢語系的客家族群過去

二十餘年來的發展來看，兩者的政治社會及族群文化運動皆有類似的軌跡可尋，在當代多元文化國家體制下的族群文化發展也有許多類同之處。人類學在研究人類社會廣泛現象之時，著重的是對「文化」的理解與詮釋，臺灣社會族群文化發展現象，更能提供我們進一步探討何謂「族群」及「文化」。基於上述的背景，本書打算以過往臺灣研究經驗為基礎，延伸至東南亞地區進行人類學的比較研究，並以馬來西亞客家華人為主要研究對象。

　　基於上述的理解，我們首先面對的是對當地華人社會、客家族群的界定。透過回顧過去臺灣學界對東南亞客家研究成果可發現，至少在十幾年前便已建立出包括會館組織（如黃賢強 2011、利亮時 2011、王力堅 2011、黃淑玲與利亮時 2011）、聚落發展（如陳美華 2011、安煥然 2011、張曉威與吳佩珊 2011）、族群產業（如李偉權 2011、張翰璧 2011、林育建 2011）、宗教信仰與家庭（如張維安與張容嘉 2011、黃子堅 2011、林開忠 2011）、客家認同（如蕭新煌 2017）、社團網絡（如蕭新煌等人 2020）等幾項研究主題。透過這些主題的研究，探討新、馬地區客家社群的政治、經濟、文化演變過程，以及在該過程中，客家作為一種族裔範疇所體現的意義。

　　然而，其中大多的研究，多以馬來半島為主，聚焦婆羅州島之砂勞越（Sarawak）及沙巴（Sabah）兩州的研究相對較少。但若單就沙巴來看，許多討論新馬地區華人社會或客家社會的論著中，沙巴似乎不時被賦予某種特殊的位置，諸如沙巴華人乃有計畫的家庭移民，不同於其他地方的華人移民型態；客家構成沙巴華人社會的主體，客家話取得當地華社通用語的地位，這是全馬來西亞、甚至有華人移民的各個國家都少有的現象；此外，沙巴客家社會在移民史上與基督教會的特殊關係，是許多海外客家移民地區中所未見的。鑒於此等「特殊性」，本書乃以沙巴客家華人

為主要對象，進一步釐清諸如會館、教會、宗教、語言、及跨域網絡交流等因素，在沙巴華人社會所扮演的歷史及當代角色，除了探討其中族裔認同之性質及角色的演變過程外，亦進一步釐清理解國家、跨國等力量對文化的形塑及影響，以及「族群」與「文化」認同之間的關係。

與馬來半島各地客家會館有所差異的是，沙巴（Sabah，舊英屬北婆羅州 British North Borneo）雖然在 1886 年就成立了客家組織，即東海岸山打根（Sandakan）的鵝城會館，後來更名為山打根客屬公會，但除此之外全州未見有其他客家組織的成立，時序及規模上無法與馬來半島相比。那麼，在會館未普及時期的沙巴客家認同存在的樣貌及可能性是甚麼？有研究指出，沙巴西海岸的客家人與巴色教會有著密切關係，該地區客家居民都是透過教會與政府進行交涉，這可能是西岸客家組織較晚出現的原因（黃子堅 2011：367-402）。換句話說，當時的教會提供了類似會館般的功能。也有研究者指出，教會呈現出強烈的「客家性」（張德來 2002），甚至宣稱巴色教會是客家認同的堡壘（黃子堅 2011：394）。雖然巴色教會被視為維持及促進客家認同的機構，但實際上並非所有沙巴客家華人都是基督徒，也有不少客家人並非透過巴色教會移民計畫而落腳沙巴。早期東海岸地區客家基督徒也較西海岸來得少，在缺乏會館的情況下，當時客家認同存在與否值得探究。此外，張德來（2002：64）指出，1940 年代成立北婆羅州客屬公會的工作主幹其實是巴色會的客家基督徒，客家公會的立會精神與哲學有所不同。因此，本書將透過檢視巴色教會及客家會館之間的關係，我們將能知道沙巴客家社群的分述與合流。

無論如何，曾經被視為體現客家認同的教會及會館組織，在馬來西亞建國後面臨新的發展。1960 年代沙巴各地陸續成立客家會館的同時，巴色教會也開始拓展業務向非客家地區宣教，逐漸加入其他華人群體及原住民的成分，最後導致巴色教會作為一個「客家教會」的基礎產生質變。

那麼，原先教會所負起的客家認同堡壘的功效，或已然消失，或者轉移至客家會館，或者其實它們並存著，值得進一步研究。誠如林開忠與李美賢（2006）所言，客家血統與客家認同之間沒有必然性，客家認同或客家意識在東南亞，常只是附屬在華人認同之下。這是在馬國建國後華人必須面對的政經結構下最常有的在地回應。也因此，Carsten（2005：74-75）認為華人對「方言群差異」的知識，及去認知或表述「方言群」間的微小差異，其實只是表達華人性（Chineseness）的另種方式，華人參與各式會館來表達此種認同，這種共享的知識，被用來再次確認更一般性、更具包容性的華人認同。但也如林、李及 Carstens 所言，在跨國媒體及人員資訊流動快速的今日（如族群文化知識的傳遞），新資訊可能產生新認知，客家認同或意識仍具有變動的可能性，這些在本書的民族誌材料中也可以發現。

　　總之，沙巴作為馬來西亞國內一個由客家形成當地華社主體的州屬，在移民初期乃由西方教會與殖民機構的計畫性移民，所形成的農業社群主體，在缺乏會館及公司組織的時期裡，教會主導了人們的生活；此外，又有另一部份非基督徒的契約勞工及自由移民進入。在這樣的組成下，在地華人社會及客家社會之性質，在過去百餘年間，經歷了移民、殖民、獨立建國的過程，其與原鄉之間的政治、文化、經濟等的連結，對其社群生活產生了什麼樣的影響。透過客家會館、教會及其相關跨域網絡的研究，本書期望進一步理解沙巴「客家」在過去與現在的意義。他們以什麼方式來理解外界（學界、社會組織、跨國網絡）所建構的「客家」及華人世界。

　　東南亞地區是華人移居海外的重要區域，早期華人稱之為南洋。「東南亞」作為一個區域的出現，其實是二次世界大戰期間以美國為首的盟軍所劃定的軍事行動區域。這區域內族群文化複雜多樣，除泰國以外，域內多屬原西方各國殖民地，戰後此區域各殖民地陸續獨立建國，本區又被賦

予圍堵共產主義擴散的任務。戰後至今，包含人類學在內的各學科對東南亞的民族誌及知識的積累相當豐富，也產出不少重要研究走向及理論，而這些知識經常產生跨學科的應用，並不侷限於人類學。由於殖民歷史的緣故，西方統治者透過強制的力量，將各個在地社會文化劃歸在一個政治單元中，這種多族群文化併存的現象，吸引不少學者注意，馬來西亞便是其中之一。

Furnivall（1967[1939]: 446-469）在戰前便提出的多元相斥社會（plural society）概念，可說是針對東南亞殖民地社會文化觀察的先聲。馬來西亞國家內部的族群多元現象，來自於殖民時期的殖民行政之規劃，馬來、華人、印度等裔人群為殖民政府安排在不同的政治經濟部門。馬來人雖有英殖民官方所賦予的各項優越地位，馬、華、印三人群基本上無太大關係，彼此間無經濟上的競爭，也無社會上的融合，更無政治權利上的鬥爭。換言之，各族群之間保有經濟或職業上的獨立，各群體保有自我的文化、語言，只有在市場交易空間產生互動。這個理論模型曾盛行一時，但隨即面臨困境，尤其是對於馬來西亞、印尼、新加坡等地的 Baba、Peranakan 群體涵化現象的解釋出現困境[1]，更無法解釋沙巴境內各種人群的互動與交流。

1　Baba 或中文書寫的「峇峇」，泛指東南亞地區的「土生華人」（Peranakan）或僑生，亦即經由華人與土著通婚而產生的混血後代，包括稱為「峇峇」的男性和稱為「娘惹」（Nyonya）的女性。在新馬印地區，此類人群在的特點包括使用福建方言與當地馬來文的混雜式語言，峇峇話。在文化表現上也呈現出華人與土著文化雜揉的現象。峇峇娘惹過去在馬來西亞憲法上被視為土著，現在則被歸類為華人，不具土著身分。有興趣的讀者可參閱 Tan Chee-Beng, 1988, *The Baba of Melaka: Culture and Identity of a Chinese Peranakan Community in Malaysia*. Selangor: Pelanduk Publications.

　　換言之，其實文化及人群單元之間的分裂並非全面的，也因此我們必須從政治、經濟、社會、文化等各面向來詳細檢視馬來西亞的多元社會（Wertheim 1980[1964]: 104-120）。雖然，馬國內部馬、華、印三大群體的分立仍舊有其社會事實基礎，但過往許多研究者將馬來人、華人、印度人視為三種不證自明、內部同質的範疇，反倒忽略了族群（意識）性（ethnicity）乃是一種歷史過程，有其生成的各項條件（Nash 1989: 21-60）。雖然過去學術上可以列出馬來人的各種文化特質，但其實馬來人本身並無社會凝聚性及形成文化社群。華人及印度人內部也是各種來源都有，這些範疇都是國家建構用以對照不同社會人群的。馬來種族（Malay race）其實是被發明出來的，是在馬來人與華人、殖民政權不斷對話中被重新定義出的，同時也是因為移民而來的華人越來越多，馬來社群為了凝聚群體而打造的集體認同，後來更發展成文化復振運動，確立何種文化是屬於馬來人，以強化馬來族群意識。換言之，馬來人是參照華人性（Chineseness）來建構其馬來性（Milner 1998: 151-169）。但同樣的，即便是東南亞華人，也不是一同質的整體。這在過去的東南亞華人研究中，經常為研究者所忽略。華人移民來源的多樣性，以及文化上的差異，大多時候被華人作為一種人群範疇而掩蓋，從而以「海外華人」或「離散研究」的角度來探討華人移民的政治或文化認同現象。但當我們以離散（diaspora）概念討論「跨國」的人群與文化之時，通常是指因政治、經濟等各種因素而離開原居地的族群。離散討論的不只是「人」的移動，更關乎文化。在今日談論東南亞或馬來西亞華人的國家／族群文化認同時，我們更應在意的是人類學意義上的「文化」為何。

第二節　方言群、族類與族群

　　過去針對東南亞華人的研究常指出「方言群組織」或會館在早期東南亞華人社會中的重要性，認為該組織表現出早期盛行的「方言群認同」。會館是馬來西亞客家人主要的社團，其主要功能在照顧同鄉、提供住所、代尋工作、支持華校或報刊等，可說是地方權力機構及文化中心，透過會館的活動建立其特有的文化與認同體系（蕭新煌等 2005：185-219）。「方言群認同」直至戰後馬來西亞建國後逐漸衰退，取而代之的是華人認同。此類論述基本上已成為許多研究者的基本認知架構，大家也習以為常的使用「方言群」的概念來指涉諸如客家、福建、海南、潮州、廣東等社會群體。然而，我認為在討論華人社會群體認同時，我們應對「方言群」概念的使用更加謹慎，否則可能會掩蓋許多值得我們瞭解的事物，除了因為不同時空背景下的人群關係的變化以外，也涉及語言如何作為群體認同標誌或族群邊界之間的辯證關係。

　　要瞭解華人內部的異質性及同質性，及其在歷時性上的演變，我們必須回到移民史的脈絡來看。「方言群研究」的傳統提供我們一個重要的切入點。過去關於華人方言群認同的研究不少，其中又常以方言群組織即會館作為方言群認同的討論標的。最早在東南亞社會建立方言群組織、會館的就是所謂的客家群體，此乃因應其自礦區、鄉村流動到都市面對其他優勢華人群體，才有了成立會館組織以保護群體利益的動機，會館不只是凝聚客家移民的象徵，更有實際功用，包括社會文化事務、宗教、福利、物質資助、管理會員行為，是個重要的社會控制機構。會館組織在戰後面臨很大改變。所在國的本土主義興起，中華人民共和國建國（導致沒有新移民來源），本土民族主義要求華人效忠居留國。會館功能因此改變，把焦點放在本土，並強調客家的團結（Yen 2008：379-396）。在談到東南亞

華人社會的形成與發展時，麥留芳（1985）《方言群認同》一書最常為學者引用。麥氏的觀點基本上認為以方言作為移民群體的界線是早期星馬華人的社會分類法則。同族聚居與族群經濟，都勾勒出了方言群的政治社會文化生活空間。此外，私塾或會館所提供的方言教育，也建構了對自我方言社群的想像。早期各個方言群的界線清楚，今日的「華人」概念尚未發展出來，但各方言群之間仍有諸如宗教信仰、居處法則、婚喪禮等的共享文化基礎（Tan 2004[2000]: 44-45）。

　　麥留芳（1985）指出，造成方言群衰退的主要因素有，1920 年代中國在五四運動後，開始推動新式教育，白話文開始普及，星馬華人學校亦開始採中國國語教學，沖淡了方言群認同，同時使得方言群間的通婚變得普遍。另外，日本統治星馬近四年之間，華人各群體產生凝聚力，減弱方言或祖籍的差異。這些都使得各方言群本來已很脆弱的合群行為更趨弱化，加速了方言群認同的消逝。因此，他認為研究華人方言群的互動型態適當時代便是 1920 年以前。1950 年代末，馬來亞華人之間有了新的合作基礎，或新的社會認同，也就是代替方言群認同的另一種語言群的認同，即英語群與華語群的認同。此語言群認同可以說是華人移民土著化過程中，所產生的一種新社會群體意識。麥留芳對於方言群的定義是「操相近方言的社群。原則上指那些依循原籍地域分類標準去組成正式社團的群體，但也包括那些不屬於這些正式社團的群體，只要他們都操相近的方言」。那麼，操相近方言卻不屬正式社團者，何以成一方言「群」？麥留芳認為「方言群認同是有關社群其心目中共同享有的一個意識」。換句話說，麥氏認知到群體意識的存在才是成「群」的關鍵。雖然他提到，方言分類是由各方言群本身在主觀上去界定，但他的研究主要是透過人口普查資料及金石碑文為材料，能夠呈現出當事人怎樣的主體性思維到什麼程度，也值得保留。

　　從語言學上來看，如福建、海南、潮州等語言，都可歸於漢藏語系或漢語方言範疇下。如同用來指涉部分島嶼東南亞及大洋洲區域原住民語言的南島語系概念，卻常被誤用為南島語「族」。以這種概念來指涉或理解特定社會，在人類學研究上並不具意義，因為「語族」並不意味著「認同」的概念，也不具「民族史」意涵，人類學強調的是在此語言範疇下的社會互動、歷史記憶、文化內涵等意義。使用同一方言並不必定能組成群體（如沙巴華人社會中客語所具有的通用語地位，但許多客語人口並非客裔，也未參加客家組織），諸如信仰、地域等因素都能切割方言而形成群體（如教友群體及非教友大眾）。也因此有研究者以「鄉團組織」指涉東南亞的華人社團（劉崇漢 1998：379-417）。或有些華人社團在早期確實就是一個方言群體，以方言作為群體界線，並以之進行集體行動。但更多時候是有許多研究都在沒有精確界定下便使用方言群概念，並將方言群認同等同於客家認同，這容易造成理解上的混淆，值得我們注意。

　　以沙巴而言，客家方言組織雖在後期可能改名為客屬或客家公會，但不意味著其成員對該組織的理解都是一致的，其中可能經過的轉變及認同協商，更是值得我們深入探討。此外，也有些被視為屬於來自客家地區的方言組織或鄉團組織，並未加入客家公會，這其中又呈現出怎樣的族群知識？所謂的方言群，其實是他稱，亦即外在用詞，當事人自身的認知為何，在方言群分類方式下其實看不到。方言群的差別只有在華人內部才會產生意義，同一個方言群內，人們還是可以根據更小的單位來分辨彼此的異同。我們想要瞭解這些人為何自稱「客家」、如何理解「客家」，在研究策略上就必須意識到客方言群與「客家」之間在歷時限上的差異及當事人在理解上的動態過程（蕭新煌等 2007：568）。

　　人類學的族群研究，或更能說明馬來西亞的現象。McKay 和 Lewis（1978: 412-427）很早就指出人們常將族裔（ethnic）的概念混淆使用，

因此他們主張將族裔認同（ethnic identity）分為感知（awareness）及意識（consciousness）兩種。族裔感知（ethnic awareness）亦即個體知道自身具有的族群特質，但並未將之視為比地域、生物的、社會的等特質更加重要的地位，即無在程度上的優越。此種認同來自個人在組織中的互動或大社會範疇中成員身分的感知等等。族裔意識（ethnic consciousness）則不但是被個人所知曉，且被其視為是極重要的特定族群特質，且會影響其他社會、文化等屬性。在個體表現的程度上，意識較感知更為強烈與積極。此外，族裔的結構也可進一步區分為族裔泛類或族類（ethnic category）及族裔群體、族群（ethnic group）兩範疇。在族類（ethnic category）中的人們雖具有某族群特質，但不具有隸屬感（belonging），也未將此共同屬性當作重要的社會互動基礎。反之，族群中的人則企圖以此族群特質作為互動的基礎，成員具有隸屬感。族類與族群的概念也跟別對應到張維安（2013：iii）之「自在族群」與「自為族群」概念，差別都是在意識與行動的程度及形式上。

　　蕭新煌與林開忠也注意到了族裔成員間的差異性，他們認為，因為馬來西亞的政治因素使然，客家公會似乎不具促進其成員之客家意識的功效，客家認同或意識，只存留於各個客家公會及家戶場域中，而且僅侷限在老一輩身上，年輕世代的生活及工作與客家幾乎無涉。客家似只是一種根本賦予的歸屬性質，或待某種社會情境中才有可能被建構成族群認同。而從客家公會的研究顯示，公會組織雖想要促進客家意識，但最多只達到方言群社會文化上的差異認知而已，其客家意識尚未發展出來，不同於臺灣客家發展成訴諸集體行動爭取政治權力的群體。在馬國，客家是一個族裔泛類，而不是一個族裔群體。雖然各方言群都有各自的組織團體，但其真實的功能很少是關注在成員的集體意識上（Hsiao and Lim 2007：13、23-24）。

第三節　會館、語言與認同

　　無論是所謂方言群組織、地緣組織、或會館，針對華人社團的研究提供了我們理解華社的一條重要途徑。面對戰後以至馬來西亞建國後的政治經濟環境，華人在政治傾向及文化認同上也經歷了轉變。一般都認為華人性的彰顯退去了原來方言群體認同的色彩，換言之，因為在地的歷史、經濟、政治結構上的限制，使得東南亞的客家認同或意識通常都很隱性。雖然有很多客家會館的研究假設了會館是一個社會或族裔集體的表徵，但在蕭新煌等人對東南亞客家會館進行的討論中發現，會館作為一種社會組織，的確是理解東南亞客家在地生活適應及演變的絕佳途徑，但也提到，就客家會館的表現來看，客家族群性格其實並不清楚，客家意識也有待加強，客家認同隨世代弱化，客語流失嚴重，會館沒有那麼在意把客家文化復興和認同當作是組織宗旨（蕭新煌等 2011：185-219）。因此蕭新煌等人對於會館是否創造出客家認同持保留態度，因為在會館內保存客家文化實踐，與將客家集體認同表現在會館外的公共領域裡，是兩件事情。城市地區各種客家會館的活動中可看見客家意識或客家性，會館透過教育、文化、宗教活動來提倡客家性，但受限於外部結構因素，他們能做的只是展演方言差異，而這只是形成族群認同的最初階段而已（Hsiao and Lim 2007：3-28），另方面，這也是因應馬來西亞的政治經濟發展和泛華人認同的興起，使得客家這樣的次族群範疇越加的「私人化」（蕭新煌 2017：27）。

　　會館從過去的方言群組織、地緣性社團發展到現代多功能性的社團，出現了成員間不小世代落差，基本上年輕輩的生活或工作與客家關連不大。會館偶爾會吸引年輕人出席的場合，通常是頒發會員子女的年度獎助學金，或舉辦文化或娛樂性活動（如書法比賽、歌唱比賽等）時，雖然主

辦人在致詞勉勵時常會提到發揚客家文化，但活動內容與客家一點關係都無，遑論傳遞什麼族群文化知識。張維安與張翰璧（2005：125-150）曾針對國立中央大學馬來西亞客家學生的客家意識進行研究，他們發現馬國客家學生即便在公或在私領域，都不會表現出客家文化意識，因為客家認同對這些年輕學子並無社會上的重要性，也無涉日常生活。這樣的現象跟會館本身的看法相左，但這種對立呈現了世代的差異。在會館活動的多是老輩客家，年輕客家很少參與這種傳統組織的活動，當會館表示注重客家文化關心客家族群的未來，並希望透過會館活動保存客家認同的同時，年輕客家參與跨方言群或跨族組織的機會卻是越來越多。

當今馬國客家公會的成員多是中老輩人士，極度欠缺年輕世代的參與，這是多數客家公會所面臨到的情況。隨著老一輩的逝去，在接受非（母語）方言教育、跨方言群的通婚、城鄉移動、以及社會互動增加的情況下，馬來西亞華人也確實出現由方言至華語的母語轉移的現象（洪麗芬 2007、2008；王曉梅 2008、2009）。這些其實牽涉到「母語」概念的演變，但大多數非語言學領域的研究，在討論東南亞華人文化變遷中談到母語時，指的是華語。客家福建等語言，其實被放在方言範疇。但即使這些研究認為，在華人認同優於其他認同的今日，華語就是華人母語，他們卻也忽略了方言對華語的影響。換言之，華人並不是單純直接從方言轉用另一種語言，而常是以原有方言知識與習慣來學習及使用華語。也因此產生了許多變體華語（如新加坡華語、臺灣華語）。同樣的，客語是沙巴華人社會中最多人使用的，但吳曉慧（2008）卻發現，現在的沙巴華語其實是「客化」華語，亦即當華語與客語接觸後所產生的語音變異與變化性。也就是在地化了的客語。

林開忠與蕭新煌指出，客家雖是馬國華人中第二大群體，但只有在如沙巴古達、砂勞越石隆門等客家佔多數的地方，才能發現客語（Lim and Hsiao 2009：49-80）。在多數情況下，這都可以用客語並非商業語言而有其使用上的限制來理解。客語雖是馬國第二大華語方言群，但客語有太多的次方言彼此無法相互理解，很難將各種客方言整合在一個語言底下。此外，馬國偏重馬來的教育政策，促使華教領袖將華語當作全體華人的母語來推動。新加坡華語節目、臺灣流行音樂、中國崛起之現象，都加強了華語在馬國的地位與重要性。在此脈絡下，華語、粵語、福建話都成了華社中有力的語言，導致客語與客家認同變得更加邊緣無聲。客語在公共領域沒有空間，卻可能在家庭中被保留了下來。林開忠與蕭新煌基本上認為，城鄉與方言分佈的重疊，決定了客語的命運。除了在如鄉村這種客家佔多數的地區之外，客語已經限縮成家庭及私領域的溝通工具。但他們兩位也同時提到東馬西馬的差異，在西馬，客家通常與廣東、福建混居，而在東馬砂勞越沙巴兩州，客家是形成社會中的主體。換言之，居於多數的地位，是否情況有所不同？但由林開忠（2011：403-443）針對沙巴及砂勞越的客家家庭研究來看，即便在客家形成多數的地區，客語取得了通用語的地位，但還是有城鄉差異存在。

由方言轉向華語之語言變遷脈絡來看，其實反映出馬國國內及國際政治的演變。當代馬來西亞非都會地區的客語社群，面臨了怎樣的語言環境？在方言走向式微的情況下，除了祖裔／移民記憶以外，宣稱客家身分有有何意義？是否另有其他途徑或族群文化特質能被挪作群體代表的可能？若說華語取得了壓倒性的優勢，除了語言以外，客家食物作為展現客家文化生活的指標，在馬來西亞華人社會中，卻不如臺灣「客家美食」能發展成族群表徵之一，而不具有太大的意義（林開忠與蕭新煌 2007）。但我們在華社、客家社團中看見標榜客家的食物與活動，還是有其參與在地與跨域活動的脈絡及意義，只不過那或與臺灣族群經驗中以食物作為族群的象徵有些差別。

　　如林開忠與李美賢（2006）所言，許多會館已不再堅持地方語言，例如砂勞越客屬公會，因為會員所屬的客家話有很多種，有的無法相互溝通，所以只好採用共通的華語。這些無法相互理解的次方言，如何共享同屬「客語」這樣的意義範疇？又如何共享同為客屬、客家族類、甚至作為一族群？陳美華（2008）指出，1970 年代馬國一共成立了 11 個全國性聯合社團，其中有四個是「客家」的，客聯會是一個跨次方言群的聯合性團體，她也指出華人認同優於次族群認同（方言群認同）是華社的共識。其實這就是人類學族群研究中所謂的階序性認同現象，位階高者含括位階低的認同。但是，此認同階序架構的順利建立，不同階序的認同間的有效連結，是需要透過族群運動來達到。

　　Brubaker 曾指出，族群不應該被視為一種實體，而是一種看待世界的觀點。族群運動者會試圖喚起群眾的熱情，強調族群的共同特性，以便形成一個團體（轉引自黃宣衛、蘇羿如 2008：84）。如同馬來西亞各地早期的客家會館，強調的可能是共同地緣、語緣。當族群運動者欲建立整合性的組織網絡，整合在地緣、語緣上有所差異的客家人之時，則可能轉而強調客家人共享的歷史記憶，或者共同面對的在地社會文化脈絡。換句話說，我們需要進入特定的在地脈絡中，透過本書，我們將可發現客家組織、網絡的形成過程，以及客家在此過程中如何進行文化與認同的建構。

第四節　教會與客家的辯證

　　關於沙巴客家會館的發展史，有一些研究指出，此乃因沙巴客家與巴色教會特殊的歷史際遇導致（參張德來 2002；黃子堅 2011）。而談到客家與基督教會的關係，首先引人注意的便是 Nicole Constable（1994）

在香港的研究。早期香港新界崇謙堂的客家移民是進到強大粵人宗族的地區，因此崇謙堂有著非常強烈的客家認同。而其所表現出來的客家認同，並非來自早期廣、客之間的政經鬥爭或階級問題，而是來自基督教。新界客家面對著被其他漢人質疑其漢人純粹性，以及代表外國的基督教友等雙重污名，但在其所在的狹小鄉村裡根本無法逃開客家認同，只能選擇以基督教正面詮釋客家認同。因此，崇謙堂的客家基督徒透過性別角色、客家教友公墓的建造等，在言語上及象徵上表現出非常強烈的客家認同。此外，由於香港崇謙堂客家基督徒不接受一般漢人的宗教習俗，因此得面對其他非客漢人對其漢人身分的質疑，認為他們是外人。客家基督徒們在批判及反對某些非基督徒宗教實踐的同時，也讓自己保有掃墓及風水觀這類不涉及宗教信仰的世俗性漢人習俗，藉此維持其漢人認同，並以之證成其漢人身分。由非漢人、外國人的雙重污名，發展成客家與基督徒的雙重認同。

宗教作為族群意識研究的重要面向，在某些案例中可以發現，宗教可以加強族裔認同（如錫克教徒或猶太人）。或者，透過改宗的方式，脫離一個被污名化了的族裔認同（如印度教中最底層的穢民階級改宗至基督教或伊斯蘭教）。也可以看到馬來西亞華人即便改宗伊斯蘭教，卻仍跨越不過族群界線（Nagata 1981：87-116）。但在中國客家的例子上，做為被質疑血統不純或非漢人的客家，又改信了屬於外國人的宗教，似乎背負了雙重污名。不過，我們也看見了，在 Constable 的香港研究案例中，接受新宗教這件事，使得客家既加強了群體的凝聚力，也維持了群體認同。除了基督宗教以外，也有學者以傳統華人宗教儀式角度切入，發現馬來西亞華人對宗教儀式與慶典進行再創造，以作為對抗國家主流馬來文化的工具，並且藉以凝聚華人我群（De Bernardi 2004）。顯見宗教確實在族群意識形成或變遷中，也能扮演重要角色。

　　在基督教方面，Constable（1996）認為，該教至少在三方面影響了客家認同：1. 它建立了客家認同被視為重要的社會脈絡；2. 它提供了客家認同持續下去的理由；3. 它影響了客家認同的形式。或許更重要的是，在崇謙堂宣稱客家認同是人們連結漢人與基督認同的方式，藉由宣稱客家來宣稱自己可以同時是漢人與基督徒。由此來看，香港案例中的教會，同時是客家認同的來源以及載具。她進一步指出，崇謙堂及香港或其他地區教會中客家認同的存在，是因該認同乃社群認同的內部固有因素，而崇謙堂的客家認同之所以能維繫著，乃因它是在與歷史中是與基督教一起被建構出來的（Constable 1994：160-164）。客家基督徒的華人認同能夠被維持，是因為教會提供了加強祖裔與世系觀念的環境，崇謙堂在維持其客家、漢人、及基督徒認同之中，似乎也呈現某種矛盾。客家、漢人、基督徒認同總是在教會與村落的脈絡下不斷進行再宣稱與再協商。換句話說，Constable 似乎認為產生客家認同的可能性，原就存在客家社群中，只是有待激發或在需要的情境下建構出來，但這個可能性的內部固有因素為何便值得我們探究了。

　　遠在海外的客家基督徒所面臨的情況與中國有所差異。沙巴客家基督徒社群的形成同樣是巴色差會的功勞。1880 年代初期，英屬北婆羅州渣打公司為開發沙巴，透過巴色差會自中國廣東分批引進善於農耕的客家基督徒，透過幾次移民計畫的施行，客家基督徒在沙巴形成大規模的社群。巴色會作為一個宗教社團，從在中國傳教時期，以及後來的沙巴移民計畫來看，其種族及方言的組合保持著一定的純粹度直到 1970 年代。張德來認為，巴色會可以說是一個「客家方言組織」，也因為客家基督徒所展現的宗教狂熱，巴色會無疑是沙巴最有凝聚力的客家人組織。沙巴的巴色教會在 1920 年代取得自立的地位，由當地客家人自行運作教會事務及宣教事工。隨著基督徒移民日漸盛大及鐵公路網的建設，與教會擴張、客

家墾殖區擴張產生連帶關係。黃子堅指出，1900-1920 是華人教會發展期，隨著鐵路通車，巴色會在沿線建立許多以客語進行禮拜的教堂。天主教及聖公會也有許多華人信徒，也以客語對華人進行服務（張德來 2002：41-42、385-387）。這也是研究者認為沙巴西海岸早期缺乏客家會館組織的原因之一。張德來指出，1884 年起東海岸的山打根成為首府，同時也是出入境港口，迫切需要客家方言社團。但在其他區域，「客家省份主義」有所約束。在古達及西海岸，客家方言社團的重要性及存在意義，被基督教巴色會所遮掩，因此山打根以外的地區往往沒有創辦純粹性客家社團的迫切性（張德來 2002：64）。

　　上世紀的前二十年是教會發展之重要時期，也是英語教育開展的重要時期。巴色會、聖公會幾乎都是客家教友，教會學校學生亦來自教友家庭，1920 年代客家人士開始佔據公部門職務。1926 年巴色自立會獨立，教會全部都由客家移民及傳教者來運作，日後客語也成為教會及學校的主要用語。張德來認為，巴色教會在上世紀 1920 年代中所展現出的自治傾向，實乃反映了「自立傾向的客家文化風格」。而黃子堅也提到，透過英語教育上升至白領階級，代表往後世代逐漸離農進入都市。農業經濟模式將被丟棄，客家認同在受英語教育的客家人中開始衰敗。英語在巴色會客家基督徒中一直佔有重要地位，客家能夠主導了公務員及歐商的白領工作，並不只是因為客家是沙巴華人最大方言群，同時也是因為客家所傾向的英語教育所導致。

　　黃子堅認為，有兩個歷史因素使得沙巴客家如此強烈傾向英語教育或一般教育。第一，客家與基督宗教的初遇。客家在 1840 第一次鴉片戰爭時便開始接觸基督宗教，接受其教育。太平天國之亂導致客家遭清廷懷疑，不少客家人隨巴色教會來到沙巴，其中許多是太平天國事件的相關者。教會提供他們再度受教育的機會。第二，沙巴客家有女性家屬的比例

高於其他方言群。客家是家庭移民，其他方言群則多是單身而來。客家女性多，舉家而來，代表客家小孩形成了學校學童的主體。1950 年代，先前受英語教育的客家人，開始要求提供英語禮拜，1980 年代，獨中生增加，華語較流利，要求增加華語禮拜。至此，教會在原來的客語禮拜以外，先後加入了英語及華語的服務，教會的客家認同不斷受到損害。再者，通婚，以及因教會與學校的擴張而有非客家（其他華人方言群、當地原住民族群）教友的加入，甚至在 1980 年代設立了培養原住民教牧的神學院，這些發展均改變了後期教會的客家認同（Wong 2003：145-160）。

關於教會與客家認同之間的關係，黃子堅認為巴色教會對客家認同之維持有貢獻，可以從兩點來看。第一個是物質文化中的食物。他認為教會在華人日常生活中幫忙引進許多客家特色，例如客家食物之蛋捲、肉圓、釀豆腐、扣肉，且都成為沙巴的經典中華料理。巴色教會對客家的另一主要貢獻在於客語的推廣，教會強調客語的使用，確保客語傳播到沙巴其他地方（黃子堅 2011：381）。許多研究也都提到，語言在客家認同之間被賦予相當的重要性，但是，我們應該細究教會當初選擇客語作為傳教語言，是有意識的嗎？是偶然還是必然？以客家移民基督徒作為主體的沙巴巴色教會，教牧都是客家人，後續移來加入者也是教友親屬家族，意即全是客家方言使用者。若能證明，客語之使用，是在與其他語言競爭下脫穎而出（如後期與英語或華語的競爭），或才能證明教會有意透過傳教語言之選擇來維持客家認同。不然，應該只是無意間促成的。

黃子堅提到，教會被視為客家認同的堡壘，是因為百年來教會一直在沙巴透過教會各類活動（尤其是禮拜及學校）中，扮演維持客家認同的角色。在談到山打根時，黃也認為透過鵝城會館的建立，客家認同能夠被保存及維持。但他也指出，教會不曾強調其主導，或有計畫地去增進客家認同。但因為教會根源本質在於客家（來源地、主要教友群），因而凸顯

了教會在客家認同上的角色。黃認為，這些就是客家認同的機構化，無論是語言或活動，都成了加強沙巴華人族群認同的工具。

相較於沙巴，香港崇謙堂客家基督徒案例中，客語在當地客家教會中的使用，卻表現出具有相當的意識及目的性。教友們堅持那是個客家教會，必須要使用客語（Constable 1994：72）。雖然如此，香港的客家教會仍舊面臨的語言的困境，堅持使用客語意味著排除了非客語對象，包括客家的年輕世代。但若放棄客語的使用，又產生了客家認同維持上的問題。這一點與巴色會的處境相同，教會為了擴張只得吸收不同語言的教友，而馬國的多源流教育體制，更使得教會必需滿足不同語言教育背景的教友。

1920 年代巴色教會自立後，在聖會與學校數量上不斷增加，造成客語在其會員及學生之間擴張，強化了客家認同。聖會及學校數量增加，吸引了許多非客家人參加，包括非客家華人及原住民。但我們可以細究的是，所謂的強化了客家認同，是為何義？如何強化？當時客家認同的對立面為何？與其他方言群的社會關係又如何？是強化了客家對自身的認同，或者包括強化了非客家對客家的認同？沙巴客家做為當地華人社會的主體，需要如何展演其客家性？城鄉地域及公私領域又有何分別？沙巴客家基督徒的客家認同體現的範圍是什麼？或者說，要對比的社會範疇是什麼？若有明確的對比情境，群體認同方有需要，也才有發揮的空間。

Constable 研究的香港崇謙堂客家基督徒在與村外人士互動時（除非互動對象是香港客家組織或其他客家教會），基本上是無涉於客家或基督徒認同。換言之，這兩種認同的重要性與意義，是體現在村內的。這與 Carstens 所研究的馬來半島布賴（Pulai）地區的客家情況剛好相反。布賴是個同質性高的客家村子，環境與外界隔絕，村民在村落範圍內的日常生活，不會去凸顯其客家性。這裡顯現了兩地客家性的不同，也點出了城鄉

差異可能的影響。林開忠比較了城鄉地區客家在分別作為當地少數或多數群體的情況，他發現客家性並未因政治經濟及歷史的發展而完全消失，而是存留在私領域及家庭生活之中。林以砂勞越及沙巴兩州的鄉村客家聚落之日常生活為觀察面向，發現當都會區的少數客家人需要透過各種挪用拼湊來提倡客家性時，鄉村客家聚落的家庭與日常生活則是在私領域裡不斷展演著客家性。換言之，客家認同是展現在家庭與日常生活層面的。

　　不過，這之間牽涉到早期因教會而來的客家認同與非基督徒客家之生活領域的差異。既非教友又未參與客家公會的客家社群，有無什麼樣的客家認同？在網路資訊媒體普及的環境下，他們也有機會藉此建立自己對客家的認知，而且與客家教會、客家公會之間對客家亦有可能同時是共享且分立的「客家」。

　　香港崇謙堂的日常生活、家庭生活、性別角色、及政治經濟組織，都與教會連結在一起，這有助於其客家基督徒社群認同的界定。早期的沙巴巴色自立會也被認為具有類似功用。從比較上來看，香港客家基督徒的處境及其維持客家、漢人、基督徒認同的方式，與沙巴客家基督徒有何不同？若將兩地客家基督徒社會對照，可以發現，香港客家基督徒面臨的是其他漢人對客家是否具有漢人身分的質疑，而沙巴客家基督徒並沒有面臨此類困境，他們面對的是政治上的馬來與華人的對照，這與兩地移民環境及移民方式不同有所關連。Constable 強調客家認同的在地化的建構與表現。意即她強調認同的文化及歷史建構面向，認為客家認同是在不同脈絡下以象徵手法表現出的一種文化建構。

　　以上對東南亞華人及客家相關研究的回顧，主要聚焦在教會與公會（會館）組織上，這反映出沙巴華人或客家社會的形成過程中，兩者所扮演的特定角色。沙巴的客家公會、巴色教會，在組織層面上、社群成份上、身分認同上、文化建構與詮釋上，都經歷了萌芽、成長、開枝的過

程。在這過程之間，兩個代表沙巴客家社群最主要的組織，也有了分立與合流，並又維持各自舞臺的「客家」經驗。張維安指出，「客家」的身世已有許多不同的書寫，大抵都牽涉到客家社群的建構過程，而「過程」是理解客家的密碼（2015：78）。我們將以此概念探究沙巴的「客家過程」。然而，無論是從客家公會或者客家教會角度來看，沙巴的客家社群在過去百餘年來，在面臨在地化過程的同時，也在進行著全球化的行動，透過全球（客家組織、教會組織）網絡的建立與遊走，尋找界定自己的方式，這是沙巴客家社群正在經歷的過程。

第五節　區域與跨國網絡

網絡（network）與中心（center）的概念，早被研究者用來說明人際往來之對稱與不對稱關係（Marriott and Cohen 1958: 1-9），而人類學者 Ulf Hannerz（1992: 42-52）也指出網絡內部其實充滿著不對稱的要素，國族或國家可能堅持鞏固單一中心，但是文化的作用在實際上卻是呈現多中心現象，換句話說，網絡裡有中心與邊陲的存在。這種中心與邊陲的差異其實是一種價值階序的不同，也就存在著一種價值階序（hierarchy of values）（Danniel de Coppet 1992: 59-74，轉引自謝世忠、劉瑞超 2012：1-2）。因此，謝世忠與劉瑞超曾以網絡的概念切入，探討臺灣客家社會文化跨域與在地的互動過程，並以網絡概念來探討當代臺灣客家社會文化的形質過程。他們發現在國族國家為範圍的人群文化來往中，國家資本商業主義（state capitalism-commercialism）運用了族群文化歷史資源，創造出新的節慶文化形式，或新的產業文化模式。這些構成當代臺灣新域客家文化（new Hakka cultural field）主體「典／慶文化」，其中包含了廟宇祭

典生活客家文化，及典慶消費客商文化這兩種層次。第一層次就是生活客家（living Hakka）、客家文化（Hakka Culture），客家文化不需標榜客家，客家就在現場。第二層次則是客商文化（commercialized Hakka culture），它必須時時刻刻提醒人們客家在這裡。在客商文化這個層次中，涉及了大量的商業、貨幣考量，政治力量也一定會充分進入客商文化中，因為客商文化本身就是國家資本商業主義的一部份（2012：223-224）。

　　若我們將觀察視野跳脫單一國族國家的範圍，同樣可以發現，在全球、跨國的客家場域中，也呈現了「中心與邊陲」的網絡架構。臺海兩岸的中國與臺灣政權在上世紀中葉以後，都透過各自的國族主義召喚著海外華人、華僑。進入 21 世紀「文化搭臺，經濟唱戲」時代裡，客家文化同時成了兩岸政府吸引東南亞華社、客家社群，以追求政治經濟目的，並將自身「中心化」之手法。在這個時代背景下，我們可以看見馬來西亞或沙巴客家遊走在兩岸政權各自建構出的客家中心之間。網絡中的強者中心性明顯，其文化特徵也就更為公開（謝世忠、劉瑞超 2012：4）。是故，中、臺兩國的當代客家文化元素也常為馬來西亞客家接納、吸收，乃至試圖找出自己的在地特色，以成為全球客家網絡中的另一個中心，亦即「再中心化」。在這個過程中，我們自然可以看見客商文化、國家商業資本主義的運作邏輯是無所不在的。這樣的觀察與蕭新煌等（2020）臺灣學者以社會網絡分析的方法，針對東南亞各國客家社團的研究有著某種一致性。透過各國客家社團社會網絡，亦即關係網絡的分析，該研究發現中心性反應著權力關係，中心性越高，代表該會館對外的自主性越高，在資源交換上有著更高的機會與選擇（張陳基、張翰璧 2020：41-42）。

　　本書的研究對象主要是東馬來西亞沙巴州的客家華人，實際田野地點則遍及沙巴州東西兩岸及內陸區的華人地區，同時也跟隨報導人在西馬（半島）、及臺灣參與相關活動。研究主題及方式有其限制。一方面針

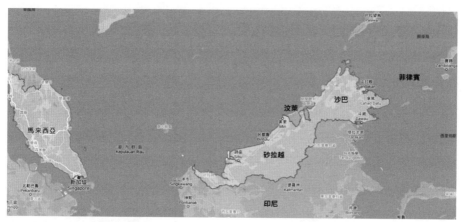

圖 1-1：馬來西亞及新加坡、印尼、汶萊、菲律賓相對位置圖
本研究修改自Google Map

對沙巴客家華人社會的人類學相關研究及文獻，目前並不多，只能慢慢累積較具深度的研究成果，但這也正是本研究值得進行的原因，能夠替未來研究提供開創性的基礎。二來沙巴各種教會及其堂會，以及客家公會各分會數量太多，研究期間很難做到全數參與的程度，透過選擇具代表性的教會及公會進行先期研究，或許是解決此難題的方式。在釐清沙巴華人及客家社會的性質後，未來將可回到與臺灣的比較研究上。設若兩國境內客家族裔生活在相當不同的社會文化及政治條件下，何以在今日共享「一個客家」的身分。當臺馬兩國的客家交流日益之下，特定的族群文化知識在此間的角色及適應如何（例如沙巴客家如何理解並修正海峽兩岸民、政兩方所傳遞過去的客家知識），這些將能使我們更加理解國家力量如何促成「族群」出現，或如何被族群所用。族群需要一個怎樣的文化內涵以證成自我，臺灣客家所強調的語言，及二十餘年來不斷透過政學兩方界定（創造）出的客家文化內涵，沙巴客家的發展是否正走著類同的方向，或者她其實是另一種在地化的 Sabah Style。

　　本書在章節安排上，第 2 章〈東南亞華社與客家〉將由華文教育及華人社團鋪陳出在地華人社會的基本形質樣貌，再針對地方與跨國層次的客家網絡的建立與運作進行描述與分析。第 3 章〈教會與客家〉則凸顯出沙巴客家社會重要性質之一的基督教會背景，由巴色差會移民客家，乃至巴色會自立與擴張的過程，說明伴隨教會跨擴張而來的沙巴華社「客家化」，以及巴色會同時在國內「去客家化」，又在國外「再客家化」的過程。第 4 章〈跨國網絡的遊走〉則呈現了沙巴客家在過去與中、臺兩岸政治對立中的關係與處境，同時聚焦在當代沙巴客家穿梭於兩岸「祖國」與「原鄉」各種網絡中的行動解讀。第 5 章〈客家場域的論述與實踐〉以沙巴在地客家社群為主體，聚焦在其所進行的各類客家實踐的場域及其脈絡。在這個實踐的過程中，我們可看見客家論述的承繼與新生，以及沙巴客家企圖展現的在地主體性及其限制，其中更交織著來自跨國網絡的影響。第 6 章〈儀式、真實與社群：麒麟故事〉則選擇以華人藝陣文化中的麒麟為例，說明沙巴客家組織在跨國客家網絡中追求文化真實性時，相較於中國原鄉的邊緣屬性，以及藉此真實性再建構自我為區域客家中心的企圖。其中，我們也看見了傳統的新創及文化的雜揉性。第 7 章〈結論〉則為本研究的總結。

第 2 章

東南亞華社與客家

第一節　東南亞華社形質

一、華文教育

　　華團、華教、華報向來被視為馬來西亞華社的三寶，意味著華人視此三項為維持華人社會存續運作的主要依據，本節針對華教與華團進行討論。海外華人在各居留／居住國中發展原有華人教育文化，在東南亞各個移居地都是相當普遍的現象，但卻因為每個移居國的政治經濟情況有異，而面臨不同的發展條件，甚至同樣是馬來西亞的馬來半島及婆羅洲兩區，都有不盡相同的發展歷程。一般而言，華文教育在東南亞各國的發展情況，大多皆受到當地國家政府的管控，如翟振孝（2006：57-61）在緬甸華人的研究中發現，緬甸華人曾面臨中文學校遭政府強制收歸國有，並禁止華文的情況，使得緬華的華語文能力出現代間的斷層，年輕一輩接受緬文教育，華文能力普遍不理想，生活中也皆以緬語溝通。憂心華文傳統斷裂的華人，則發展出以「佛經學校」、「孔教學校」的形式，將華文教育藏身於寺廟之中，以非正式的補習教育進行。

　　在 19 世紀末及 20 世紀初的移民早期，華教機構主要是各種方言或鄉團組織所設立，當時的華校分別以各種方言當作教學語言。20 世紀初期的東南亞華人，在政治認同上仍是以中國為依歸，直到五四運動後白話文蔚為風潮，新馬各地的華小也隨之將華文課本由文言改成白話文，教學媒介語也才由方言改為華語（何國忠 2001：12）。除此之外，教會系統的學校也提供了另外一種主要的華文（及英文）教育管道。戰後馬來亞獨立乃至馬來西亞建國，華人的政治認同由中國轉向在地的馬來西亞，華人視自身為此新興國家中的一分子，對於華人的語文及教育自當積極爭取（同上引，頁 16）。華教鬥士們也曾以爭取華文成為馬來西亞官方語言為最終目的，但最後卻因華社內部的分裂而未竟其功，這一切的作為也意味著華人在馬來西亞的中國的國族主義，在建國後已轉變成中華文化的民族主義，於是乎與馬來人的當地國族主義產生了無數的摩擦與碰撞（朱浤源2001：115、122）。

　　也因此，馬來西亞的教育體制，向來是當地社會中顯著的社會及政治議題，對馬華社會文化發展有興趣的研究者，實難忽略這個現象。各種華教言論在華社團體、研究論文、報章雜誌中，是個永不缺稿的話題 [1]。關

1　華社或華團幾乎總是將包括教育政策的意見刊登在華文報紙上呼籲政府相關單位，例如華小工委會、或董教總。其他華團亦然，例如，小至個別的客家公會或者其屬下青年團、婦女組，大至州級或全國性的客家公會聯合會，社團召開組織會議或理事會時，總是會有針對政府的提案，最後都是透過華報刊登相關消息。例如要求政府承認華文獨立中學的統考文憑，以利華人子弟升學就屢屢在各個客家社公會或馬國客聯會議上被提案，隔天，當地華文報紙也必定刊出。但是，如同何國忠指出，馬來西亞各族群的報章都有各自的重點，華文報章普遍報導的都是和華人有關的事，而馬來報章報導的主要也是以馬來社會為主，英文報章的新聞則是走馬來西亞人的路線，但基本上卻傾向政府，對於探討華人問題，一般興趣不濃。報章不

於馬來西亞華教、華報等華語文事業的研究，在馬來西亞華人研究裡一直佔有相當重要的部分，所關注的包括華教運動與華人文化、族群政治、華人認同等議題（古鴻廷 1994；林開忠 1999；曾慶豹 2001）。而馬來西亞的華教事業無論在殖民期或獨立後，皆曾遭受政府力量的壓制，但透過各公會及宗祠組織運作，華人辦校推動華教的行動未曾停歇過。這些研究所觸及者，雖大多屬華人上層政治、文化菁英份子等，對於大多數的一般華人、華教參與者而言，面對國家政策的反應與策略，與其他族群、文化的互動情形如何，也值得我們進一步去探討。

根據黃子堅（2005：67-85）的研究指出，沙巴最早的華文學校是由巴色會客家基督徒於 1886 年在古達（Kudat）所創立。隔年，山打根三聖宮也創立了自立小學，由廣府、客家、潮州、海南這四種方言群體共同捐獻而創校。沙巴在 19 世紀末到 20 世紀初，當地的華文教育都是透過各社團的努力而創辦，其中包括中華商會及客家社團。許多華族商人都是學校的倡辦人兼經營者。早期的這些華校都繼承了傳統的私塾課程，著重在經史子集類型的古典著作。除了個人以外，華團在支持華教上也扮演重要的角色。東海岸的山打根中華商會在 1908 年創辦了以廣東話為教學媒介的中華學校（當時稱北婆羅洲華文小學），但是使用最新的華文課綱，而非古典著作。1917 年，西海岸的亞庇（Kota Kinabalu）中華商會也創立了中華學校，但卻是以華語（而非方言）作為教學語言。除了商會

只傾向報導族群新聞，辦報立場也包括了維護各自族群的利益。有時不同語文的報章也有刊登同一事件其他族群的觀點，但事實上常是已被重新詮釋而出現斷章取義現象。這種土著與非土著經常對立的情況，造成許多問題都無法馬來西亞化，輿論看起來更多是族群的，而非國家的、公共的。對華人而言，官方語是馬來語而非華語，華人族群關注的族群問題更加邊緣化，中文媒體的困境在此不言可喻。參何國忠（2006[2002]：164-166）。

以外，客家社團也辦學校。山打根客家公會（當時稱人和會館）在1910年，創辦了啟華小學，初期以經史子集授課，過後沒幾年，啟華小學由中華商會接手，成為山打根中華學校的分校，並改以民國時期的新課綱為授課內容（圖2-1）。

　　受到胡適推動的白話文運動及現代化教育課程的影響，沙巴的華校在1920年代迅速在東海岸、西海岸、內陸地區成長擴張。不過，學校數量增長未必導致華人學生人數大幅增加，因為有一半的華人學童是就讀教會學校。1886年巴色會創立的第一間華文學校是以客語為教學語，1912年巴色會在山打根創立了第一所將英語列入課程綱要的雙修學校，此後教會英語學校逐漸增加。華語及英語兩種教育造就了兩種類型的華人，受華語教育者較認同中華文化，支持華文教育；受英語教育者，則傾向認同英國文化，且許多人因此成了基督徒。就讀教會英語學校的大多數華人都是

圖2-1：啟華小學
啟華小學由山打根客家公會創辦後轉由中華商會接手（劉瑞超／攝）

客家人，因為當時除了天主教以外，巴色會、聖公會的會員都是客家人，其子女幾乎都是就讀教會學校。有兩個歷史因素使得沙巴客家如此強烈傾向英語教育或一般教育。第一，客家與基督宗教的初遇。客家在 1840 年第一次鴉片戰爭時便開始接觸基督宗教，接受其教育。太平天國之亂導致客家遭清廷懷疑，不少客家隨巴色教會來到沙巴，其中許多是太平天國事件相關者。教會提供他們再度受教育的機會。第二，沙巴客家有女性家屬的比例高於其他方言群。客家是家庭移民，其他方言群多是單身而來。客家女性多，舉家而來，代表客家小孩形成了學校學童的主體。

　　1930 年代是沙巴華文教育最蓬勃的年代，各地都辦起了華校，除了巴色會系統的樂育學校，大部分的華校都是華人社團向公眾募捐興辦。1938 年，山打根中華商會創立了第一所華文中學，代表著華小畢業生若要繼續深造，不用再回到中國去了。沙巴的華校無論以華語或英語教學的，在短暫三年多的日治時期裡，都面臨暫停改教日語的命運。戰後，中國政府為了重建，而亟欲吸引海外華僑回國，這使得英國統治者為了不失去這群開拓者，而開始提供教育援助給非教會系統的華校，對沙巴華文教育是一大助力。移民沙巴的客家社群大多為農業出身，比起其他方言群，尤其是富裕的商業階級，客家社群在經濟上都是較弱勢的。隨著許多客家人接受了英語教育，年輕世代職業開始轉向至政府公務員等白領階級。

　　隨著教育而來的職業分化，客家人脫離農業，也離開鄉區。在渣打公司早期，來自海峽殖民地的福建、潮州人主導了公務員工作，1920 年代面臨改變。此外，客家也開始佔據了歐洲人在沙巴的商業公司中擔任文員。客家主導了公務員及歐商的白領工作，並不只是因為客家是沙巴最大方言群，同時也是因為客家所傾向的英語教育所導致（Wong 2003：145-160）。以古達區的客家人而言，隨著投入其他職業，大多數的人都選擇離開古達，留在古達的比例相當低，這些人都是前往都會區發展，尤

其是首府亞庇。甚至，受過英語教育的客家人，在 1970 年代以前在大英屬地（香港、澳洲、新加坡、英國等）之間的移動或定居，也沒有什麼阻礙（Hill and Voo 1990：194-218）。儘管客家在英語教育取得先發地位，並且是沙巴最大的方言群體，但其在公務、白領領域的優勢只維持到 1970 年代早期，現已逐漸消褪（Wong 2003：145-160）。尤其，當國家提出以馬來語取代英語作為公部門語言之政策，華人的英語能力優勢就越來越不重要了。馬來西亞政府在 1970 年代將英校強制改為馬來學校後，許多家長改變過往送小孩進英校的態度，轉而送到華小就讀。何國忠（2006[2002]：138-139）認為，與其說這是反映華文教育的復興，不如說是華人對馬來文化的反彈。

　　馬來西亞建國後，華人教育面臨了另一種處境，這由前仆後繼向政府抗爭的華教鬥士事件可看出。華人有保護自己文化的強烈傾向，濃厚的危機感和憂患意識潛入了華人的日常生活當中，而華教鬥士在這方面的影響力是無與倫比的（何國忠 2006[2002]：218）。也因此，華人在當地面臨國家的同化政策，憂心自我文化流失，透過興學、辦報等等方式，維繫傳統，凝聚我群。馬來西亞聯邦政府為配合各族裔的要求，採取「多源流教育」體系，將小學分為華小（華人）、淡小（印度）、國小（馬來）三大類。但華小的經營在國家教育政策之下，始終不斷面臨被收編或「去華化」的恐懼。因此，華小的教學內容及學校存續與否，一直是華人進行政治抗爭及文化運動的核心場域。歷來華文教育是馬來西亞華人維續華人文化的一項重要機制。華社領袖不斷呼籲華人應該就讀華校，維續華教便是維續華人文化。但華教的經營與推廣在東馬及西馬所面臨的境況略有差異。從英殖民時期起，西馬地區的華教便遭受來自殖民政府較大的打壓，認為華語教育將有礙統治，打壓政策延續到獨立後的馬來西亞政府。同樣也是屬於殖民地的北婆羅洲（東馬），早期沙巴在北婆羅洲公司的統治

下，對於商業利益較為重視，對華人及華校較少加以干預，甚至還曾創設華校，供由中國移民至沙巴的華人子弟就讀。客家基督徒在沙巴各地建立墾殖區以及教會之時，也同時建立了屬於教會的學校，因此，東馬的華教發展向來較西馬蓬勃，相對程度上而言，獲得的教育補助經費也較西馬地區豐沛，這也被視為反應了兩地區族群緊張關係的不同。即便東西馬兩地華校在辦學過程中所遇上的阻礙或有不同，衝突也不若西馬強烈（不著撰人 2006b），沙巴華教界仍得不斷向馬來西亞政府申請教育補助經費，以維持學校的營運。

　　多數的華小及獨立中學等華校，多是由華人社團集資營運，類似於民間辦學。馬國教育部將學校依據校地擁有權分為全津貼與半津貼學校兩種，意即以學校校地是公有土地或者私人土地來區分。華校校地大多來自華社的土地，即便國民型華文小學屬於公共學校，但獲得政府經費補助卻仍經常不足。辦校經費得靠學校董事會向華社大眾積極募款。因此，全津貼與半津貼學校之間的不平等待遇，常是華教人士呼籲政府改善的主要問題。除了經費款項上的不足，其他如校地不足、城鄉學生人數失衡、城市學校爆滿等現象，亦是華教界持續反應的問題。

　　以沙巴州來看，許多鄉村地區的華人家長想盡辦法要將學生送進都會區的華小，以獲得更好的教學資源及學習成效，導致鄉區華小中的土著生比例不斷升高，甚至出現全校都是土著生的情形。[2] 雖然這種現象其實與華人因為就業、就學的城鄉遷徙有關，但這種現象也常被以中國崛起現象進行解讀，認為中國即將成為全球最大經濟體，具有強大影響力，沙巴

2　在沙巴華社，一般人在口語及報章，皆以「土著」指稱馬來人以外的非華人族群，近年使用「原住民」一稱頻率也逐漸增加。本書沿用之，除非特別指出，不然就只是指稱非華人族群。

日漸增加的中國觀光客等現象，部分政府官員也鼓勵國民學習華語，以利投入職場；華教界也藉此市場機會說，藉機推銷華教。但這些是否就能促使華語在馬國內的位階提升，目前還無法論定。在沙巴，多數的馬來人無法通曉華語，反倒是華人多能使用國語馬來語。有時在服務業（主要是旅館業）能遇上念華小出身的原住民，他們是因為具備基本華語溝通能力而被聘任。但也有不少非華人的華校生，在畢業後並未投入華語相關職場，華語能力隨著時間而流失。華人政治人物以政治力量向政府爭取華教資源，加以中國的興起，目前看來，華人可能利用經濟（中國市場）因素來作為推廣華教的理由，而這有其政治背景（華人與華教整體而言在馬來西亞的非正統地位），惟這只是初步臆測，需要更多證據來檢驗。同時，華人政治人物與華社領袖乃至一般華人，並不能如此輕易視為具有一致性。

今日沙巴華小土著生是個顯著的現象，那麼華教界在推動、捍衛的華教，其核心價值在哪？事實上，根據 1989-1999 年間馬來西亞全國華小華裔與非華裔的統計顯示，就讀華小的華裔生比例在十年間下降了近 10%，而非華裔生上升了 7%，而超過華小總人數的 10%，而今日沙巴州內 83 所華小當中，有 42 所華小的非華裔學生佔學生總人數一半或以上，若以州內微型華小來看，29 所中也有 21 所是非華裔學生超過學生總人數 70% 以上者（馬來西亞華校教師會總會 2009：96、101、165）。[3] 這樣的情形看起來是土著生撐起華教半邊天，或許這是華教界不得不的權宜作法。因為，一旦華小關閉了，要再申請設校可謂難上加難。沙巴州在 1980-1990 年代期間，關閉了六間華小，原因是沒有學生來源被迫關閉。馬國絕大多數華小皆是獨立之前所設立，建國至今半世紀，東馬沙、砂兩

3　根據馬來西亞教育部的規定，學生人數少於 150 人的學校被歸類為 "Sekolah Kurang Murid（SKM）"，也就是所謂的「微型學校」。

州只新增了 12 所華小，這些 1970 年代以後新建的華小大多屬全津貼學校，但不到全東馬華小的 4%，因此華小的辦學經費依舊是華社沈重的負擔。但為何要靠土著生苦撐華校？或許華社始終背負著不能讓華教斷絕的歷史責任，即便華校董事並非經濟富裕者，依舊不輕言廢校，以免背上愧對先人的罪名（不著撰人 2006a）。

　　微型華小的大多分佈於偏遠鄉區，自然有學生來源短缺的問題，加以地方上的經濟發展，導致居民紛紛前往城鎮發展，鄉區人口減少，當地學校只能萎縮成微型學校（馬來西亞華校教師會總會 2009：93）。以沙巴西海岸古達半島的八所華小來看，情況相當明顯。除了古達市區周邊的華小以外，其他皆位於鄉野裡的椰子園、油棕園等產業地區，當初這些地區亦是華人居住的主要地區，但隨著城鎮發展，產業結構改變，華人幾乎全部遷往古達市區或鄰近新街道，更多的年輕人是離鄉移居首府亞庇。除了土著家屋以外，散落山野園地間一棟棟破敗家屋，多是華人移居市區後所留下的。多數土著家庭的經濟無法負擔最基本的學校費用，而市區學校費用名目更多，就近就讀學校，或許是其考量的主因之一，而非刻意選擇華校。

　　鄉區華小生的來源出現位移互補的同時，城市地區的華小則出現爆滿現象。鄰近沙巴首府亞庇區的華小，學生人數超過一、兩千人的學校佔了一半之多，其他幾間也至少數百人之譜（馬來西亞華校教師會總會 2009：217），而這也是華教界不斷向政府呼籲增設華校的原因之一。大部分的微型華小，都是地方上唯一的華小。華教界認為，這些華小更是華裔學童接受母語教育的唯一管道，而增建華小的訴求並未獲得政府支持，因此華社盡力護校，不讓其關閉，華社擔心的是華小愈來愈少，不利華教長遠的發展。但事實上，讓微型華小不致關閉的方法卻只有積極招收非華裔學生（馬來西亞華校教師會總會 2009：98-104）。這與維持華裔兒童學

習母語管道的目的似有矛盾，但卻是保存華小不致廢校的手段（圖 2-2）。
因為在經費不足的情況下，以土著學生的比例，為州內華小爭取特別的撥
款也是常見的運作方式（不著撰人 2007）。

圖 2-2：古達檳榔樹樂育華小
許多座落在偏僻鄉間的華小學生以土著生居多（劉瑞超／攝）

　　回到族群文化面向來看，華教被視為實行及保有華人文化的主要方
式。華社領袖一方面憂心華校缺乏經費、華生減少，一方面認為土著生增
加乃認同華教，代表華教的成功。這種弔詭的「被認同」論述，背後似乎
隱約透露出華人在馬來西亞的族群心境。本書初步歸納出華社及華教組織
人士關於華教的論述至少有幾種類型：

（一）華人傳統文化之維護

華社領袖與華校系統的論述皆反映出，唯有華教的持續，華人文化才能存續。

身為華人更應接受華文教育，支持華教推廣，贊助華校興辦。若無華教，則華人文化乃至華人便岌岌可危。

華小乃華文教育的堡壘；沒有了華小，華教將無法傳承下去，更遑論有獨中的存在了（不著撰人2007）。

華小的存在喚起華社對華教發展的關注，也是維護和發揚華教及民族文化的堅強堡壘。華社不畏艱難，不怕辛勞，數十年如一日，一心一意為華教盡一份力，這是因為大家都堅持續護母文母語的發展（不著撰人2009e）。

當越來越多的非華裔父母的孩子學習華語，而身為華裔子弟，怎能藐視自己的母語？（不著撰人2008d）

這讓我們華人感到驕傲，我們應該攜手合作，大力推動華文教育，使之普及讓更多人受惠，讓這個五千年歷史文化優良語言薪火相傳，生生不息（不著撰人2008a）。

（二）華教的成功與獲得認同

華校大量吸引土著生就讀的現象，被華教界認為是教育的成功而獲

得土著的認同，同時也是證明華文的存在價值。

> 華文成為國際語言已經成為不爭的事實，很多非華裔子弟都希望學習
> 華文，以及認同本州華小教育方向。本州華小已不祇是為華人子弟提
> 供教育，當中很大部份學生都是土著等非華裔生，我們的教育服務對
> 象與受惠群已經超越種族、宗教，希望政府撥款能夠增加對華校撥款
> （不著撰人 2008c）。

（三）多元文化社會之明證

華人文化的保存與發揚，各族群學習彼此語言，更能證成馬來西亞
是個多元族群文化共存共榮的國家。

> 華小深受各族群信賴與支持，許多非華家長都希望孩子能入讀華小多
> 學習一種語言⋯⋯華小已不再單純為華裔子弟提供教育，而是有教無
> 類地為馬來西亞公民提供三語教育（不著撰人 2010）。

> 沙巴華小情況特殊，土著生比例偏高，在城市地區高達卅多巴仙，鄉區
> 更高達九十甚至一百巴仙，沙巴華小照顧著全民各族的教育需要。箝制
> 華小發展等於變相將鄉區人民包括土著邊緣化！（不著撰人 2009e）

（四）族群政治的工具

華小吸收土著生，展現華人不分膚色的無私教育精神，進而要求政
府放寬對華校發展的限制。

華小也有許多土著學生就讀，而在促進國民團結方面扮演著重要的角色，州政府應該考慮再給予特別的撥款（不著撰人2007）。

雖然許多華小是以非華裔生佔大多數，但華小董家教機構並沒有因此忽略學校的發展，他們非常關心學校，出錢出力，盡最大能力來改善學校的軟硬體設備，以提供學生更好的學習環境。由此可見，在推動華文教育的發展上，華人社會都是無私付出的，並不會因為膚色問題，而有所保留，這可說是政府當局在辦學上所必須學習的精神，以公平對待各個族群的母語教育（馬來西亞華校教師會總會2009：101-102）。

（五）中國市場說

近年中國成為世界前幾強的大國，政治經濟實力顯著，「中國崛起」已成為許多馬國華人言談中常聽見的話題。而此現象，又常被用來與華教的推動相連結。

華文成為國際語言已經成為不爭的事實，很多非華裔子弟都希望學習華文，以及認同本州華小教育方向（不著撰人2008c）。

時代趨勢改變，華語的國際地位已大大提高，帶動華文教育的熱潮。今天學華文已經不再是華人專有權力或責任，從宏觀角度來看，學華文及華文教育是屬於所有人，不分種族與區域（不著撰人2008a）。

中國在經濟改革后逐漸強大，華文華語的前景添加了經濟光環，也使華社淡化了危機意識（不著撰人2008b）。

學生有機會繼續三語並重的學習，一旦畢業後，能掌握三語言的獨中生不論是繼續升學抑或就業都能佔優勢，將會有很多出路（不著撰人2009c）。

　　這些論述類型反映著不同發言者對於華教的推廣、華語、華人文化、乃至國內國際政治情勢的想像。華人政治人物以中國興起及經濟市場因素向政府爭取華教資源推廣華教，能獲得國家怎樣的回應，也值得關注。

　　華社領袖在推廣華教的同時，希望藉以保存華人文化，呼籲華人認同自我文化，顯示出其擔心華人失去自我認同的憂慮。但華人文化除了華教一途以外難道無法存續？華人文化又是否只有華教一項，華教的內容在不同時代難道都沒有變化？華人傳統信仰及風俗習慣乃實踐於生活層面，失去華教，是否意味傳統文化的失守？甚至，失去華人語言文化是否意味失去華人認同？情況當然不致如此，其實 Baba 的例子已經提供明證（Tan 1988），語言及認同在某些情況下是可以切割的。於是乎，情況毋寧較是藉華語華文的堅持，團結了（在政治上）被壓抑的華人，進而形成教育的自生力量，並從這股教育網狀力量，再進而形成馬來西亞國內的華人社會（朱浤源 2001：122）。以語言及教育體制作為工具，重點乃是在馬來西亞國家之中，維持一個「華人社會」的存在。換句話說，教育是以馬來為主體的國族國家亟欲控管的體制之一，華人教育被華社提升到政治的高度以與國家對話。我們若將眼光放回沙巴華人史／客家社群史脈絡下來看，也可以看出教育、語言、及認同的動態變遷。巴色教會在 1920 年代自立後，在堂會與學校數量上不斷增加，造成客語在其會員及學生之間擴張，強化了客家認同。但在後期因為聖會及學校數量增加，吸引了許多非客家人參加，包括非客家華人及非華人的原住民，進而改變了後期教會的組成成分與客家認同。

二、華人社團

何國忠（2006[2002]：152）曾對馬來西亞華團做出了如下的分類：

1. 以血緣性或地緣性結合一起的傳統華人組織。
2. 以商業連成一線的華人團體。
3. 以教育為奮鬥目標的團體。
4. 以文化或藝術工作為基礎的團體。
5. 以聯誼為目的的團體。

　　各種類的華團即便組成理念或有不同，相同的是將各類型華人團結起來，以實現其組織目標。隨著華人在馬來（西）亞落地生根發展至今，各類型華團目不暇給，且大多發展成包含地方、州、全國等範疇的分支狀組織，一層層凝聚了馬國各地的華人。馬來西亞中華大會堂總會（華總）可說是馬國華團組織的最高領導機構，它的成立涉及 1970 年代，馬國政府推動以原住民文化及回教為核心的國家文化政策背景。這項政策對馬國華社產生很大威脅及危機感。1980 年代馬國政府又提出「一種文化一種語言」政策，當時馬國國內華團鑑於華社所處的困境，在西馬檳城召集會議簽署了馬來西亞全國華團宣言，將《國家文化備忘錄》提交政府，以維護華人文化的權益。1991 年華總正式成立，因當時沙巴州華團沒有一個能代表全體華團的組織，於是由沙巴州華人商會聯合會代表沙巴華社加入華總。但其本身是商業組織，為了名正言順團結州內華社，沙巴商聯會效仿其他州屬，展開籌備沙巴中華大會堂的工作。1992 年沙巴商聯會邀集州內的沙巴華人同鄉會聯合會、沙巴華人文化協會、沙巴獨中董總、亞庇華人同鄉會聯合會、山打根華人同鄉會總會等華團，召開籌組會議。沙巴

中華大會堂（沙華堂）原訂出文化、經濟、政治、教育四大領域，後因華社反映意見，後來增加了宗教領域。1994 年沙華堂獲得註冊，隨即有包括行業公會、同鄉會、各地商會、文化類，以及許多華人廟堂加入，成為沙華堂的成員。[4]

　　除了綜攝性的華人大會堂組織，商業性華團最明顯的就是各種行業公會，以及各華人地區的中華商會。行業公會成員不論籍貫，只是業緣，彼此都屬同行。中華商會成員則是集結當地跨籍貫、跨行業的組合，大至大型貿易公司、小至一間茶餐廳，都可以入會。沙巴在二戰前共有五個中華商會，依序是山打根（1891）、古達（1904）、亞庇（1911）、斗湖（Tawau、1926）、仙本那（Semporna、1933），[5] 其餘皆是戰後成立。2016年時有 19 個華人地區成立有中華商會，其中 13 個商會位於西海岸及內陸，東海岸只有 6 個。[6] 各地中華商會也經常是支持當地華教的華團，例如山打根中華中學、拿篤獨立中學、古達華聯小學、必打丹華商小學等等，都是由當地中華商會支持成立（圖 2-3）。

4　雖然沙華堂後來增加了宗教領域的業務，但籌備過程及成立後，都沒有任何基督教會組織參與這項沙巴華團的大事業。確切原因目前不得而知，但馬來西亞基督教巴色會（BCCM）當時已是具有龐大教會體系組織，且牧養對象已經超出華人範圍，不定位自身是華人宗教團體應該也是原因之一。

5　《拿篤中華商會四十五週年紀念特刊》（無頁碼，1994）。

6　西海岸有古達（Kudat）、哥打馬魯都（Kota Marudu）、古打毛律（Kota Belud）、斗亞蘭（Tuaran）、亞庇、必打丹（Putatan）、兵南邦（Penampang）、吧巴（Papar）、納閩（W.P. Labuan）、實必丹（Sipitang）、保佛（Beaufort）、丹南（Tenom）、根地咬（Keningau）等 12 商會，東海岸原有山打根（Sandakan）、拿篤（Lahad Datu）、古納（Kunak）、仙本那（Semporna）、斗湖（Tawau）5 個商會，參《山打根中華商會 120 週年紀念特刊》。2016 年東海岸新成立了京納巴登岸中華商會。

圖 2-3：山打根中華中學
由山打根中華商會於1938年成立，是沙巴第一所華文中學（劉瑞超／攝）

　　華商在華社中之所以總是扮演吃重的角色，有部分原因是馬來西亞的華人文化自力更生發展的性質，這些華商一直以來都為馬來西亞華人文化發展提供了重要的經濟資源，這樣的參與使得他們在華社中一直享有特殊的地位（何國忠 2006[2002]：122）。另一方面，華商也曾是殖民地政府選派華人代表的來源。1955 年北婆羅洲中華商會聯合會成立後的隔年，北婆羅洲總督在立法會議上宣布，除了官派議員以外，其他議員由人民選舉再由政府圈選出任，又如市政局的華人委員，原本也由政府委派，自此改由中華商會自行選出擔任（宋哲美 1957：15-16）。換言之，中華商會在當時具有代表華社的地位。

　　中華商會會長的名器事實上具有龐大的潛在利益，今日每逢各地中華商會理事會改選，或沙巴州中華商會聯合會選舉期間，當地華報便會出

現許多商會合縱連橫爭取支持的新聞報導。以成立於 2005 年的必打丹中華工商會為例,因當地華商派系鬥爭的關係,導致前後任會長不合,發生商會遭到政府社團註冊局吊銷註冊情形,前任會長則趁機另外成立必打丹中華商會,並試圖加入沙巴州中華商會聯合會,取代當地原有之商會(不著撰人 2016f)。沙巴華社各個商會中,具有客家背景的領導者很少,主要是福建、福州這兩籍貫的華商為主,因此在客家商人間也會出現以「種族」為出發的不平論述。例如,曾任拿篤中華商會理事的客家人士表示:

> 在沙巴商界裡面,最團結的是福州,接下來是潮州,客家也是有大生意人、有錢人,但是不夠活躍,也沒參加商會……客家人不夠團結。我父親是種菜的,我是做五金、農藥,後來也種棕油。剛開始時候,經常被嘲笑,但是我不放棄…客家人都被福州人看作垃圾……。

另一位拿篤的小客商也表示,「(沙巴)商聯會裡面都有籍貫的問題,沙巴中華大會堂主席是福建人,他把各方人馬都安插到重要的位置,(然後)影響各地商會的選舉」。在沙巴各地均可聽聞華人傳述福州商人的團結事蹟,多半是指生意往來利益只給福州人,絕不外流,堅決照顧同鄉,形成一個嚴密的福州商人網絡。但真實情況如何,需要未來進一步的研究。這或與商業規模及資本大小較相關,確實客家界並不缺乏擁有大資本的商業家,只是過去在商業組織上未能以「客家」凝聚力量。但拿篤客商這個例子清楚顯示,各種華人群體透過華團網絡的勢力競合,為自身及所屬團體謀求利益的可能。

以教育為目標的最顯著華團當屬董教總。董教總即是馬來西亞華校董事聯合會總會(董總)和馬來西亞華校教師會總會(教總)的合稱。在各州設有董聯會,它的會員基本上是州內的華文獨中董事會和華文小學董

事會。董總的成立宗旨是：[7]

1. 團結本會會員，維護和發展馬來西亞華文教育。
2. 研討和推動馬來西亞華文學校興革事宜，包括課程、考試、師資、教育基金及其他有關事項。
3. 加強和鞏固馬來西亞華文學校董事間之聯繫。
4. 團結馬來西亞華人社會之力量，共謀改善和促進華文教育事宜。
5. 代表馬來西亞各華文學校董事會與政府商討有關華文學校一切事宜。
6. 籌謀馬來西亞華文學校董事和教師間之合作。
7. 促進各民族之親善與團結。

　　循著這樣的組織宗旨，董總曾在 1980 年代援引國際人權公約以及多元文化主義之論述，以支持作為少數群體的華人也有著基本的人權，亦即接受華文教育，發揚自己的文化。這樣的論述也間接影響馬國國內如沙巴嘉達山杜順族、砂拉越伊班族、西馬原住民等等，也都開始對自我母語的基本權利產生共識。馬來西亞華文教育運動已從 1950 年代單純爭取華人的語言文化權利，演變成具有更為基本與廣闊的基本人權維護的意義，如此更能結合國內其他少數群體，與強調單一語言文化的馬國國家對抗（林開忠 2009[2008]：188）。

　　董教總是推動馬來西亞華文教育工作的最高層級組織，在它之下還設有全國發展華文小學工作委員會，一般簡稱為華小工委會，這個組織的用意在掌握在地華小的完整資料，瞭解問題的實質，俾便對嚴重影響華小

7　馬來西亞華校董事聯合會總會〈董總簡介〉http://www.dongzong.my/aboutus.php，2016 年 11 月 30 日上線。

生存與發展的措施及時反應與據理力爭；一方面也能更有效地凝聚各地華小三機構（董事會、家長及教師協會、校友會）的力量。因此，沙巴各地區華校及州層級都有華小工委會等層狀組織，隨時反映華小面臨的問題。例如，華小師資問題經常引發爭議。教育部曾派了多位不諳華語的教師到亞庇的善導小學任教，該校董事會聯合家長與教師協會，透過沙巴州華小工委會向教育部表達反對聲音（不著撰人 2009a）。類似的情況並不少見於州內各華校，有的很快解決，有的拖了很久。此外，教學媒介語要用華語還是英語，在經過多年來，也一直是華小不時面臨的挑戰。保佛地區的華小曾經推動連署，委請保佛華小工委會向沙巴州華小工委會提出「反對雙語言課程計畫簽署書」，希望教育部可以收回要求以英語傳授所有課程的政策，以保持華校以母語教學的獨有特質（不著撰人 2016d）。

　　除了商業、教育類型以外，也有文化或藝術工作為主旨的華團。例如華人文化協會。這個協會也是一個分支性的組織，它的起源是馬來西亞華人公會（Malaysian Chinese Association〔MCA〕，以下簡稱馬華公會）。馬華公會原本是馬來（西）亞華人在面對 1948 年國家緊急狀態下的困境，而成立的社團，但後來變成代表華人政治權益的政治團體（黃賢強 2015：108）。馬華公會在 1977 年成立了華人文化協會，歷來大多舉辦演奏會、音樂、戲劇、舞蹈表演、書法、文學講座等活動。但由於它是政黨所辦的社團，一般華社對它其實並沒有太大的反應（何國忠 2006[2002]：125）。沙巴古達及山打根兩地的華人文化協會，基本上如同多數沙巴華人所言，是個只會辦龍舟賽的社團，平常幾乎不存在。看來，隨著西馬馬華公會而進入沙巴的組織，最後只成為華人派系間政治動員的競合場域。其實何國忠對馬來西亞華團的分類，只是提醒我們，每個華團組織都同時具有不同的功能與面相。商會是商業團體，卻也是辦教育的機構。董教總等團體是教育組織，也是馬國族群政治的平臺。

　　就如上面提到，各地中華商會在殖民時期，曾被賦予當地華社代表人的身分一樣，各個城鎮地方的各種華團也會組成聯合性組織，成為另一個表達當地華社聲音的管道（也同時是政治平臺及資源流通網絡），例如亞庇華人同鄉會館聯合會、山打根華人同鄉會總會、斗湖華人社團聯合會等等，都是將各種血緣、地緣、業緣組織納入的當地華社代表。不過，目前沙巴並非所有城鎮都有類似組織，例如古達、拿篤甚至更小規模的古納、仙本那等華社，便是以中華商會為主要代表。成立於 1955 年的沙巴州（北婆羅洲）中華商會聯合會一直扮演代表華社的角色，直到其協助籌組的沙巴州中華大會堂於 1994 年成立之後，才卸下這種華社代表的任務，專注於經濟發展。[8] 全馬來西亞各州的中華大會堂或是其母會華總的領導人都來自商界，因此華商在華社中始終具有很高的領導地位，通常若出現影響華社的政治議題時，這些華商就成了華社的代言人，他們在領導輿論上扮演了舉足輕重的角色（何國忠 2006[2002]：123）。

　　最後我們談到傳統的、移民早期出現的會館組織。以血緣、地緣結合的傳統華人組織，即是一般所稱的同鄉會館。黃賢強（2015：103-105）指出早期華人移民社會中的地緣、業緣及血緣性會館的陸續成立，其實是回應華人移民社會人口增加、社會發展的自身需求。19 世紀新馬地區的華人領袖絕大部分是大富商兼會館的領導人，20 世紀初期華人社會的領導層則因與中國本土的政治發展有著連動關係，不再是那麼的一元化，而可分為兩種類型，一是類似於 19 世紀的華社領導人，二是所謂的非典型領導群，此非典型指的是不再絕對是土生華人、頂多只能算是小富商、也不見得是會館的主要領導人，但是他們透過非傳統華社組織（如同盟會、書報社、報章等）鼓動華社政治思潮。另外，張翰璧（2013：75）

8　《拿篤中華商會四十五週年紀念特刊》，拿篤中華商會 1994。

的研究也提醒我們，海外的方言及宗族組織，不僅可以照顧移民的福利，社會娛樂的需求，而且也發揮著同業行會的作用，以保護其成員的行業利益，這種職業介紹的功能使得職業壟斷的現象逐漸產生，產生後也得以長期的維持。換言之，這種機制的信任基礎就是來自方言和宗族組織所具有的血緣及地緣。

　　在東馬沙巴的情況則稍有不同，沙巴早期的華人移民中，相較於客家基督徒的家庭式大規模移民，契約勞工形式的移民相對較少，而那些經由巴色差會引進的客家基督徒農民，抵達沙巴後便獲得北婆羅洲渣打公司提供的土地及資源，隨即投入農業墾殖，很快地建立起在許多方面算是自給自足的聚落。當時沙巴第一個客家人的會館組織是，1886 年成立於東海岸山打根的「鵝城會館」，它的第一代、第二代領導人都是商人，他們不但建立會館，也建廟、建校。但是，當時西海岸另有一批不同類型的客家人，也就是依循教會移民管道而來的客家基督徒，則將為他們建立堂會、學校、引領宗教生活的教會領導人視為領袖，在 1920 年代以前，這些領導人大多是西方傳教士，教會組織隨著客家基督徒的墾殖腳步，也逐漸遍布內陸及東海岸。不過，在移民早期階段，山打根並未像古達出現客家基督徒建立的聚落，所以即便是山打根的基督徒，當時也是加入鵝城（人和）會館並受其領導（Wong 2013：252-255）。

　　華團的領導人通常有多重的身分，可能是會館的股商領袖，教會的領袖，也同時是受渣打公司委任處理該方言群華人事務的甲必丹（張德來 2002：62）。例如山打根鵝城會館第二代領導人林文澄，本身就是股商，又同時是中華商會理事長、巴色會領袖，也被政府委任為華人甲必丹。一位投入華團事務數十年的資深前輩說「依據華團的文化，華團的領導人必須有相當經濟基礎，出錢出力，方能推動會務」（賴觀福 2016：185）。這是確實，但這不單只是領導人有錢，更重要的是他的地位與人脈，能替組

織找到更多的資源。例如，能在客家公會裡擔任永久名譽顧問、永久名譽
會長等的，基本上都是這類型人物，只不過這其中也有等級之分。同時，
因著他們的身分地位與經濟實力，他們在華社中的身分幾乎都是橫跨多個
華團、華校網絡的。一個客家公會的前會長，可能是多個客家公會的永久
名譽顧問，也同時在華校董事會、中華商會、行業公會、同鄉會、宗親會
等等組織有其位置與貢獻。

　　何國忠認為，在族群利益分配的過程中，華人將其分為政治、經濟、
文化、教育四個領域。政治、經濟、教育三者的界線一清二楚，各有團體
為它們奮鬥，如馬華公會在政治領域、馬來西亞中華工商總會在經濟領
域、董教總在教育領域。至於華人文化，由於它的涵蓋面過廣，也就沒
有一個特定的團體可以代表（何國忠 2006[2002]：9）。我認為，雖然從
組織宗旨的角度可以區分出各種華團領域及任務，但若以「人」的角度切
入，就會發現這些華團其中的個體及人際網絡其實是交織在一起的，個體
及組織，組織與領域其實無法清楚切割，每個組織在實務運作上，都展現
出了政治、經濟、教育、乃至華人文化的面向，可說是一個複合現象。

第二節　全球與在地客家網絡

　　如同馬來西亞中華大會堂總會（華總）是馬來西亞各種性質的華人
社團總機構，馬來西亞客家公會聯合會（以下馬國客聯會）是全國 76 間
客家社團的總會，在客聯會之上，還有七大鄉團協調委員會，是由馬來西
亞七種方言群的社團總會（福聯會、客聯會、潮聯會、海南聯會、廣西總
會、三江總會）所組成的分支性華團網絡，這些林林總總彼此交纏的華
團，架構起馬來西亞華人社會的基本型貌。

　　客家社群及其組織在華社及華團網絡中有其獨特性，就是它的跨國性格相當突出。相較於其他籍貫方言背景的華人鄉團，跨國性的全球客家網絡很早便被建立起來，世界客屬懇親大會便是其中典例。根據葉日嘉（2006）的研究，1970 年香港崇正總會為慶祝該會五十週年暨崇正大廈落成，邀請了世界各地客屬團體參加慶祝活動，該次活動會定名為「世界客屬第一次懇親大會」（以下世客大會），並且決議以後每隔兩年在世界各地區召開，同時決定第二次由臺北的中原客家聯誼會籌辦。1973 年第二次世客大會在臺北中山堂舉行，時值中華民國剛退出聯合國，當時的臺灣政府為吸引海外客屬僑胞回國投資並支持政府，加強其對國家之向心力，於是在第二次世客大會上決議籌設一個世界性的客屬組織，於是 1974 年在臺北成立了「世界客屬總會」（以下世客總會），並藉該會每兩年一次的「世界客屬懇親大會」之舉辦，拉攏全球客屬僑民。這個由世客大會架構起來懇親網絡，可說是世界客屬跨國網絡的起始，歷年來不同地區客家社群絡繹於途（表 2-1）。

　　在過去四十餘年間，香港崇正總會曾與臺北的世界客屬總會在世客大會的主導權上有所競爭（葉日嘉 2006；黃信洋 2017；張容嘉 2018）。香港回歸中國後，香港崇正總會也另組「全球客家・崇正會聯合總會」，也開始藉舉辦該會年會時邀集世界各國客屬群體參加。世客總會是中國國民黨的外圍組織，其主辦的懇親大會主要是透過國民黨的僑務系統，附有拉攏僑民的任務。中國在 1994 年開始加入世客大會後，這個客家網絡開始有了明顯的轉向，取得主辦權次數已超越臺灣，舉辦地點都在中國的客家原鄉。1998 年在香港成立的「全球客家・崇正會聯合總會」是由原香港崇正總會會長黃石華所發起，政治傾向明顯，多次以反獨促統相關議題作為該會年會主題。2017 年世客大會在睽違四十餘年後首次返回香港舉辦。在 2015 年新竹舉辦的世客大會上，馬來西亞擊敗中國的廣東、廣

表 2-1：歷年世界客屬懇親大會列表

年度	屆次	國家、地點
1971	1	香港
1973	2	臺灣臺北
1976	3	臺灣臺北
1979	4	美國舊金山
1980	5	日本東京大阪
1982	6	泰國曼谷
1984	7	臺灣臺北
1986	8	模里西斯、留尼旺
1988	9	美國舊金山
1990	10	馬來西亞沙巴州亞庇
1992	11	臺灣高雄
1994	12	中國廣東梅州
1996	13	新加坡
1998	14	臺灣臺北
1999	15	馬來西亞吉隆坡
2000	16	中國福建龍岩
2002	17	印尼雅加達
2003	18	中國河南鄭州
2004	19	中國江西贛州
2005	20	中國四川成都
2006	21	臺灣臺北
2008	22	中國陝西西安
2010	23	中國廣東河源
2011	24	中國廣西北海
2012	25	中國福建三明
2013	26	印尼雅加達
2014	27	中國河南開封
2015	28	臺灣新竹
2017	29	香港
2019	30	馬來西亞

資料來源：修訂自葉日嘉（2006）

西、及印尼、加拿大對手，爭取到 2019 年的主辦權，這是馬國客聯會第三次主辦世客大會。

　　兩岸三地藉由懇親大會架構起來的客家網絡形式，也影響著海外客家社群，他們不但組團參加，也在各自國內的客家組織網絡中舉辦起來，馬國客聯會、沙巴客聯會也都有各自的年度大會，各自召集國內及州內客家公會聚會，開會討論相關事項的同時，也達到聯誼互通有無的效果。除了已成為兩岸政治經濟競爭平臺的世客大會以外，東南亞區域內擁有最多客家人的印尼也在動作著。

　　印尼在 1950 年代曾於全國各地均成立「客屬公會」，但 1965 年因為蘇哈托政策的禁止下遭到解散。華團、華教與華報也遭到禁止，華人甚至不能以華文取名字。直到 1998 年，蘇哈托下臺，印尼改革開放，提倡「民主」、「人權」，在那個時候雅加達又開始重新組織了「客屬總公會」（羅素玫 2010）。1999 年印尼的吳能彬創立印尼客屬總會，目前已在印尼全國四十餘個地區設立了分會，全國會員達數萬人。印尼客屬總會為了「提昇客家人的文化地位」，也在印尼縮影公園中的華人文化園區興建了圓樓造型的客家博物館（不著撰人 2012a）。印尼客屬總會創立的同時，並聯合馬國客聯會前任會長吳德芳等人共同創立了「亞細安（東盟）客屬聯合總會」，連結東盟（協）各國之間的客家組織。該會組織章程上的立會宗旨是：「加強亞細安諸國客屬鄉親在文化、技術、經濟和旅遊等方面之聯繫與合作」，同時將自身定位為一個聯誼性組織。為了加強區內各國客家的聯絡交流，同時追求社會效益和經濟效益，於是仿效世界客屬懇親大會，並在 2000 年開始舉辦屬於東南亞客家網絡的懇親會，會議主席同樣由懇親大會輪值國之客屬團體擔任（圖 2-4）。亞細安東盟客屬懇親會連辦兩年後，印尼客屬總會也爭取到在雅加達主辦 2002 年的世界客屬懇親大會。自此，亞洲地區又多了一個跨國客家網絡平台，這個由印尼主導

圖 2-4：第三屆亞細安（東盟）客家懇親大會
本屆大會由沙巴客聯會主辦（斗湖客家公會提供）

的網絡，展現了印尼也欲成為世界客屬另一個中心的企圖。亞細安客屬總會歷年來已在下列各國舉辦懇親會（表 2-2）。

　　臺灣主導的「世界客屬懇親大會」曾是 21 世紀以前主要的世界客家網絡架構，20 世紀末起，香港主導的「全球客家・崇正會聯合總會」及印尼主導的「亞細安東盟客屬懇親會」紛紛冒出來，雖然目前後兩者無論在歷史、規模都還比不上世客大會，但很明顯的，中國的力量在 1990 年代中起，已經主導了整個奠基在東亞華人圈中的跨國客家網絡，中國不但走出來，也把人拉進去。臺灣的客家委員會在 2011 年起曾舉辦數屆「全球客家懇親大會」（參第 4 章），是否意圖在（已經逐漸失勢的）世客大會外另闢戰場，爭取世界客家的向心與認同。以客委會這個「全球客家懇親大會」來看，除了少許港澳兩地社團以外，中國都沒有參與。來自世界各國的客家團體中，臺灣移出的客僑又占了很大比例，會否成為兩岸政治角力場，或臺灣孤芳自賞的平臺，值得持續關注（圖 2-5）。我在馬來西亞的田野經驗中，每次談及懇親會的議題，曾參與過的報導人大多以

表 2-2：亞細安（東盟）客屬聯合總會歷年懇親大會

年度	屆次	國家、地點
2000	1	印尼雅加達
2001	2	印尼雅加達
2002	3	馬來西亞沙巴州亞庇
2003	（因 SARS 延期舉辦）	
2004	4	汶萊斯里巴卡旺（4月）
2004	5	中國廣東深圳（11月）
2005	6	中國廣西賀州
2008	7	柬埔寨金邊
2010	8	澳洲墨爾本
2013	9	日本大阪

資料來源：本研究整理

圖 2-5：客家懇親大會
馬來西亞砂拉越州民都魯客家公會與客委會主委合影（劉瑞超／攝）

「（以前）國民黨的」、「香港的」、「印尼的」、「臺北的」來指涉東亞各類型的客家懇親大會，可見參與者本身多半有意識到其中的「政治味」。[9]

在經歷冷戰架構、中國改革開放、東南亞華人本土化、臺灣政權輪替等大背景下，過去半個世紀中建立起的這三個客家跨國網絡中，交織著以堅毅硬頸精神在各地開拓家園的客家社群故事，以及他們與原鄉、祖國之間的情感與物質的交流（參第 4 章）。劉宏與張慧梅（2007：65-90）在比較客家與潮州社群文化時，曾對客家這種原生性認同、祖籍地聯繫與跨國網絡有精闢的分析。劉張指出客家社群是在不斷遷徙過程中產生的，在移動路上沿途都有人定居下來，因此使得其聚居地相對分散，造成客家人的原祖籍地呈現一種多重性與相對模糊性。在這個遷徙過程中產生的共同語言，便是客家社群認同的依據。因缺乏地域界限或明顯的地理依託而立基於語言上的認同，客家社群在觀念及活動上都具有跨地域化和泛華化（trans-local and pan-Chineseness）的特徵，這使得客家社群更容易透過方言紐帶建立起一種超越地域的全國性乃至全球性客家認同及聯繫網絡，成為海外華人最早走上全球化道路的（華人）次族群。世界性的懇親大會是海外華人社團全球化的機構性基礎，它不僅是一種歷史性的再生與社會重建，也是一種經濟擴張與文化認同的策略。客屬懇親大會強調客家社群的世界性及全球合作，可說是過去不斷被強調的客家精神和泛華化特徵的延續。換言之，全球化成為塑造社群認同的文化土壤，也因為客家社群的祖

9　也有沙巴的老一輩客家領導人將臺北的世界客屬懇親大會及香港的全球客家崇正總會視為都是國民黨的，印尼的亞細安客家則是屬於亞洲的。其實早期香港崇正總會內部與臺灣政權有密切相關，但在香港回歸中國後已經有了大幅度的政治轉向（參葉日嘉 2006），其衍生出來的「全球客家‧崇正會聯合總會」嚴守一中反獨促統原則，與早期中國國民黨的連結已不再。話雖如此，但近年來中國國民黨本身也已轉向，或許未來又有合流的機會。

籍地分散，要團結客家，只能從精神層面提出一種具有客家特徵的客家精神，當作凝聚社群的力量，在地化及跨國網絡的建構過程中，客家更容易建立多重的身分認同模式。

那麼，我們怎麼理解在客家網絡全球化背景下的在地客家網絡，各種客家社團的運作之間又呈現出什麼樣的面貌，我們以沙巴州客家公會的例子來看。沙巴州目前有 15 個客家公會，分布在東西兩岸及內陸地區（表 2-3）。[10]

表 2-3 內共有 15 個客家公會，其中位於西海岸者 9 個，東海岸 3 個，內陸區 3 個。由立會年代可以看出，二戰前只有東西兩岸的山打根及亞庇各一個客家組織，這是沙巴客家組織的開端，如上一節所述，這兩個會館卻有著不同的成立脈絡，兩者交會在來自南洋客屬總會的客家浪潮中。華人移民海外，早期都是透過建立會館，保持著與中國的聯繫，關注家鄉親人情況，又透過會館適應融入當地的生活。1929 年在新坡成立的南洋客屬總會，可說是發揮了領導客家社群效用的組織。當時的南洋客屬總會扮演了領導及組織各地分會的任務，它派員前往各地調查，如果當地沒有客屬的機構，就應與當地客屬賢達商議召集會議籌辦公會（劉宏與張慧梅 2007：75）。1941 年太平洋戰爭戰火波及南洋之前，在胡文虎等人領導下南洋客屬總會也帶著羅香林的客家著作《客家研究導論》來到當時北婆羅洲，於是北婆羅洲西海岸客屬公會因此成立，但因日軍隨即佔領包括北婆羅洲在內的南洋大部分地區，羅香林的客家知識未及傳布於東海岸山打

10　亦即目前沙巴客聯會的 15 個會員。在成立年分方面，在各會及客聯會所搜得資料有時有一年的誤差，此乃因各會認定的成立時間有時是使用成立大會日期為定，有些則以社團登記為主。

表 2-3：沙巴州客家公會列表

成立時間	地區
1886	山打根客家公會（前身為鵝城會館、人和會館、客屬人和會館）
1940	亞庇客家公會（前身為北婆羅洲西海岸客屬公會）
1964	根地咬客家公會（時為沙巴客屬總會根地咬分會）
1964	丹南客家公會（時為沙巴客屬總會丹南分會）
1964	保佛客家公會（時為沙巴客屬總會保佛分會）
1964	吧巴客家公會（時為沙巴客屬總會吧巴分會）
1964	斗湖客家公會 （時為沙巴客屬總會斗湖分會）
1965	斗亞蘭縣客家公會（時為沙巴客屬總會斗亞蘭分會）
1964	古達客家公會（時為沙巴客屬總會古達分會）
1983	拿篤客家公會
1992	蘭腦客家公會
1995	納閩聯邦直轄區客家公會
2005	古打毛律客家公會
2013	兵南邦客家公會
2014	必打丹客家公會

資料來源：本研究整理

根的人和會館，該會館直至戰後 1950 年代才改名為客屬會館。[11] 顧及馬
來西亞建國後政治局勢中華人的未來，沙巴華社開始團結彼此的力量，亞
庇客屬公會及山打根客屬公會聯合策畫，在 1964 成立沙巴客屬總會（客
總），以及亞庇崇正中學。當初是由山打根張福田等人，為鼓勵與策劃全

11　人和會館於 1941 年接獲胡文虎來函，說明將於 1942 年派遣林師萬、丘潔
　　夫兩代表至山打根籌組客屬公會事宜，人和會館也覆函表示歡迎，然而山
　　打根於 1942 年 1 月即為日軍佔領，相關事務便停擺。

州各縣同屬人士組織屬會，以取得聯繫及謀州內同屬及大眾福利與振興華教，聯合東西海岸及內陸地區賢達，展開全州巡迴訪問，在張福田懇請感召並以其巴色會教友身分，透過基督教巴色會的網絡，在各地城鎮成立分會（張德來 2002：67-68）。這是 1960 年代一口氣成立了七個客總分會的背景。但在馬來西亞政府社團法令下，這些分會不具獨立社團組織的身分，只是沙巴客總的附屬。換句話說，當時沙巴只有亞庇、山打根、沙巴客總三個正式的客家組織。同時，在沙巴客總主席張福田及亞庇一些關心華教人士的合作，加以受到新加坡南洋客屬總會的支持下，於是建立了崇正中學，希望能提升州內客家族群學識生活水準。

　　崇正中學風光一時，招收不少學生，直到 1970 年代受到州內政治、經濟的影響，崇正中學開始沒落，最低時曾經只剩二十餘名學生，此時沙巴州政府去函以學生人數不足為由，要求接管該校。由於當時亞庇客家公會是獨立組織，並不隸屬客總，客家界人士商議將崇正中學移交亞庇客家公會管理，以保住該校主權。面對客總組織上的缺陷，[12] 沙巴客總斗湖分會率先發難，提議要求解散客總，並開始籌備沙巴州客家公會聯合會（沙巴客聯會）。原因是當時客總才是唯一註冊的合法單位，所有分會都不是，分會本身無法註冊、沒有自主權，更不能擁有資產。1970 年代後半，客總不斷召開解散並另立新會的會議，並希望盡快在各縣都能成立客家公會。身為解散客總發起人的斗湖分會，率先籌組斗湖客家公會並於 1979 年註冊成功，成為擁有自己組織章程、資產的獨立組織，它的會員則直接由客總斗湖分會移轉過來。斗湖客家公會首任會長也主導著沙巴客聯會的成立進程，同時協助其他原客總分會於 1981 年成立各自的獨立公會。

---

12 張德來（2002：70）認為「客總」是個頭重腳輕的中央制組織，不利草根
　基層成長。換成今天的話語就是「不接地氣」。

在解散沙巴客總成立沙巴客聯會的籌備過程中，各屬客屬人士曾對這個未來領導州內客家社群新組織的定位有所討論。也就是，當時政府修改了社團法令，將社團性質分為政治性及聯誼性，申請社團註冊時便要二擇一。山打根客家公會隨即將該會登記為政治性社團。那麼關於沙巴客聯會要成為一個政治性或者聯誼性的社團組織，在籌委會上引發不少辯論。贊成列為政治性者，有的認為非政治性社團不能批評政策及行政措施，失去照顧華社、屬人的宗旨，便失去成立的意義。有的認為政治性社團屬性具有發言權力，就像擁有一把傘一樣，「可以打開來避雨，晴天時雨傘也還在我們手上」。反對者則擔憂若成為政治性社團，是可以公開支持特定政黨候選人，甚至動用公會基金去支援，這將導致不同背景、政見不合的會員間產生分裂，甚至退會。最後沙巴有七個客家屬會贊成，決議沙巴客聯會應登記為政治性社團，當時亞庇客家公會因其自身是登記為聯誼性社團，所以對此決定持保留態度，但沙巴客聯會還是以政治性社團於 1982年登記註冊成立了。[13] 由於不想成為政治性社團，亞庇客家公會也曾經一度退出沙巴客聯會，但是後來政府社團法令再度修改回原樣，解除了這個問題。[14] 至此，沙巴客聯會成了統合各個客家公會的最高組織。[15] 客聯會理事會由各客家公會會長擔任，透過理事會選舉出一位擔任客聯會長及署理會長，其他客家公會會長則擔任副會長。沙巴客聯會的組織基本上與各

---

13 《沙巴客屬公會聯合會年刊創刊號》，沙巴客屬公會聯合會 1983：68-74。

14 〈會史〉。刊於《亞庇客家公會四禧慶典紀念特刊》，亞庇客家公會 2005：47。

15 1999 年 3 月沙巴客聯會因來自納閩聯邦直轄區的納閩客家公會（成立於1995 年）加入，而改名為沙巴暨納閩聯邦直轄區客家公會聯合會，但一般口語習慣上還是稱沙巴客聯會。

客家公會類似，也設有青年團、婦女組組織，由各客家公會之青年團長、婦女組主任為理事，同樣選出州層級的青年團長、婦女組主任，並分別負責主辦不同業務的活動。

　　華團、客家社團的發展過程，其實反映了他們所在地包括政治經濟在內的社會景況。1960年代為了因應馬來西亞建國的政治環境，沙巴客總成立並附屬多個分會，1970年代馬國推行新經濟政策、國家文化政策，促使1980年代沙巴客聯會及各屬會的紛紛成立，這些都與時空背景密切相關，透過組織單位的增加與聯合性組織的壯大，凝聚會眾力量，是馬國包括客家在內許多華人社群生存的手法之一。馬國客聯會也是在這個背景下於1979年成立的，成為聯合國內所有客家社團的總機構。就地緣性社團的全國聯合會成立的歷史來看，最早成立的是海南人的「馬來西亞海南會館聯合會」，於1933年成立。到了二戰後，馬華社團的一個顯著現象是各族群內部的聯合趨勢逐漸加快加強。1950年代有四個聯合會成立，1960年代有兩個，1970年代則是華人地緣會館聯合會成立的繁盛時期，共有11個，1980年代也還有五個。整個馬來西亞華人地緣性社團聯合會的組建趨向穩定，已從戰前的「孤立無序向聯合有序的轉化與發展」（石滄金2005：26-29；李明歡1995：158；陳美華2008：15）。

　　由前文可知，如客家社團在內的華團，無論當初想要成為聯誼性或政治性的社團，又或積極加入跨國客家網絡中，基本上都是回應著國內及國際政治局勢的發展。如同1960年代沙巴客總的成立，當時成立一個中央性的客家社團是政治性和以政治為出發點的嘗試，創辦人理解自身族群在新成立的國家中的義務時，便強調了全面參與建國的重要性和必要性（張德來2002：67）。在馬來西亞建國前夕，華人為了爭取政治地位，於1962年以團結華人，聯絡友族，共謀社會福利，效忠北婆為宗旨，成立了北婆羅洲華人公會（簡稱婆華公會）。並組織政黨，包括民主黨、聯

合黨（社會民主黨），後兩黨合併為北婆羅洲國民黨，並與其他族群的政黨組成沙白聯盟，討論馬來西亞聯邦成立後沙巴州政府各重要人事的安排（宋哲美 1966：138-139）。其中聯合黨發起人之一便是山打根客家公會的魏亞貴。亞庇客家公會也參與了馬來西亞建國的事務，該會會長彭德聰當時是北婆羅洲官派的立法議員，身兼華人及客家社群的領袖，他帶領州人組成政治團體，參加獨立運動，與英國談判成立馬來西亞。

　　無論是各地方性的客家公會、州與全國性的客聯會，基本上都在政治上扮演了政府的壓力團體，每種層級的客家公會在年度大會上都會提案，以公會的名義向政府呼籲。如 2016 年馬國客聯會會員大會決議的提案：

一、有鑑於我國一再發生槍擊謀殺事故，導致人心惶惶。本大會僅此呼籲警方加強打擊和取締鼬犯份子，杜絕槍殺案持續發生。

二、馬來西亞是世俗國家，在國家憲法與法律面前人人平等。因此，本大會堅決反對伊（斯蘭）刑法提呈國會討論。

三、IS 回教國恐怖份子在全球各地展開恐襲，濫殺無辜，我國也不能倖免。本大會呼籲全民與警方合作，消滅恐怖份子，或將他們繩之以法。

四、承認獨中統考試華社的共同意願，本大會籲請政府盡早承認統考文憑，不要一再拖延。

五、由於我國令吉大幅滑落，影響人民生活，本大會呼籲政府採取有效措施，以穩定馬幣走向。[16]

六、本大會呼籲政府在華人聚集地區，制度化地興建華文小學。

16　令吉為馬來西亞法定貨幣 Malaysian ringgit 的中文譯音。

七、本大會呼籲政府設立貸款及融資機構，提供經濟支援，協助年輕人
　　創業。

八、本大會呼籲國人正視「一帶一路」帶來的商機，趕上時代經濟發展
　　之列車。

　　這種提案通常涉及政治、經濟、治安、教育等主題。以組織名義提案再登報刊載的方式，幾乎是所有華團的共通文化，但就如前文提過，刊載在華文報紙上基本上效果不大，必須透過其他管道，比如，邀請在政府單位任官，或區、國會議員的華人政治人物與會，或者以公會名義前去拜訪。此外，由公會組織對外發布的提案也可以看出區域性關注議題的差異，例如沙巴客聯會或州內的各客家公會多半都會針對州內物價為全國最高、基礎設施全國最差提出意見，沙巴東海岸的三個客家公會則總會觸及國境治安的問題，因為該區域靠近菲律賓，菲南恐怖組織上岸綁架事件頻傳，菲、印兩國非法外勞輕易跨過國界，上岸打黑工，這些都是東岸較為關注的議題。也因此，他們覺得馬國客聯會的提案總是過於空泛，也老是將沙巴州邊緣化，忽略沙巴的情況，尤其是沙巴州的東海岸。

　　以政黨方式積極涉入國家政治是維護馬國華人權益的方式之一，積極成立華團，凝聚力量壯大聲勢也是方式。沙巴客總在轉型成沙巴客聯會的階段，便開始積極遊說尚未成立客家公會的鄉鎮地區，並以分派區域任務的方式，由東海岸的山打根、斗湖兩會，協助拿篤；由根地咬、保佛協助同在內陸區的丹南；由亞庇及根地咬協助西海岸南端的吧巴等地，成立客家公會。多年下來州內已經有15個客家公會，其中以西海岸為多。

　　一個地方層級的客家公會成立，並不是立即具有客聯會會員身分，需要申請加入並獲通過。納閩客家公會成立四年後才加入沙巴客。東海岸位於斗湖及拿篤之間的小鎮古納，新近成立的古納客家公會，目前都還是

個未加入沙巴客聯會的獨立組織，僅有理事會而沒有多少會員（古納當地華人人口不足千人）。但同樣是近年才成立的必打丹及兵南邦客家公會，都是理事會成立、社團登記後便加入沙巴客聯會。

這裡涉及同鄉社團的整合與分裂現象。林開忠指出新馬地區的客家社團，通常是先有客家社群的同鄉會，最後才出現統合性的客家會館（林開忠 2013：128）。這話確實不錯，但是有整合就有分裂。上述必打丹、兵南邦都是位在首府亞庇附近，但分屬不同行政區，過去區內的客家人士都是參加亞庇客家公會為主，隨著區域內人口增加，以及有心人士的出現，以行政區為單位的新客家組織便出現。同樣的例子在西馬一樣出現，吉隆坡附近的無拉港是一個以客家人為主要居民的新村。過去村內客家人想參與馬國客聯會舉辦的活動，都必須以某某客家公會身分參加，於是「委身」於沙登客家公會。無拉港不想再寄人籬下，後來有位客籍商人出面號召，便於 2006 年成立了自己的客家公會，並且積極拓展在國內客家網絡的連結關係，在成立僅十週年時，便以一個小會的身分接下馬國客聯會年度會員代表大會的承辦權。2014 年在沙巴成立的兵南邦及必打丹兩個客家公會也可說是自亞庇客家公會獨立出來。人口增加只是該區域背景的次要因素，必要的是人的因素。除了客家公會以外，早期沙巴也有客屬人士成立的同鄉會館，例如山打根的東安公會、肇慶會館，亞庇的龍川會館，今日幾乎以無運作之實，其中也有不少會員或其子女轉而加入客家公會。如此看來，客家公會組織的壯大，是有可能吸納掉其他原也是客屬人士的社團（圖 2-6）。曾任沙巴客聯會及馬國客聯會會長的王平忠認為，「客聯會逐漸成為代表沙巴客家人的意象」。從鄉團組織上的變化，可略看出這種趨勢。

新組織的成立，也表華社網絡節點的建立，在各種社會關係網絡中扮演它被期盼的角色與功能。其中，我們經常可以看到人際派系的衝突。

圖 2-6：山打根東安公會
東安是指東莞及寶安人合組的會館，現已沒落，會所平日只有
老人泡茶看報打麻將（劉瑞超／攝）

對於客家社團的運作，州內第二大的山打根客家公會前會長這樣看：

> （沙巴）客聯會常常牽涉政治太深，當初就是因為政治家支持，才會有
> 沙巴客聯會。但客聯至今除了蓋了客家大廈，並沒有對客家人做了什
> 麼。（而且）當初認捐最多錢給客聯蓋大樓，就是東岸的山打根、斗
> 湖、拿篤三個（客家公會），所以這三個會對客聯處理會務的方式都不
> 太認同。……兵南邦在亞庇市外的小地方，客家人口不多，成立客家
> 公會不是好現象，直接加入亞庇客家公會就好。必打丹成立客家公會
> 還可以接受，兵南邦不需要成立……。[17]

17　新近成立的兵南邦客家公會，其會長是出身自山打根的律師。

　　他點出了過去十數年間，沙巴客聯會內部派系競爭的源頭之一，金錢。耗費超過千餘萬馬幣建造的沙巴客聯會大廈，這筆來自沙巴華社（以及部份國外客屬團體）義捐的龐大款項，一直有著帳目不明、侵吞、認捐不出錢、工程發包等各種爭議流傳於州內各客家公會之間。這也影響到東西兩岸客家公會派系問題，乃至各自在理事會上支持屬意的人選競選沙巴客聯會長。而這些全是檯面下的事。檯面上，大家依舊「同系一家」、「客家一家親」，為客家文化而努力。

　　為客家努力要有身分，有名器，才好使力。這又涉及到政治，以及個人對政治的企圖心。位於沙巴西海岸北端的古達，是客家人移民沙巴的起點，古達客家公會成立在客家登陸沙巴百年後才成立（亦即 1970 年代東岸斗湖發起解散客總成立客聯之時期，古達才與客家公會體系靠近）。古達客家公會創會會長王平忠，在 1989 年該會成立十週年時說：

> 古達客屬公會是古達客家人的家，是團結客家人的象徵。這個客家人的家是在客家人到達古達一百年後始建立的，如果這個客家人的家早在一百年前或五十年前成立，相信今天的客家人會更加文明進步，團結相親相愛。可惜我們比其他屬會落後十五年至九十多年不等…我們有責任來愛護這個家。[18]

　　這個位於西海岸最北端的古達小鎮，代表著沙巴客家人的起點，他期許古達客家公會後起直追。客家人為何在登陸古達一百以後才建立客家公會組織，主要是因為這些客家基督徒有著巴色教會、教會學校，自成一

---

18 〈古達客家公會十週年會訊〉，古達客家公會，1990。事實上，1964 年沙巴客總亦於古達成立分會，只是未有太多實際運作。

格的客家基督徒聚落，不像東海岸山打根是個各裔華人雜處的港埠。就在古達客家公會想要急起直追快速發展之時，不過幾年之間便面臨政治上的挑戰。王平忠表示：

> 古達客屬公會的宗旨是聯絡同屬人士感情，促進文化、教育福利事務，非政治團體。……1984 年受到政治的干涉，有人要拆掉公會的招牌，要摧毀我客家人的家，非常幸運，思想成熟及眼睛雪亮、醒悟的古達客家人群起捍衛，成功保護我們的公會完整。四年後的今天我們的公會又面對另一次挑戰，第一次出現最激烈的競選，好像每逢四年我們的家就會有事情發生……。[19]

　　其實那時正值古達客家公會選舉新屆理事會，地方上的客家社群內部出現派系問題，謠言蜚語四竄攻擊，危及被視為象徵古達客家人的客家公會之穩定。但這個理事會競選而來的競爭，其實背後有超越古達、涉及州內、及馬國華社內部的勢力競爭脈絡。王平忠當時是沙巴州政府首席部長署助理部長，在選上古達客家公會會長後，再度選上沙巴客聯會會長，並且征戰西馬半島，在 1990 年馬國客聯會理事會改選時，成功擊敗沙巴亞庇客家公會、柔佛州新山客屬同源社（現在的新山客家公會）的競爭，獲選為馬國客聯會理事長（即會長），亦即馬國客家界最高機構的領導人。這中間的過程，遭遇了不同勢力的角力，各客家社團之間展開合縱連橫的運作。幸好，他保住了象徵「客家人的家」的客家公會。

　　馬國客聯會目前在全國有 79 個屬會，近年幾乎每年都新增一兩個會員。理事會自 1979 年成立起，客聯會長由各屬會輪流擔任（在年度會員

19　同上引，無頁碼。

代表大會中選出），成立逾四十年中，客聯理事會有七屆共十年，均由隆
雪客家公會擔任會長，東馬只有沙巴州、曾任沙巴州首席部長署助理部長
的王平忠擔任過兩屆會長（1991-1994）共三年。馬國客聯會的會長，需
要有一定的政經實力才能選上。在馬國客聯會組織章程上，關於會員的規
定是，一個地區只接受一個單位，也就是以客家公會名義註冊的申請者來
代表該地區的本會會員。目前馬國只有五個州屬成立有州層級的客聯會，
包括雪隆、森美蘭、砂拉越、沙巴、及彭亨州，州客聯會則是以州內各客
家公會為會員。位於西馬的彭亨州境內共有八個客家公會，2013 年 7 月
由關丹客家公會發起成立彭亨州客家公會聯合會，隨即有州內六個客家公
會加入。彭亨州客聯會成立的隔月，8 月份在彭亨州文德甲（淡屬客家公
會）舉行的馬國客聯年度會員代表大會上，彭亨州客聯會向大會爭取加入
馬國客聯會，要以州級身分再加入會員。當時的馬國客聯會長楊天培基本
上是傾向支持，他認為「有需要就成立州級聯會，屬會越多，對客聯會越
有幫助」。但彭亨要以州聯會入會的事，引起國內其他客家公會爭議，認
為有會籍重複的問題，於是不了了之。隔年 8 月在柔佛州（新山客家公
會）舉行的馬國客聯會年度會員代表大會上，時任彭亨州客家公會聯合會
會長的關丹客家公會會長，又再度提出以州聯會名義加入馬國客聯會，他
認為加入客聯只是為了增加交流的平臺，雖然馬國客聯會會長力挺，但在
該年度大會中的理事會議上，仍引起不少各州各地屬會的議論，認為這舉
動意在馬國客聯會選舉事務上 [20]。例如來自沙巴東海岸的斗湖客家公會會
長當時便提出質疑：

20　其實早在 1982 年 3 月，西海岸的亞庇客家公會就曾提議，希望沙巴客聯會
　　在馬國客聯會會議上爭取將會員資格改以州別作為會員單位。見〈沙巴州
　　客屬公會聯合會第一屆理事會第一次會議紀錄〉。沙巴客聯會 1983：73。

大馬客聯會底下有州聯會、區（縣）層級，是誰在領導大馬客聯會？
是目前七十多個屬會一起競選，還是由全國十三個州區來競選？沙巴
客聯會並未加入大馬客聯會，全國性的大馬客聯應該以區域性屬會為
單位。

沙巴客聯會會長（蘭腦客家公會）也表示：

為了要壯大大馬客聯力量，提升會員數是無可厚非，但會員應以「縣」
為單位，沙巴客聯會有十五個屬會，全都加入了大馬客聯，那麼沙巴
客聯會再加入，不是重疊了嗎？

馬國客聯會照樣是表現出力挺彭亨州的態度，因為這位總會長本身
非常注重交流平臺，尤其是與中國之間的平臺。2015 年度常年全國會員
代表大會在霹靂州的怡保舉行，這位馬國客聯會總會長提到，中國東盟自

圖 2-7：馬國客聯會理事會議
客聯會理事會議經常是各地屬會角力的場域，圖為馬國客聯會會長回應沙巴州
拿篤客家公會提案（劉瑞超／攝）

由貿易區的建立和中國倡儀的「一帶一路」經濟發展策略，對馬國經濟發展至為重要，對人民福祉息息相關，而作為民間重要團體的客家公會，務必倍加關注和積極參與，以便及時掌握商機。近年中國在亞洲推動「一帶一路」的策略，引起許多馬國華商注意及參與，這位頻繁前往中國交流的馬國客聯會長，幾乎在國內任何場合都會提倡加鼓吹華社把握時機加入這個大平臺中，以獲取經濟利益。

今天的客家公會是否能代表客家社群？這其實涉及組織層面的運作、個體的文化與身分認同選擇、以及現實的政治經濟利益。即便如上文所述，新的客家公會不斷冒出頭，舊的早期客屬的其他會館逐漸萎縮或被吸納，今天馬來西亞各個客家公會（尤其是鄉區的）普遍面臨年輕成員不足，年輕世代不參加這類鄉團組織的比例是逐漸升高的。

鑒於擴大客聯組織、推廣客家意識，乃至招募年輕世代，穿梭臺海兩岸的馬國客家界聞人、前馬國客聯會會長吳德芳曾在 2013 年 8 月底，在馬國客聯會年度會員代表大會上說：

> 客聯會應該鼓勵有客家人的鄉鎮自動成立客家公會，以照顧當地的客家人，增加健康的社區活動，發揚客家美食、客家文化，與全馬各地的客家公會加強聯繫、互相拜訪、加強交流，讓下一代更了解自己的根源。……現在的年輕人，你問他祖籍是哪裡，他（的）回答是「我是檳城人、霹靂人」，你再問他祖籍在哪裡，他完全不知道。鄉團的組織應該可以填補這個缺口，至少讓會員的子女知道自己原籍是客家人還是福建人……。[21]

---

21 根據筆者在沙巴的經驗確實如此，在客家公會的會員入會申請表、各類活動報名表上，年輕世代（尤其是 1970 年代以後出生者），在籍貫上填上

很明顯的,在建國超過半個世紀後,未進行再次移民,留在馬國的
年輕世代發展出本地認同是很自然的事。[22] 曾任沙巴客聯會會長的曹德安
(2001:19)也說:

> 自沙巴於 1963 年通過組織馬來西亞而獨立以來,已經歷了 37 個年頭,
> 在此進入 21 世紀之際,新生的一代已經形成。他們將主宰今後社會的命
> 運,也將決定屬人和族人的前途。而鄉團組織之形式、運作、功能和內
> 涵,勢將受到很大的衝擊。在這種情況下,作為一個以原來鄉土籍貫為
> 基礎的組織,已經逐漸失去其原有的色彩、淵源和根據。因為新生的一
> 代,和他們的子孫,已經失去純正的籍貫和原來鄉土色彩,甚至不能擁
> 有純正的血統,而只知道本地為其籍貫,而對它發生更濃厚的感情。

經過各種華裔次族群、原住民族群百餘年來的交流互動,要再從生
物上來界定客家是不太可能,在認同上也可能離長輩們的方言群、籍貫認
同有些許距離。對於公會會員招收不易,年輕世代會員難尋,前斗湖客家
公會會長也感嘆說:

> 在招收會員方面,個人覺得年輕的鄉親反應冷淡,希望年輕一輩的同
> 屬要有歸屬感,客家的傳統文化、方言,照顧同屬鄉親福利的擔子,
> 不能失去傳承……。

「客家、沙巴客家、馬來西亞客家、沙巴公民」等的比率越高,而不若早期
資料都是清楚寫上廣東某某縣鄉鎮。

22 相較於不少華人移民落腳馬國,在累積足夠資源後又再度移民西方國家者
而言。

　　客家社團年輕與婦女會員人口偏低，陳美華（2008：20）認為經濟是最主要原因。但我在沙巴的田野經驗中發現，經濟雖是年輕世代加入客家公會與否的原因之一，但其他各類型的華團提供了個人舞臺也是原因之一。有志於在華團發展，累積個人社會資本者，甚至未來想要往政治方向前去的年輕人，通常同時參與一個以上的華團，從經濟、教育、文化、政黨隨附組織等性質的社團皆有。

　　沙巴的前三大客家公會（亞庇、山打根、斗湖），均有足夠辦理常態性活動的青年團以及婦女組成員。年輕會員經濟基礎不夠穩定，但公會有資產（店鋪、義山）及會費等固定收入，特定社團活動經費通常由會長、名譽會長及其他幹部，向華社聞人富商募款，謂之「報效」。這三個客家公會，恰好是華人聚集的地區性大型城鎮，工作機會比甘榜（鄉村）地區多，也吸引較多城鄉移民聚集。

　　馬國境內各州各地的客家公會，即便加入馬國客聯會，也不能簡單視為「一個」完全相同的組織。陳美華將馬國客聯會視為一個社團（同上引，頁 19），但我不傾向這樣認為。馬國客聯會的意義應是一個網絡架構，馬國內的華社網絡之一、馬國客家網絡、全球客家網絡之一。客聯會會長是在會員年度代表大會時由理事會選出，這選舉牽涉了馬國國內地域州別及華人政經勢力的折衝對抗。所以我傾向將馬國客聯會視為只是一個網絡架構，而不是「一個社團」。其組織文化風格會隨著擔任總會長個人的背景（及其所屬特定客家公會）而有所差異。此外，各地有各地的政經人事關係網絡，如沙巴州的東西岸、馬國的東西馬之別，這是我們觀察馬國客家會館組織時需要注意的。

　　但是，確實如陳美華指出的，馬國客聯會舉辦各類活動所具有的功能，除了文化功能以外，也隱含經濟商機功能。這個商機，有真實與想像的部分，有待參與者去爭取。就田野中的觀察來看，筆者以為無論範圍

是橫跨東、西馬,或者單在沙巴州內的各項名目之下交流活動,還有一項最重要的功能便是網絡的建立與暢通。即便以馬國客聯會名義出訪,也是以特定客家公會輪值會長所率領的團隊(通常理事會及幹部會以時任會長周邊人際網絡組成),透過互訪,個別屬會與個別屬會之間,個別屬會與國外(如中國的僑聯、僑辦、海外聯誼會,或者臺灣的客家委員會)建立溝通聯繫管道。如,2016年時任馬國客聯會會長者,乃柔佛州新山客家公會會長,在競選馬國客聯會會長一職之前,他率領新山會員組成訪問團,四處拜訪國內各地客家公會,也曾在2014來到沙巴州拜訪各個客家公會。其中,在拜訪東海岸的客家公會時,拿篤客家公會因此與新山客家公會建立了聯繫管道,透過這個管道的建立延伸出日後更多互動,也讓拿篤客家公會在日後進入馬國客聯會中央理事圈內。

年輕人在各華團之間流動,經營網絡,也替未來累積可能的資源回報,目前領導社團的中間分子或老一輩,其實也是這樣過來的。當然,職業類型在時間軸上的變動還需要進一步的資料收集。沙巴客家領導界中的老一輩,大多是經營當時的傳統產業(伐木、橡膠),累積小資本後可能又投資後期興起的油棕業,隨著資本越來越大,開始經營進出口貿易。但是現在沙巴伐木業已經受到限制,目前在客家社團界的年輕世代,經商者多半是經營小本生意,擁有大面積油棕園者,少之又少,除非是繼承自家族上一代。在跨區、跨國客家網絡蓬勃發展的同時,不是每個年輕世代會員都有能力頻繁在網絡中移動。有些會員甚至連前往西馬半島參加活動,都必須有公會或會長私人的經費補貼才能跟隨。這些無法頻繁遠距離移動之會員的個人經驗,也多少影響著他們眼中的客家世界觀。

本節最後談到在組織層面上代表馬國客家社群的馬國客聯會之代表性。客聯會的代表性近年遭到挑戰。2015年4月,馬國客家界新成立了一個「馬來西亞客家文化協會」(以下客家文協),以團結及協助客家人,

並推動客家文化為創辦宗旨。客家文協並且也是採取分支性組織方式，短時間內便陸續在吉隆坡、柔佛、森美蘭、雪蘭莪、霹靂、玻璃市、檳城、吉打、及東馬砂拉越的古晉及美里等地成立多個分會，以推廣客家文化為己任。這個新組織，遭到馬國客聯會的強力反彈抨擊其另立門戶的作為。時任馬國客聯會會長的張潤安（新山客家公會）認為，現在全國有 79 個客家公會在做團結客家人、發揚客家文化的任務，質疑客家文協另起爐灶，卻不利用馬國客聯會來推廣文化的用意。客家文協要求馬國客聯會支援其活動，意思就是要客聯會撥出資源去支持同樣性質、而客聯會也本來就在做的活動，所以他極力反對這個客家文協。這樣的態度也出現在部分客家公會中。張為時任的馬國客聯會會長，藉著 2016 年 8 月舉行馬國客聯會年度會員代表大會、以及 12 月舉行新山客家公會 90 週年會慶，國內各地屬會雲集之時，在會上向各屬會同仁報告這件事，並且嚴厲批評。

　　除了分散資源的說法以外，其中的爭議還包括會員身分。馬國客聯會認為，各個籍貫的子弟應該要加入自身籍貫的會館，因為那是傳統。但客家文協不是這樣自我定位，文協認為自己在本質上與馬國客聯會這種會館不同，因為他們不以籍貫為限，只要是對客家文化感興趣的華裔人士都可以加入文協。但卻被馬國客聯會會長張潤安批評為「你叫福建人放著福建文化不管，跑來發揚客家文化，這顯得突兀。如果客家文協如此開放接受不同籍貫的會員，那也應該同時發揚其他籍貫文化，那乾脆改名叫做『馬來西亞文化協會』好了」（不著撰人 2016e）。張潤安的說法顯示，他認為客家人就要加入客家公會，各籍貫各自歸隊自己的傳統鄉團會館。客家文協卻覺得馬國客聯會的激烈反應，只是怕新社團的成立會取代客家公會而已。兩方叫陣之下，互邀對方加入自己的組織。有部分客家公會也覺得客家文協的成立，將會分裂國內客家人的團結，但也有其他客家公會持平覺得文協的出現有好有壞，因為馬國客聯會對於文化調查方面做得比較

少，若客家文協能補足這個缺憾也算是好事，但若從組織的角度來看，另立山頭其實就是政治問題，都是為了私利。馬國客聯會與客家文協的戰場或許才剛開打，未來會如何，若能雙方陣營彼此各自修正截長補短，對馬國客家社群也不是壞事。若依舊只是派系山頭之爭，怕只是內耗客家的力量罷了。客家文協真能加入客聯會，那麼馬國客聯會以縣、區域為會員資格的章程又得修訂了。

暫不論，馬國客聯會與客家文協的爭論所涉及的華人及客家社群內部的可能派系問題。劉宏及張慧梅（2007：65-90）指出，因為客家社群的祖籍地分散，要團結客家，只能從精神層面提出一種具有客家特徵的客家精神，當作凝聚社群的力量，在地化及跨國網絡的建構過程中，客家更容易建立多重的身分認同模式，也因此使得客家社群更容易透過方言紐帶建立起一種超越地域的全國性乃至全球性客家認同及聯繫網絡，成為海外華人最早走上全球化道路的（華人）次族群。不過，由本節所描述的在地客家網絡運作中的部份情況來看，這個客家網絡，不只奠基在語言的同一性（因為客語方言間也有所歧異），也立基於共同歷史的想像上。這個客家網絡不只是認同網絡，而是商業資本與文化知識流動的網絡（見第4、5、6章）。這也是張翰璧（2013：247-248）所言，關於客家所建立超地域的全國性乃至全球性的客家人認同及聯繫網絡，那並不是自然形成的。她點出了這種網絡是只屬於商人階級，並且是透過族群運動的方式建構出來的。相較於此，過去在殖民時期因族群產業商業活動而形成的以鄉緣和血緣為基礎的網絡關係，才是一種自然形成的網絡。這樣的自然形成的客家組織，便是戰前位於沙巴東海岸的鵝城會館或人和會館，待其成為客屬公會出現在「客家」網絡上時，內涵與意義也開始隨著時代改變。

本章由沙巴華校及教會的教育出發，述及華團組織在華社中的功能。雖然從組織宗旨的角度可以區分出各種華團領域及任務，但以「人」的角

度切入，就會發現這些華團中的個體及人際網絡其實交織在一起，個體及組織，組織與領域，其實無法清楚切割，每個組織在實務運作上，都展現出政治、經濟、教育、乃至華人文化的面向，可說是一個複合現象。

　　本章也演示了客家社團在州內、國內、國際等層級的客家組織架構。我認為，無論範圍是橫跨東、西馬，或者單在沙巴州內各項名目之下的交流活動，它最重要的功能便是網絡的建立與管道暢通的維持。同樣的，馬國客聯會的意義應是一個網絡架構，它同時是馬國內的華社網絡之一、馬國客家網絡、全球客家網絡之一。馬國客聯會會長是在會員年度代表大會時由理事會選出，這選舉牽涉了馬國國內地域州別及華人政經勢力的折衝對抗。所以我傾向將馬國客聯會視為只是一個網絡架構，而不是「一個社團」。其組織文化風格會隨著擔任總會長個人的背景（及其所屬特定客家公會）而有所差異。狀似階序構造的全國、州級等客家公會聯合會，其實只是個虛的組織架構，各個地方的客家公會都是獨立向政府依法註冊的社團，擁有自己的會員、資產，並有獨立運作不受聯合會干涉的理事會。位居最上層的聯合會領導中心，其權力基礎並不穩固，得依靠客家網絡以外的政經力量來輔助其角色，同時也得隨時接受到其他地方屬會的可能挑戰。換句話說，各地有各地的政經人事關係網絡，如沙巴州的東西岸、馬國的東西馬之別，這是我們觀察馬國客家會館組織時需要注意的。但具備足夠政經力量、超越特定鄉團層次的華社菁英要角，卻有影響聯合會層級的可能，聯合會成了展演權力的平臺，也是集中、調動資源的平臺。

　　最後，無論在馬國及其各州層級之中，乃至如世客會、亞細安客屬總會、全球客家崇正會聯合總會等跨國客家網絡，我們皆可以看到各地客家在此等網絡中，透過相關活動企圖將自身打造成不同層級客家網絡之中心的企圖，即便是位處網絡邊緣的小地方、小組織亦可能透過該網絡為自己爭取發聲的機會。

第 3 章

教會與客家

第一節　巴色會與沙巴客家形成

一、北婆羅洲與近代華人移動

在沙巴與華人朋友閒談起在地華人歷史，有時會聽見報導人傳述關於古代中國與北婆羅洲的傳說，大意皆是中國在多個世紀以前已經跟北婆羅洲有所交流，而且多會舉出沙巴當地原住民嘉達山杜順（Kadazan-Dusun）人的服飾、長相與華人很相近，意味著他們可能是早期中國人留在當地的後裔。[1] 宋哲美（1963：13）所著《華僑志》中也記述著早期中國與此地區的關係。中國與南洋各國交通的歷史，始於漢武帝時代，基於朝貢、貿易、避難等關係，南洋各地即有華僑移居。西元 2 世紀後，中國

1　這個傳說的原型與宋哲美依據〈文萊王世系書〉認為「中國官員留在汶萊，其部下四散謀生，與土人通婚，同化繁衍，成為今日最大的土著—杜孫族，時至今日，種稻皆用我國舊法，生活習俗，亦多與我華人類似」頗有雷同。參宋哲美 1957：5-6。

人常來婆羅洲移民，三國時代吳主孫權遣朱應、康泰南巡海外，曾到達婆羅乃首都文萊。婆羅乃蘇丹早就朝貢中國，而中國人較歐洲人先到婆羅洲，已為西洋史家所公認。此外，沙巴最長的河叫做「中國河」（Kina-Batangan），最高的山（神山，Mt. Kinabaru）叫做中國寡婦山，同時，高山上還有大型石棺，旁有大鑼，上刻一「狄」字，被認為是中國流亡武臣的遺物。位於亞庇的沙巴博物院裡，也展示了不少中國各朝代的貿易瓷器，其中最古老的是在古達海岸發現的宋代沈船中出土的各類陶器。而這些在古達沿岸及內陸河域發現的古代貿易出土物，也散落在古達的少數華人家中收藏著。這類歷史或傳說也是沙巴華人在談沙巴華人史時會提到的「遠古中國史」。沙巴本地的歷史學家黃子堅認為，雖然自明朝滅亡至納閩島（Labuan）於 1846 年納入英國殖民的近二百年之間，可能有華人登陸或定居過沙巴，甚至與當地原住民通婚，但那只是少數。華人大規模移居沙巴主要是納閩島成為英國殖民地之後，有許多來自檳榔嶼、馬六甲、新加坡等的福建及潮州人到納閩島從事貿易或採礦的工作。[2] 至於將山川地名的傳說與中國進行連結，如有些華人說神山是「新中國」的意思，[3] 只是表示了過去中國對婆羅洲的影響力（陳冬和編 2009：39）。

　　中國福建與廣東等地人民大規模移民到英屬新加坡和馬來亞，是在 19 世紀中葉開始。黃賢強認為，若以推力拉力理論來看，太平天國運動殃及中國南方各省長達 14 年（1850-1864）之久，而鴉片戰爭（1839-1842）以來西方各國對中國的蹂躪，使得中國經濟受到嚴重打擊，加之各

2　關於古代中國與南洋的連結，參 Wong1998, *The Transformation of an Immigrant Society: A Study of the Chinese of Sabah*. London: Asean Academic Press, Pp. 1-6。

3　Kina 指中國，baru 是馬來語「新」的意思。

種天然災害及人口增長的壓力，形成移民的推力。而在同個時期，世界上有幾個地區剛好有拉力磁場出現，包括西方國家在東南亞各地的殖民地正在召募大量勞工前往開拓經濟資源；美國加州及澳洲等地先後於 19 世紀中葉發現金礦；美國需要大量勞工修築東西橫貫鐵路等。於是形成一股中國移民海外浪潮，並在東南亞、美、澳等地形成海外華人社會（黃賢強 2015：67）。王賡武（2002：134）則指出，鴉片戰爭的結果便是香港的租借及廣州、廈門開放為國際港埠，而英法聯軍（1856-1858）則使得汕頭開放。除了太平天國革命以外，客家與廣州勢力的爭戰（1864-1866），這些對於華南人民的出洋也都是重要的事件原因。換句話說，正是清末政治、經濟和社會的變化，孕育了海外華人社會（黃賢強 2015：67）。

在這樣背景之下，近兩個世紀的華人出洋有著不同的類型。[4] 顏清湟由移民方式將華人移民分成強制勞工移民，及契約勞工移民兩種類型。強制勞工移民便是以誘騙強擄方式的「豬仔貿易」、「苦力貿易」為主；契約勞工移民則是 1860 年清英北京條約後，英商以契約勞工名義合法將華人送往南洋作苦力（顏清煌 1991，轉引自張翰璧 2013：47-48）。以馬來西亞來說，西馬（馬來半島）與東馬（婆羅洲）略有不同。由於地理位置離中國通往印度的主要航線較遠，故開發較晚。直到 1913 年英國政府與中國政府簽訂「英屬北婆羅洲招殖華民條款」、「北婆羅洲招殖華民章程」之後，才開始引入大量非契約勞工的華人移民前往墾殖。對於西馬大部分華人是以契約勞工方式移入馬來半島，因經濟政治環境變遷始從流動的勞

---

4 王賡武（1994）將東南亞華人移民非為四種類型，分別是華商型（1850 年以前）、華工型（多數是過渡型的合約勞工）、華僑型（泛指所有海外華人，與孫中山的革命運動有很大關聯）、華裔或再移民型（在外國出生取得公民權並再移居到其他國家者）。轉引自張翰璧 2013：45-47。

工社會，逐漸固定成移民社會，在聚居型態上集中於都市，在生產方式上偏向工商業。東馬華人則是從一開始便攜家帶眷前往墾殖，有相當多數人口從事農業生產，人口分布也較平均，不會過份集中於都市，和當地土著也有較多的接觸，種族關係較為融洽，這是西馬和東馬華人社會本質上的不同（楊建成 1982：30-31）。種族關係融洽，也是今日多數沙巴華人自認為與西馬不同之處。

　　來自中國廣東的客家基督徒社群在 19 世紀末大規模遷移至北婆羅洲，確實與西馬半島的華人移民型態相當不同。基本上，先不論規模大小，客家基督徒可以說是將整個當地（小）社會移植過來。如上文所言，這是在當時國際政治、中國內部整體背景下提供了一個舞臺，國家力量、教會組織、跨國商人都在其中扮演了重要角色。由此來看，移民者的社會脈絡及其所處環境，對於移民的決定與移居的目的地是有一定的影響。同樣的，透過巴色差會協助而移居北婆羅洲的客家人，在廣東時期便已多是基督徒，且大多是基督家庭，有著對自我社群的認同與理解，對於出洋定居也有著基本相似的認知。經過半個世紀的持續移民計畫，客家基督徒也在沙巴建立起根植本土的社群及組織。

　　今天的馬來西亞基督教巴色會是一個立基於馬來西亞，並擴展至海外數國的教會機構，宣教對象也不限於華人社群，然而她卻有一個與客家緊密相關的起源。以下將簡述馬來西亞基督教巴色會的起源，及其根植於北婆羅洲（沙巴）客家社群，之後再超越客家的成長故事。

二、早期中國傳教脈絡

　　根據湯詠詩（2012）的巴色會歷史研究專書《一個華南客家教會的研究：從巴色會到香港崇真會》指出，巴色差會起源自瑞士北部鄰近德國

邊界的巴塞爾（Basel），是一個自由的商業城市，城市的商人受到敬虔主義的影響，於 1780 年建立了「德國基督教學會」。[5] 該學會受到英國差會在海外宣教的刺激，也決定自組差會遠赴海外，並呈請政府批准，由於該會設立在巴塞爾，故以「巴色」為差會之命名（Basel German Evangelical Mission）。[6] 巴色差會成立後隨即開辦神學院訓練傳教士，並於 1821 年起開始派遣傳教士在非洲西海岸（1828）及亞洲的印度（1834）、中國（1847）、加里曼丹（1921）等地傳教。源於德國瑞士邊界的巴色差會，無論在人事及組織、經費上，均無法切割清楚兩國成分，因此在兩次世界大戰中受到究竟屬德國或瑞士的質疑，間接影響傳教士在海外的工作，也促成海外宣教地點由本地人領導教會的趨勢。巴色差會在海外的宣教事業中，大多在德國或英國的殖民地推動，當時唯一不屬於西方殖民地的宣教地點，便是南中國廣東的客家地區（湯詠詩 2012[2002]：9-15）。

　　其實巴色差會派遣傳教士至中國地區，最初是受到郭士立（Karl Friedrich August Gützlaff）牽線。郭士立（郭實臘）是在 1827 由荷蘭傳道會派遣至爪哇傳教，之後又轉往檳榔嶼、馬六甲、新加坡向華人傳教，在此他學習了漢文，也嚮往至中國本土傳教，於是脫離荷蘭傳道會開始自立傳道，他於 1831 年抵達中國在沿海地區遊歷佈道。1840 年代，郭士立接觸到越來越多到香港尋找工作機會的客家人，為了拓展教務，他於

5　敬虔主義著重信徒過著嚴謹而有規律的生活，著重信徒研讀聖經，這些精神充分表現在巴色會組織的規律性與強調神學教育的培育（湯詠詩 2012[2002]：99）。

6　1912 年，為了避免捲入戰爭的漩渦，改名為 Basel Mission。為避免閱讀上的困擾，本書統一以「巴色差會」指稱來自瑞士的巴色宣教組織及其在 19 世紀中國境內的宣教事業，並以「巴色會」指稱在北婆羅洲客家基督徒所建立的基督教組織。

1843 年不斷寫信呼籲德國及瑞典的教會給予經濟及人員上的協助，並在信中首次提到這些辛勤工作的客家人，至此，巴色差會才知道有這麼一群客家人（Hakkas）存在。[7]巴色差會最終於 1846 年才回應郭士立，包括巴色差會在內的幾個德國差會，均派遣傳教人員前來。巴色差會派來的是瑞典的韓山明（Rev. Theodore Hamburg）及德國的黎力基（Rev. Rudolph Lechler），這兩位宣教士於 1847 年前來支援中國的宣教事業。不過囿於當時南京條約五口通商的規定，清國只允許外籍宣教士在廣州、福州、廈門、寧波、上海工作，禁止進入內地。由於郭士立採取以方言人群為區別的傳教策略，黎立基被派遣至潮汕地區傳教，韓山明則在隨同郭士立學習客語之後，被派至客方言地區傳教。也因此韓山明成為第一位專向客方言人群傳教的西方傳教士（林正慧 2015：52-54）。原本前往潮汕地區傳教的黎力基卻遭遇傳教不順的情形，他七次進入潮人居住地區都被驅逐毆辱，甚至幾乎喪命，最後他在 1852 年遭到潮州府尹下令離境。於是他改學客方言，與韓山明及剛剛抵達中國的韋永福（Philipp Winners）一起合作，奠定了巴色差會在中國專以客族為傳教對象的事工（湯詠詩 2012[2002]：17）。

湯詠詩指出，巴色差會在南中國客家地區的傳教分為南會與北會，南會以香港為首，於 1851 年在香港上環設立客語禮拜堂，並於 1855 首次進入中國內地，在寶安的李朗設立堂會。北會以五華為首，後拓展至紫金、河源、博羅、龍川、興寧、梅縣等地，建立了東江與梅江地區的教會。1860 年代，黎力基再度獲得瑞士的巴色差會提供財力及人力支援，至此巴色差會在中國的佈道重心開始由香港轉移至廣東東北部。巴色差會

7　The Basel Mission Pioneers in China.《馬來西亞基督教巴色會百週年紀念特刊 1882-1982》。（沙巴：馬來西亞基督教巴色會，1983），英文頁 5。

以興辦教育設立義學為一慣的宣教政策，以利接觸地方百姓，同時又在
梅縣、河源等地開辦醫院，提供醫療服務，以致巴色差會在南中國及香
港的發展相當蓬勃。郭士立與黎力基都曾參與香港政府的政務，其中黎
力基於 1881 年被委任為香港考試委員會的委員（同上引，頁 17-21）。由
於郭士立在 1840 年代便堅持在中國的傳教事業必須要讓中國信徒自己管
理及傳教，因此他在香港成立了福音宣教聖會（Christian Association for
Propagation the Gospel），後來改名為福漢會（The Chinese Union），韓山
明與黎力基也參與福漢會工作，訓練那些將要派出去的宣教師，實踐郭士
立要讓漢（華）人獨立宣教的作法（林正慧 2015：54-55）。[8]

　　進入 20 世紀後，巴色差會一直鼓吹的華人教會自立之呼聲越來越
大，隨著第一次世界大戰爆發，巴色差會把教會及學校的管理權暫時移
交給華人，這便開啟了漢人自治的契機。1920 年代中國興起非基運動反
對基督教，此時各個基督教會推動自立運動，西方傳教士見當地教會的
自立能力與日俱增，逐漸將行政權轉移給華人，增加華人參與會務的比
例。1923 年「香港巴色總會」成立，再經過一段時間的籌備，1924 年於
廣東興寧的坪塘舉行該會第一屆總議會時，決定將巴色總會改名為「中華
基督教崇真會」，取其「崇拜真神，崇奉真理」之義，巴色會在中國歷經
七十七年的拓荒與開展，巴色會華人信徒終於脫離了對瑞士巴色差會的依
賴，成了華人自立教會。自此至 1947 年，中華基督教崇真會已在各區建
立起 167 個支會。1949 年中共建國，政局鉅變。一位曾在廣東巴色會服

8　漢人的概念主要使用於中國及臺灣的華人社會，以用來對比於周遭其它的
　　非漢族群，包括中國的少數民族，以及臺灣的原住民族。當涉及到中、臺
　　以外如東南亞地區，早期使用的「唐番」（唐人／番人）或現代的「華土」
　　（華人／土人）才是分辨我族與他族的分類。

務，並於在 1951 年逃出中國前往沙巴的教牧古旭熙（1987：37-39）這
樣回憶：

> 1947 年後祖國內亂，國共戰爭，1949 年共產勝利，那時經歷了許多危
> 險和痛苦的事。最重大的，是親眼看見傳道人受刑或坐監，外國教士
> 被趕走，聖堂被關閉。我們全家五口，就在此時逃脫，到來沙巴教會
> 工作。當我來到沙巴時，見到許多民族，與華人雜居在一起。應用文
> 字與方言，使我大傷腦筋，英文、馬來文、華文……，方言更不用說，
> 是極多的，到任何一處，都覺方言不夠應用，單單華族就有許多方言，
> 如廣府、福建、福州……。幸運的本州客人佔大多數，所以許多華人
> 都能說客語，教會仍用客語講道。

因教會受到當時中國政權迫害，而如這位教牧出逃海外的不在少數。
中國政府對基督教推行三自革新運動，旨在切斷外國勢力的滲透，同時因
韓戰爆發，境內外籍教士均遭驅逐，教會與外國差會的關係遭到切斷，崇
真會停止聚會，學校及醫院遭到接辦，崇真會在中國內地的傳教事業被迫
結束（湯詠詩 2012[2002]：21-26、38、66）。至此，巴色會由 19 世紀中
葉西方傳教士至中國廣東傳教，乃至自立為崇真會，同時不斷擴張教會事
業，至 20 世紀中葉，因受到中國左派政策干擾，一切宗教活動皆停止。
百年傳教事業至此暫告一段落，直到 1980 年代才逐漸復甦。

三、北婆羅洲（渣打）公司與巴色會

對比於遠古模糊的中國與北婆羅洲史，多數本地華人熟悉的是近代
史、甚至是家族史，也就是百餘年前華人出洋來到北婆羅洲的故事。一位

在 20 世紀初期來到古達的華人傳道人員鍾德馨（2002[1956]：208-211）
在 1950 年代如此描述客屬與古達的開始：

> 古達開埠之前，本一長大之海港，原名「沙壩」，又名「馬魯都」港，
> 為強盜麇集之淵藪。其時星洲東印度公司與中國內陸通商最盛，航行
> 工具為俗稱『大眼雞』之中國古老帆船，冬南往，夏北返，必經沙壩
> 外海道航行，偶或因風不順，挨近此地，常為強盜所洗劫⋯。當時東
> 印度公司之股東多為荷蘭人及德國人，此輩商人決在馬魯都港開闢商
> 埠，但懼匪徒勢盛，荷、德兩國又不敢付保護之責，遂請英國出面保
> 護，負責維持當地治安，經英廷應允派兵後，遂廣招華人新客墾闢古
> 達。東印度公司於 1879 年到達香港，與西營盤巴色會黎力基牧師接
> 洽，簽訂招募新客條約。[9]

顯然，這位耆老或憑記憶的書寫有所疏漏，英國東印度公司確實在
17 及 18 世紀於婆羅洲經營貿易，但前往香港與巴色會接洽的是渣打公
司，而非東印度公司。但耆老回憶的重點是，巴色會帶領客屬人士登陸古
達新天地的事實。

瑞典巴色差會派往中國傳教的傳教士黎力基曾擔任香港政府官員，
他是引介廣東客家基督徒有系統移民北婆羅洲及夏威夷的主要人物。但
在那之前已有零星的客家人前至北婆羅洲。[10]雖然早期出洋的規模不

9　鍾德馨出生於廣東紫金，南來北婆羅洲從事教育傳道工作，曾任巴色會古
　　達檳榔樹堂傳道。

10　一般的說法主要是太平天國失敗後逃難而來的洪秀全近親，他們多在東海
　　岸的山打根登陸。但 Wong 指出這項說法目前沒有史料能證明，即便有這批

大，但卻沒停止過。[11] 當時任職巴色差會的韋福斯（或韋永福，即 Philip Winner）向英國政府匯報 1861 年香港已有近兩百名基督徒移往中美洲，1862 年黎力基也匯報有 30 名會友移往北婆羅洲，5 名前往美國加州，5 名去澳洲，1878 年香港一間堂會又有大批會友舉家移往圭亞那等地。在北婆羅洲渣打公司成立之前，移民已經湧進北婆羅洲及砂拉越。西方宣教士固然不希望自己的羊群（教友）因移民而縮小減少，也憂慮基督徒移民海外恐會在新環境中喪失信仰，但動亂的環境使得他們扮演更積極的角色。英國政府委任移民中介的原因也是在於希望透過這些中介來中止勞工買賣，並鼓勵有秩序的移民（陸漢斯 2015：60）。

　　系統性的大規模移民則由 19 世紀西方帝國主義在亞洲殖民的背景提供了舞臺。根據張德來（2002）的研究，英國人在 1846 年佔領北婆羅洲西岸外海的納閩島之後，將之發展為遠東貿易活動的港口，歐美資本家也於 1865 年開始來此經商，因此他推論中國在南洋流動的人潮必有登陸沙巴探索的機會。但是要確切推斷客家人何時登陸沙巴，則必須考慮到作為目前概念下的沙巴（北婆羅洲）的形成過程。婆羅洲原為汶萊蘇丹王朝統治，後來其中一部份割讓給現菲律賓南部的蘇祿蘇丹王朝。作為一個完整領土概念的北婆羅洲，要等到英國人收購美國人的企業後，才逐漸擴張到今天這樣的規模。根據 Tregonning（1965：4-15，轉引自張德來 2002：3-4）的研究，1865 年美國人與汶萊蘇丹簽約開發西海岸及東海岸部分地

人，他們也並非首次華人大規模移民沙巴的例子，更早之前便有來自海峽殖民地的福建人及潮州人抵達沙巴，1846 年之後，也有從納閩島前來沙巴的華人。參 Wong 1998：18。

11　尤其是 1863-64 年在廣州佛山發生的客家人與本地人衝突事件，導致客家人四處逃難。

區的權利，但十年後事業沒做成功，1875 年便將特許權利轉讓給奧地利駐香港的總督，該總督又因募資失敗之故，又於 1880 年再將權利轉讓給英國人士，此英國商人透過馬來半島的英國官員索獲蘇祿蘇丹在婆羅洲的土地，並不斷收購其他土地，最終呈現目前沙巴的領土規模（圖 3-1）。

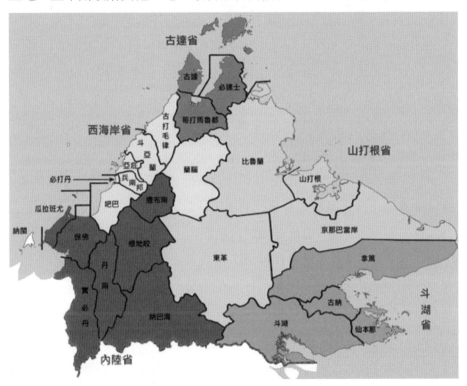

圖 3-1：沙巴州的行政區域圖
原作者Cccefalon，本研究修改自維基百科 https://zh.wikipedia.org/wiki/
File:Sabah-Divisions.png

　　英國商人在取得特許權後，向英國政府申請認可，並成立英國北婆羅洲渣打公司（British North Borneo Chartered Company）。[12] 獲得大片土

12　又稱「北慕娘公司」。慕娘即 Borneo 之音。參宋哲美 1963：9。

地亟待開發的渣打公司，開始制定招募華人勞工的計畫。但是初期引進了千餘名華人中的大多數卻不具有開發土地的農業技能，有許多人後來返回中國。當時在中國傳教的巴色差會黎力基牧師正忙於安排太平天國逃亡者出洋避難，於是與渣打公司的免費移民計畫合作，於1882年派教友至沙巴新天地探勘，隔年便開始處理客家基督徒的海外殖民計畫，英屬仁記洋行（William Forbes & Co）是主要的移民代理商（黃子堅2015a：120）。這些來自中國廣東客家縣份的基督徒們，先後分成數批渡洋抵達當時北婆羅洲首府古達（張德來2002：9-10）。客家基督徒在19世紀結束之前，在沙巴已然形成頗具規模的數個聚落。而這些客家人之中有不少是太平天國逃亡人士（張德來2015b：9）。

　　夾雜著政治、經濟、宗教信仰等因素在一起的移民行動持續進行著。自1882年起已移民定居北婆羅洲的客家基督徒向還在家鄉的族親傳達了自己在古達、山打根、亞庇等地的成功訊息，北婆羅洲公司的官員也稱讚他們的成就，認為那是早期移民計畫的美好業績之一。北婆羅洲（渣打）公司政權創立之後，對墾殖民有更大量的需求。隨後，渣打公司於1912年與巴色差會派駐北婆羅洲的首席宣教士施靈光（Paul Schuele）談判簽約，再度招募客家基督徒移民北婆羅洲墾荒。於是，在1913年成功將一大批移民家庭送抵西海岸走廊（夏南南、孟家達、德里福）。這次優渥的移民條件包括免費船票、給予土地及住家、開墾用的種子及工具、金錢借貸等等，這些條件吸引了數十個家庭前往沙巴西海岸拓荒墾殖，而這一批的移民群是屬於中華民國戰亂及經濟難民的移民（張德來2015b：11）。移民計畫與墾殖效果的成功，使得施靈光還想繼續申請引進移民，但由於1914年第一次世界大戰爆發，英德兩國開戰，德國籍的施靈光隔年便被驅逐出境。自1915年後，便不再有客家基督徒以大規模移民團方式前來，但依舊靠著巴色差會的協助，零零星星有家庭持續移入（張德

來編 2007：76）。渣打公司計畫性的移民行動並未停止，原因即在於公司需要墾殖的勞力。於是該公司在 1921 年再度推出了「免費船票」（Free Passage Scheme）計畫，籲請當地墾民自行引進自己的中國親屬，費用全由政府買單，新移民同樣可以分配到土地（黃子堅 2015a：127）。這些已定居在北婆羅洲的巴色會會友，引介原鄉親戚朋友利用這種便利的移民計畫前來。這一波一波利用巴色宣教會的人脈關係的移民潮，其中亦有許多其他教會的基督徒與非基督徒（李坤才 2015：172）。

1921 年那個擁有豐厚配套措施的移民計畫後來一共發出了超過一萬張的免費船票，直接導致客家社群的數量遽增，客家人開始在數目及公眾影響力上超越其他（華人）方言群（黃子堅 2015a：128）。[13] 但是，渣打公司其實也曾「意外」引進非客家的華人，形成現在沙巴華人中的特殊景觀。由於渣打覺得巴色差會無法滿足對墾殖民的大量需求，於是在中國四處尋找勞力來源，這造就後來在 1913 年引進華北天津人的計畫。那時南方的巴色差會正在協助渣打公司移民客家基督徒，渣打公司的主席黎則偉（West Ridgeway）為了更多勞力來源而奔走，他在中國天津前往北京的路上，發現一群「勤奮的華北人在貧瘠的土地上耕種著」，於是動心引進這群華北人（黃子堅 2015a：120）。那一年也是中華民國政府與北婆羅洲建立正式外交關係之時，於是在亞庇設立了中華民國駐北婆羅洲總領事館，首任領事便是 1913 年當時帶領中國華北天津人移民至北婆羅洲亞庇的謝天保（宋哲美 1963：17-18）。[14] 渣打公司 1913 這年的移民（華北及華南）

---

13 涂恩友也指出，沙巴早期移民中有基督徒與非基督徒華人，他們的共同點是，都是農民，也多是客籍人士。參涂恩友 2008[2007]：39。

14 宋哲美的說法是由謝天保率領「魯、津僑胞」前來北婆羅洲，並由保護僑民的專員轉為首任領事。謝天保本身為福州人，參陳偉玉 2004：237-252。

也是首次具備中國政府官方合約的移民計畫，由巴色差會負責華南客家基督徒，仁記洋行負責華北人。雖然華北天津移民也是男丁婦女攜家帶眷前來，但是渣打公司後來才發現北方婦女的纏足文化，導致這些婦女完全沒有勞動生產力。他們與中國官方簽訂了比南方客家人更優厚的契約條件，卻大老遠引進「昂貴的奢侈品」，完全無法與巴色會引進的客家基督徒開墾貢獻相比，這也導致渣打公司日後只專注引進客家人，進而導致客家成為沙巴華社中的絕對多數（張德來 2015a：89-101）。

　　這些「昂貴的奢侈品」後裔，雖然實際上是華北天津人，但在今日沙巴華社中被稱為「山東人」，張德來指出這是個令人費解的情形。[15] 陳冬和在述及 1943 年日治時期由華人與原住民組成的神山游擊隊事蹟時提到，游擊隊員曾藏匿在「山東村」附近的華北義山（津僑坟地），當地村民使用天津話，甚至住在山東村的土著也懂天津話，導致土著向日軍告密追捕游擊隊員（陳冬和編 2009：61、157、163、166、168）。宋哲美在他的著作《北婆羅洲、婆羅乃、砂勞越華僑經濟》（1957）中也提到沙巴有山東人跟天津人，在《華僑志：北婆羅洲、婆羅乃、砂勞越》（1963）中，又提到「北婆羅洲最大外來民族為中國人，尤以廣東客家人居多，次為福建人，其他各省則以山東人較多」，並以「魯、津僑胞」稱之。宋哲美並未對此進一步說明，但由於他曾在亞庇中學前身的華僑中學擔任校長，由陳冬和及宋哲美的說法來看，顯示至少在 1940 年代「山東人」一稱已經普遍存在沙巴華社。[16]

　　另根據成立於 1911 年的亞庇中華工商總會的紀錄，該商會曾呈文國民政府懇求委任護送津僑人入境專員謝天保為首任駐北婆羅洲領事。

15　張德來提到仁記洋行僅曾在向渣打公司簡報中介紹過山東人民的生活作息。

16　關於「山東村」，可參田英成 1985〈一個華北移民的村莊－沙巴的山東村〉。

　　二戰後至馬來西亞建國前，北婆羅洲政府的移民政策，相當嚴厲，尤其是對華人，主要是希望技術人員或熟練技工移入。當時移民審查如此嚴格，主要是擔心共產黨滲入。但對菲律賓及印尼的勞工則相當寬鬆，允許菲、印勞工無需持有任何旅行文件便可進入北婆羅洲找工作（宋哲美 1963：15、50）。馬來西亞的族群構成在官方的人口普查分類下分為馬來人、華人、印度人及其他等類，這一套人口普查的族群分類繼承自英國殖民者，其目的在於簡化及同質化各族群，以達到殖民行政管理的便利，但事實上各個族群內部存在著歧異（林開忠 2009[2008]：173）。例如，1939 年新加坡南洋商報所出版的《南洋年鑑》一書裡含有英屬北婆羅洲專章，其中對於人口族群的簡介及統計該節，只區分出華僑、歐洲人、歐亞混種、婆羅洲土人、其他土人等五種類屬，完全未述及華人中的次族群，反倒是針對各種「土人」族群作了簡述。[17] 不過，事實上，北婆羅洲的人口統計在 1921 年開始，將華人之下的方言群分開計算（參見表 3-1）。

　　由這份統計表我們可以估算出，渣打公司 1921 年推出免費船票移民計畫後十年，客家社群牽親帶戚的移入，使得沙巴客家人數迅速增加了 51%。中華人民共和國成立之後，1951 年到 1960 年之間的十年，由於移民不易，客家人口成長速率緩和下來，增加率只有 28%。1950 年代初期，北婆羅洲的華人不足七萬五千，佔總人口近 22%。1963 年北婆羅洲脫離

該短文對亞庇附近的天津人聚落及墓地作了一簡單的調查，由墓碑上確認當地居民來自河北省東南部的各個縣份，但部分村民仍自稱祖先是從山東省遷來。

17 《南洋年鑑》。1939《南洋年鑑》。新加坡：南洋商報營業部。「日本國會圖書館」http://dl.ndl.go.jp/info:ndljp/pid/1759942，2016 年 5 月 20 上線。

表 3-1：沙巴各華人方言族群統計

年份 / 籍貫	1891	1901	1911	1921	1931	1951	1960	1970	1980	1991
客家	不詳	不詳	不詳	18,153	27,424	44,505	57,338	79,574	不詳	114,288
廣東	不詳	不詳	不詳	12,268	12,831	11,833	15,251	20,723	不詳	29,261
福建	不詳	不詳	不詳	4,022	4,634	7,336	11,924	17,418	不詳	26,734
潮州	不詳	不詳	不詳	2,480	2,511	3,948	5,991	7,687	不詳	10,440
海南	不詳	不詳	不詳	1,294	1,589	3,571	5,270	6,419	不詳	7,043
其他華人	不詳	不詳	不詳	1,039	1,067	3,181	8,768	7,688	不詳	13,371
總計	7,156	13,897	27,801	39,256	50,056	74,374	104,542	139,509	163,996	201,137
客家佔華人人口比率	不詳	不詳	不詳	46.2	54.8	60	54.8	57	不詳	56.8
沙巴總人口	67,062	104,527	208,183	257,344	270,223	334,141	454,421	653,264	1,011,046	1,309,510
客家佔沙巴總人口比率	不詳	不詳	不詳	7.05	10.14	13.32	12.62	12.18	不詳	8.73

資料來源：轉引自張德來（2002：30）

英屬殖民地身分，馬來西亞建國時，沙巴州內人口不過 60 餘萬，華人人口也才突破 10 萬（其中有 6 萬餘客家人）。1991 年時，沙巴總人口來到 130 萬，華人人口突破 20 萬，客家為 11 萬餘人。客家在沙巴華人之中一直佔有超過一半的比率。

進入 21 世紀後，沙巴人口暴增至 300 多萬，主要是來自菲律賓、印尼的大量合法與非法的移民。戰前的北婆羅洲幾乎沒有馬來人，沙巴的馬來人大多從汶萊、菲律賓遷入，尤其馬來西亞建國後，也開始有不少西馬的馬來人移往沙巴（涂恩友 2008[2007]：9、12）。隨著各種合法非法的外籍勞工增加，華人人口佔全州人口比率不斷下降，2015 年沙巴州華人總人口 31 萬（無各籍貫資料），只佔了全州總人口 354 萬中的 8.7%。[18] 由上述各種移民計畫來看，英國商人與巴色差會塑造了沙巴客家社群的出現，也影響沙巴華社的組成性質，其間，在政治（中外交戰與政權交替）、經濟（殖民地資本主義）、宗教（基督教海外宣教網）等各種因素交作下，客家才成為沙巴華社的主體。但隨著建國後沙巴州的移民政策，無論是客家或整體華人，佔全州人口的比率皆逐年下降。

第二節　走出沙巴客家的巴色會

一、巴色會的轉型

因為 19 世紀中太平天國導致的反基督教活動，以及 20 世紀初因

18　馬來西亞統計部〈Population by States and Ethnic Group, 2015〉，https://www.statistics.gov.my/，2016 年 12 月 3 日上線。

五四運動意識形態而來的非基督教運動，再再造成了客家基督徒受到威脅，這是將客家基督徒推出中國的原因（黃子堅 2015a：129）。如同當時在廣東的巴色教會推動的自養、自治、自傳之三自運動，而成立崇真會一樣，北婆羅洲的巴色會也在 1925 年成為「般鳥巴色自立會」，並於馬來西亞建國後的 1964 年改為「馬來西亞基督教巴色會」（Basel Christian Church of Malaysia，以下 BCCM），從此邁向一個新的階段。隨著教會的成長，BCCM 與專事龍古斯族原住民宣教的沙巴改革宗教會（PCS）成立了華土聯合委員會，之後又加入了世界信義宗，成為該會的成員，但與瑞士巴色差會始終維持母子會的關係（徐眷民 1983：21-22）。

　　沙巴客家基督徒南來之時，巴色會是以客家社群為唯一傳教對象，隨著客家墾殖民在州內擴張建立各聚落，各地也隨之建立起教會及隸屬教會的樂育學校。隨著 BCCM 宣教事業的成長與組織的擴張，不再如以前一樣專責牧養客家社群。透過向其他華人的宣教，以及經由樂育學校網絡吸收各裔學生，逐漸納入了非客家、非華人的教友，這首先改變了該教會會員的人口結構。隨之而來的是越來越多堂會採取華語進行禮拜。這些都逐漸改變了教會的特色和性質（黃子堅 2015a：132）。1974 年沙巴西海岸的巴色會夏南南堂兩位青年教友在向夏南南、孟家達華人傳教時，他們在發現華人反映不甚理想的同時，卻意外發現嘉達山杜順原住民的反應很好，於是在教會的支持下，開始向嘉達山杜順族群傳教，這是巴色會跨越文化宣教的創舉（鍾湘湄 2015：143）。[19] 這個「超文化福音事工」的接

19　這是指由巴色會本身所推動的跨文化差傳事工。在此之前，巴色會早有以協助的角色，支援原住民地區教會（如沙巴復原會，PCS）的宣教事工。參〈沙巴基督教（PCS）與本會之聯繫〉。收於《馬來西亞基督教巴色會百週年紀念特刊（1882-1982）》（沙巴：馬來西亞基督教巴色會，1983），頁 182-183。

觸，被認為是突破了「客家教會」的傳統觀念（涂恩友 1987：5）。之後
BCCM 開始注意到向原住民宣教的事業，並於 1980 年在亞庇開辦聖經訓
練中心，訓練教牧服務原住民社群，1988 年更升格為沙巴神學院，以訓
練土著傳道人，後又因應州內華語教會的需求，神學院開設了華文部，在
此之前，在 1950 至 1970 年代，BCCM 的本土傳道人都是前往香港的樂
育神學院、信義神學院、崇基學院，以及新加坡的三一神學院與聖經學校
接受神學訓練（涂恩友 2008[2007]：38）。至此，BCCM 有了自我訓練養
成教牧的機構。現在的 BCCM 之下已有國文大會、英文大會、及中文大
會，服務各種類的教友。1995 年 BCCM 宣教事業首次跨出沙巴州，其下
中文大會在西馬吉隆坡設立了中文堂，2005 年在柔佛州新山開設古來堂，
2006 年在砂拉越州古晉、澳洲伯斯設立堂會，2009 年在馬達加斯加也設
立了堂會。BCCM 是沙巴州在殖民地時期唯一不是由西方教士所創立的
基督教團體，其他基督教會如聖公會、天主教及一些原住民教會都是由西
方教士所創立（鍾湘湄 2015：139）。當初由一群客家基督徒自行成立的
般鳥巴色自立會，現在已成了跨國跨族的龐大基督教組織（圖 3-2）。[20]

　　堂會大量增加、牧養對象多元化，隨之要面對的便是教牧人才的養
成。早期的教牧人員，多養成自中國廣東的李朗、坪塘、樂育等神學院。
中期教牧則轉向跨國養成，包括香港的信義神學院、崇真會樂育神學院、
崇基學院、新加坡三一神學院、澳洲聖經學院等。這時期的教牧養成比
較著重在香港地區。位於香港新界的香港信義宗神學院是由信義宗教會

20　其實早在 1983 年就有來自沙巴巴色教會的會友走出沙巴，在加拿大溫哥華
　　成立信義巴色崇真會，那是北美第一間完全採用客語的教會。該教會雖不
　　隸屬 BCCM，但卻是由沙巴山打根出生，在香港及英國訓練出來的沙巴第
　　一位本土客家牧師，且擔任 BCCM 各堂會牧師多年後，出國創立的客家教
　　會。參張育強 1987：60-62。

圖 3-2：孟家達堂主日崇拜
西海岸走廊的客家基督徒墾殖史已超過百年（劉瑞超／攝）

（香港信義會、香港禮賢會、香港崇真會、臺灣信義會）聯合創辦，以服務全華人教會為目的神學院。教師來自港、臺、美國、瑞典、挪威、芬蘭、德國等地，學生來自港、臺、馬來西亞、印尼、印度、美國等（鄔天輝 1987：64-66）。到了 1980 年代，教牧養成重心由香港轉向新加坡及印尼，除了三一神學院，還有新加坡神學院、印尼瑪琅的東南亞聖道神學院。這時期為了因應向原住民傳教，為培養原住民自身的教牧，除了印尼神學院以外，也前往砂拉越 LAWAS 聖經學院受訓（涂恩友 1983：170）。

　　BCCM 本身也在 1980 年開辦了針對原住民教牧的亞庇聖經訓練中心，後來升格為沙巴神學院（圖 3-3）。這是由眾教會支持的一所跨宗派神學院，學生和講師來自不同族群和文化背景。沙巴神學院創辦之初，採用馬來西亞國語馬來語文作為教學媒介語，是馬來西亞第一所以馬來文作教學媒介語的神學院，旨在訓練土著傳道人，三年之後為了回應州內華語

教會之需求而增設華文部（涂恩友 2008[2007]：254）。從教牧使用語言來看，由早期單一的中文，至中期的中、英文，乃至後來轉成中、英、馬來並重。地理上則中國到香港，再轉變為新加坡、印尼等鄰近國家（涂恩友 1983：170）。近幾年，BCCM 中文大會也會選派牧師至臺北的中華福音神學院、臺南的亞洲宣教神學研究院等單位受訓。

　　由 1920 年代，般鳥巴色自立會在北婆羅洲奠定自立根基之後，巴色教會隨著客家墾殖民的腳步抵達州內各個地區建堂建校，沙巴客家社會也隨著展開。教會學校更是替客語吸納進許多非客家華人的客語使用人口，擴大了語言市場；也替原屬客家人的巴色會基督教信仰招來了更多的非客家會友。1970 年代後，BCCM 走出跨族群跨文化的步伐，向成為一個更健全、牧養更多元會眾的目標前去。約莫在此時，客家基督徒的海外行動也開始了。

圖 3-3：沙巴神學院
沙巴神學院前身是訓練原住民教牧的亞庇聖經訓練中心（劉瑞超／攝）

二、巴色會海外事工及反哺原鄉客家教會

　　這要回到 BCCM 組織及會務政策在 1970 年代的轉型背景中來看。向非華族群宣教之前的 BCCM，教會在對外聯繫上一直都比較保守，只侷限在沙巴華社中拓展，與海外教會脫節，是個鮮為人知的獨立教會。70年代中期在西海岸地區展開向原住民傳教的行動開始後，BCCM 自視打破「客家教會」傳統，開始「走上向外和多元種族的方向」，也就是「由客家教會向內的形象，轉為多元種族向外發展的大家庭」。除了走向原住民以外，也要走向沙巴之外。BCCM 與國內其他教會合組了馬來西亞信義宗聯會，1979 年成功加入世界信義宗聯會，「擠進主流教會大家庭裡」。之後在 1980 年代又陸續加入或合組馬來西亞基督教協進會、馬來西亞基督徒聯合會、馬來西亞聖經公會等組織。藉由這些教會網絡，BCCM 與世界各教會建立了交通與聯繫管道（涂恩友 1987：4-11）。宣教事業及組織業務在 1980 年代大爆發，BCCM 已不再是沒沒無聞的地方獨立教會。

　　20 世紀末，為了響應 BCCM 總會「2000 年福音大會」及學園傳道會所推動的「新生命 2000 年福音遍傳運動」，各區的中文堂會在 1999-2004 年期間，陸續組織短宣隊到不同的「福音紅區」作實地考察、佈道、辦活動等工作。所謂的「福音紅區」多是客家人聚居的（西馬）新村。例如沙巴斗亞蘭區認領了霹靂州的雙溪古月、新邦波賴、及柔佛州的居鑾；亞庇堂認領了霹靂州金寶縣的桂花村，山打根區認領了怡保九洞，斗湖區認領了霹靂州美羅市附近的冷水河新村，古達區認領了柔佛州實廊，內陸區則認領了檳城大山腳。教會進行的短宣地點尚包括東馬砂拉越州古晉附近的倫樂、石角區、石龍門、八點地、新堯灣等處（鄔天輝 2011：87）。

　　在走出沙巴，前往西馬半島及砂拉越州的同時，BCCM 也走出馬來西亞推動海外宣教事工，包括了中國的培訓、臺灣客庄的短宣佈道、中亞

吉爾吉斯的福音預工、毛里裘斯（模里西斯）客家教會的牧養、馬達加斯加華僑佈道事工，以及英國與澳洲等地。[21] 這些海外事工均是以短宣隊的方式進行，但各地重點或有不同。其中，BCCM 近期的海外宣教焦點是中國客家地區和馬達加斯加京城，因為中國內地的福音工作極其廣泛，是普世各教會關注的目標。

在馬達加斯加的宣教事工是由 BCCM 與香港宣道差會的合作開始。馬達加斯加共和國是位於非洲東岸外海的島國，但政局常動盪不安。當地有數萬名土生土長的華裔，以及晚近由中國移民至當地的兩萬多名華人。2003 年由香港宣道差會、模里西斯華人基督教會、馬來西亞基督教巴色會等教牧人士組織了一支短宣隊至該國首都安塔那那利佛（Antananarivo），並希望將福音傳給當地華人。在接下來的數年中，BCCM 配合著由香港宣道差會主導的宣教事工，自沙巴派遣宣教士前往。後來 BCCM 提出了關於馬島教會的未來規劃方向，但是香港宣道差會在宣教策略及人力上無法配合，便將京城華人福音的主導工作轉給 BCCM，但還是在財力上支持著這裡的福音工作。當地宣教事工初期是以家庭服務中心、興趣班（如美容美髮）等方式向當地華人傳教（鄔天輝 2011：87），主要以華語及粵語進行崇拜，青少年活動則會摻進英語。2006 年 BCCM 會督鄔天輝與馬島信義會會長簽署了「建立華人基督教會合作夥伴備忘錄」，自此 BCCM 完全主導了京城華人教會的工作。2009 年 BCCM 正式差派牧師至馬島事奉，隔年「馬達加斯加京城華人基督教會」正式獻堂開幕。位於馬達加斯加這首間華人教會，被 BCCM 譽為「馬島

21　BCCM 在澳洲伯斯設立堂會，一開始是因為那裡有不少來自沙巴的巴色會教友移民。

的老山堂」，[22] 如同一百多年前客家基督徒登陸沙巴所建立的第一間堂會，被譽為巴色會發源地的古達老山堂（圖 3-4）。

BCCM 另一個海外華人事工的重點是中國廣東客家地區，那裡是 19 世紀中葉巴色差會在中國宣教的根源。當初巴色差會也協助在各地建立起許多堂會，訓練出不少教牧人才。但是歷經反基督教運動及中共建國後對基督教的打壓，各地教會均出現衰弱的現象。當代中國客庄教會的義工傳道或信徒領袖多為農民，一般只有小學程度，對聖經內容和基本教義多感到陌生。鑒於這個情形，當地教會每年均舉辦為期一個月的義工培訓班，以提升義工們的素質。所以亟需要能操流利客語之牧者參與培訓。因此，BCCM 中文大會差傳部自 1994 年起選派教牧同工前往協助培訓授課，當地其他的福音工作包括探訪教會，與教會領袖及信徒交流，捐款建造培訓中心，以及資助神學生的經費等等（鄔天輝 2011：87）。

BCCM 目前的中國事工有短宣、訪宣、培訓三種類型。通常中文大會的差傳部每年至少會組織兩次短宣隊、兩次訪宣隊，地點主要在廣東省的五華、興寧、老隆、水寨等客家地區。組織短宣隊的方式是，由 BCCM 中文大會差傳部策畫，開放給州內堂會會友報名。參加短宣隊的會友，都會在自己所屬的堂會接受牧師的短宣培訓課程，再由牧師或長老帶領前往中國。參加短宣隊的費用都是參與者自己支出，是一種奉獻的心，BCCM 總會並不會贊助個人經費。

例如 2013 年 4 月中旬，中文大會推動了為期十天的「中國五華客家短宣」，前往了廣東省的五華縣、大壩、雙華等地，當時沙巴州內有東岸的拿篤堂、山打根堂，內陸的保佛堂，西海岸的孟家達堂的會友參與，由長老率隊前往。廣東當地的客家教會都是農村教會，在各方面發展上都不

22 《馬來西亞基督教巴色會中文大會月刊》5：5-8。

圖 3-4：古達老山堂
古達老山堂是客家基督徒在沙巴建立的第一座堂會（劉瑞超／攝）

夠健全，貧困的農村也極度欠缺全職傳道及事奉人員（因為教會所得的奉獻較弱，傳道人員的薪水極低，大多是兼職傳道）。由於當地教徒以婦女、老人及孩童為主，各教會幾乎都沒有主日學，甚至不知道主日學為何，師資、教材、場地都有很大困難，短宣隊在當地的事工重點是協助主日學的建立、訓練師資，加強婦女事工。短宣隊的宣道期間總安排滿滿的談道、見證、祝禱等工作，沙巴各堂會分別負責不同工作內容。但是受限於中國的政策，短宣隊不能公開傳福音，只能配合當地教會進行培訓及探訪，這對平日享受宗教自由的沙巴會友們也多少感到緊張與恐懼。[23]

　　去中國的除了「短宣隊」之外，還有一種形式叫做「訪宣隊」，是以

---

23 《馬來西亞基督教巴色會中文大會月刊》10：6；35：12-13。

當地教會為單位，在訪宣期間與許多堂會進行訪問交流、出席該堂會的崇拜、參與團契，以及順便觀光旅遊。例如 2013 年 5 月，由牧師帶領一支 15 人的訪宣隊走入中國沿岸「四大族群之地」（廣東、潮州、福建、客家），走訪了 11 間較具規模的教會，出席他們的崇拜、參加團契，以及觀光旅遊。[24] 還有詩班形式。如 2010 年 8 月，BCCM 亞庇堂的詩班為了鼓勵廣東當地教友奉獻事工，前往中國客家庄進行聖樂交流，拜訪了五華水寨、黃塘、老隆、興寧等地的教會。[25] 又如 2012 年 5 月四十餘位來自 BCCM 納閩堂、斗湖堂、亞庇堂、孟家達堂等堂會的樂齡人士，前往廣東興寧及梅州等地進修與考察，與各地教會長者分享如何傳福音及佈道。考察團也參觀世界文化遺產的永定客家土樓，品嘗當地菜餚、客家糯米黃酒等等。透過這樣的行程，BCCM 團員們「增加了對中國客家教會的了解，也知道中國廣大福音需求」（圖 3-5）。[26] 除了短宣、訪宣，BCCM 的中國事工也籌畫了「中國培訓教牧同工研討會」、「教會管理研討會」等課程，並已在廣東的老隆和水寨等地推動數年的培訓工作，除了宣教以外，也針對教會義工、信徒領袖及管理技術方面進行授課。[27]

　　從 1994 年起，BCCM 中文大會差傳部推動的向中國內地客庄教會推動福音事工至今，每年均有州內各堂會的支援與參與。BCCM 來到中國客家地區，就是用客家話進行各種宣教事工，卻也偶爾會不太順利。沙巴

24　《馬來西亞基督教巴色會中文大會月刊》37：8-9；38：6-7。

25　《馬來西亞基督教巴色會中文大會月刊》9：5。

26　馬來西亞基督教巴色會中文大會月刊》26：11-12。《馬來西亞基督教巴色會孟家達支會例會八十週年（1930-2010）紀念特刊》，馬來西亞基督教巴色會孟家達堂 2012：125。

27　《馬來西亞基督教巴色會中文大會月刊》10：5。

圖 3-5：BCCM中國事工

BCCM總樂齡團中國事工拜訪興寧等地教會後參觀永定客家土樓。轉引自《巴色會孟家達支會立會八十週年紀念特刊》

通行的客家話以廣東南方的寶安、惠州腔為主，又經過一世紀在地的融合發展，已成為沙巴特有的客語，與原鄉客語之間也有所差異。因此，也會出現溝通理解上的問題。例如上述的樂齡考察團到了廣東東北部的興寧縣，部分團員卻發生了聽不懂興寧話的情境，覺得「沙巴客家話和興寧話有些差別，（當地）一般人說的日常俚語俗話，又說得快，讓人感到不知所云」。[28] 樂齡人士如此，來自亞庇市區的年輕客家基督徒，已習慣說華語，到了廣東河源市進行短宣，卻覺得要用客語分享見證實在是太困難了。[29] 一位來自拿篤堂的教友說自己是「新安客」（以前的寶安，現在屬深圳），她參加了 2013 年的五華客家短宣隊，她覺得五華話很難懂，但

---

28 《馬來西亞基督教巴色會中文大會月刊》26：11。

29 《馬來西亞基督教巴色會中文大會月刊》38：8。

圖 3-6：「為中國禱告」紀念
由中國教會贈與BCCM拿篤堂參加中國事工（劉瑞超／攝）

是又納悶於五華跟紫金的人卻聽得懂她的沙巴客話。由此可見，以多樣態的客語到廣東各個客家地區，還是會有差異的經驗。

　　近年的海外短宣隊除了上述地區的客庄以外，也包括香港及臺灣（包括客庄及原住民鄉鎮）、菲律賓、泰國、緬甸、柬埔寨等地的華人。但各類海外事工中，以在中國廣東最為頻繁及具規模與初步成效。因此，我認為，沙巴客家基督徒頻繁至中國廣東客家地區的各項宣教活動、培訓課程等，其實是一種基於信仰與鄉情的「反哺原鄉客家教會」行動（圖3-6）。BCCM 前會督鄔天輝牧師表示：

（選廣東是因為）沙巴客家跟河源、梅州……管轄的地區比較有關係，因為我們上幾代是從那裡來。開放之後，大家回去尋根，關心教會、建堂……。臺灣的客家教會也有回去幫忙。開放後，（大家）關心的焦點很自然放在廣大的中國。

　　在中國廣東的海外宣教事工主要負責人是彭娟萍牧師及其丈夫（楊師丈）。這對教牧夫妻投入中國事工多年，相當積極地想要協助廣東客家教會重建。楊師丈是古達人，楊家原住在廣東龍川縣雅寄，家族原本就是基督徒，先祖因渣打公司招募勞工而成了第一批登陸古達的巴色會客家基督徒，至他已是第四代。彭牧師本身則是 1946 年出生於廣東省興寧的客家人，當時其父母因為沙巴缺少教牧人員，彭父出身自樂育神學院，所以先來沙巴任教，彭娟萍牧師當時因興寧家中還有幼兒需要照顧，被留下來照顧弟妹，不料中國開始嚴控基督教會，彭牧師直到 1958 年才突破困難來到沙巴。1970 年代末期，中國改革開放以後，外人才得以進入。當她返鄉探親時，卻發現教會已衰敗急需協助。她覺得本來應該是香港崇真會去協助廣東省的教會，但香港崇真會的客家人已經不會客語了，而沙巴巴色會一直都是以客語為主，所以在中國開放以後，巴色會與廣東客家教會聯繫，前去協助當地重建教會，主要是作培訓教牧人員的工作。

　　中共建政後，雖然英國未幾便與中國建交，但因馬來半島及砂拉越有共黨份子的活動，導致英屬地區的華人與中國的聯繫受到嚴格限制。自 1978 年中國改革開放之後，馬來西亞政府也於 1989 年取消旅遊限制，中馬兩國關係正常化，許多沙巴人與教會都到中國去進行活動。不過，這正如同黃子堅指出，此時角色卻對調了。沙巴客家基督徒原本是仰賴中國的巴色宣教會提供教牧，現在反而是基督教巴色會派遣教牧及信徒領袖到廣東的客家心腹地帶展開短宣工作，這顯示了基督教巴色會在沙巴有相

當規模的成長，有能力資助拓荒先賢祖居地的宣教事工（黃子堅 2015a：130），一種反哺原鄉的行動。

三、全球客家福音協會

上世紀 1970 年代，正當 BCCM 跨出華人、走出沙巴，與世界各教會建立聯繫時，也同步發展出世界各地客家教會的關係網絡。以「聯結關心全球客家宣教同道，共同攜手傳揚基督耶穌福音；積極引領各地客屬同胞歸主，齊心努力完成普世宣教使命」的宗旨，在 2009 年成立了「全球客家福音協會」（以下全球客福），並在香港註冊為非營利組織（劉義章 2015：66、71）。

全球客福其實在各國客家教會之間運作了三十年才正式成立。首先是 1976 年在香港浸信會舉辦的第一屆世界華人福音大會中，有一群臺灣客家教牧，他們覺得客家宣教仍處在拓荒階段，因此發起成立「基督教客家福音協會」，並陸續在日本及臺灣舉行數屆的客家福音會議。參與這個會議的有臺灣（基督教客家福音協會）、香港（崇真會）及沙巴（BCCM）的客家教會，彼此間成立了一個「客家福音教會協調委員會」，趁五年一次的世界華人福音大會時，舉辦「客家福音會議」。但是因為「客家福音教會協調委員會」這個組織僅屬於聯誼性質又過於鬆散，很難實際推動有效的福音宣教行動，於是 2007 年在沙巴舉行會議時，發起了籌組全球客福之建議。並於隔年在印尼雅加達舉行籌備會議，由香港、沙巴、印尼、臺灣四區代表召開協商會議。2009 年全球客福正式在印尼雅加達成立（鄔天輝 2011：168-170）。這裡有個值得注意的插曲，2009 年在印尼雅加達會議結束後的大會檢討內容中，呈現出有關「展現客家」不足的部分。一是大會因顧及場中有不懂客家話的與會者，而改以華語進行。另外就是大

會會場沒有展出客家文化相關物品（圖 3-7）。

　　擔任全球客福總幹事的 BCCM 前會督鄔天輝牧師曾表示，其實全球客福的出現，與臺灣的母語運動有關。在臺灣客家運動之前，客家地區的長老教會就已經關注教會及會友之中的客語情況，一些教牧已在推動講客語、學客語、將客語文字化，客家教會很積極地參與這些環節，也很重視客家意識。他認為這個覺醒多多少少影響到臺灣客家族群會如此重視客語而有所貢獻，因此同步產生客家福音運動，為的就是以客語向客家同胞傳福音，因為語言是最重要的橋梁。客家福音運動開始後，連帶影響竹東客家神學院的出現，也帶動了非客家教會關注到族群層面。

　　全球客福的宣教策略中強調本土化的佈道方式，因應客家族群根深蒂固的祭祖文化，設計出創新喪禮與祭祖模式，以期突破宣教的瓶頸。也因為強調本土化，全球客福認為在客家話式微的時代裡，各客家教會應推

圖 3-7：2015年在新竹舉行的第四屆全球客家福音大會
無論在會場或手冊上均充滿臺灣客家花布及桐花元素（劉瑞超／攝）

動開設客語教學班，希望年輕一代能夠流利使用客語，鼓勵客家教會及客家神學院的教牧同工使用客家話傳道，透過本土語言分享信息，拉近基督教與客家文化的關係與認同。此外，為了關懷各個客家人聚居地區的教會，全球客福採取支援當地客家福音的工作，將各國客庄地區進行劃定，推行短宣事工，包括與臺灣、印尼、南印度洋的模里西斯與留尼旺、馬來西亞、印度加爾各答、大溪地等地的客家教會相互搭配，進行「客庄短宣事工」。此外，佔了全球客家族群人口四分之三的中國大陸，是客家福音最大的市場，但是中國教會普遍面對教牧人員不足，尤其是廣東東北部的客家教會。因此特別是在偏遠地區的教會，培訓仍是首要任務，所以過去十幾年間，沙巴、香港、臺灣、新加坡、印尼等地的客家教會紛紛到中國客家地區投入培訓工作，包括在廣東省的河源與梅州市，福建閩西地區，江西贛州地帶，及廣西部分客家地區，進行教會領袖與工人培訓事工。為了避免資源重疊而浪費，由全球客福擔任起協調的工作，協助中國客家教會培訓教牧人才。為了讓海外教會也能為中國提供跨文化宣教的經驗，全球客福經常安排海外客家僑胞透過尋根與探親的方式，與中國客家教會進行交流（鄔天輝 2011：177-188）。

　　本章由巴色差會傳入中國廣東地區的歷史談起，再鋪陳到英國商人北婆羅洲渣打公司與巴色差會合作的移民計畫，造就了以客家人為主的沙巴華社出現。在沙巴巴色會（教會與學校）庇佑之下的客家社會，維持了語言的存續，凝聚了這群客家教友的關係網絡。黃子堅認為，巴色會維持了沙巴客家的認同。然而，本研究顯示，巴色會也隨著客家墾殖腳步在沙巴州土地上成長茁壯，走出傳統「客家教會」的限制，至少在馬國範圍內，顯示了某種「去客家化」，而成為跨族群、跨文化的教會組織，同時也為自己帶來質與量上的轉變，以及在此過程中面臨了重新界定自我的課題。那麼，面對教會在組織上的轉變，以及自我的新定位，這個客家認同

又呈現出什麼樣的面貌？

　　其實，基督宗教作為一種普世宗教，原就具有世界主義的性質，將其信仰跨地域跨文化傳遞世界各地的人群，這也是基督宗教在 19 世紀傳入中國的思想基礎。隨著廣東的客家基督徒社群來到沙巴，這群基督徒在宗教（社群）組織上的立基與拓展，BCCM 在蓄積足夠能量後走出客家，走出沙巴，牧養了州內其他原住族群，以及世界各國的客家及華人地區。非華人的宣教事業，主要是由 BCCM 培育出來的非華人教牧負責，華人的宣教則由華人擔當。其中，近年來跨國的海外宣教事工上，中國客家地區、巴色會原鄉是最主要的焦點，我認為這隱含著反哺回饋的意義。從在地與跨國的視野來看，這個反哺原鄉的意味顯露在沙巴客家基督徒在成長、自立、茁壯後，有能力回頭扶持在信仰上已衰弱的原鄉地區。而其管道乃循著過去中國廣東巴色會既有脈絡、沙巴客家與原鄉的家族連帶關係而展開，在族群文化及家族組織上都具有某種的親緣性。這種族群文化親緣性也是全球客家基督徒組織網絡建立的基礎，包括語言、歷史在內的族群文化成為推動宣教事業的利器。換言之，巴色會中國事工及全球客家基督徒網絡都可說是一種親族脈系網絡（Network of kindred action），透過移民家族連帶關係，以及客家想像共同體之族群身分，以尋根、探親、培訓等行動，所建立起來的網絡。這個網絡，為 BCCM 提供了反哺原鄉／普世宣教的管道，也象徵著當年走出中國的客家基督徒與當代中國原鄉的「再連結行動」。這個行動同時維繫了跨國客家基督徒共同體的連結，同時也傳遞著基督徒與客家兩種身分屬性意義。換句話說，相對於 BCCM 在馬國境內的「去客家化」，在其他國家乃至中國原鄉的宣教事業卻是依循著親族網絡展開的「再客家化」進程，這兩者並無違和或衝突，因為作為普世宗教的馬來西亞基督教巴色會組織，這些都是一種宣教必然的發展。

第 4 章
跨國網絡的遊走

　　自華人在馬來西亞落腳初期，便透過各種同鄉、同業、宗教等方式
逐漸形成社會組織、團體，以凝聚彼此互通有無，除了接濟安頓後來移民
者、在新天地建立社會關係網絡以外，也可說同時與移民來源地維持了一
種人員資訊流通管道。雖然在第二次世界大戰後的一段時期，東南亞各國
華人與原鄉中國之間的流動管道曾經中斷了一段時期，後才於 1970 年代
再度熱絡起來。但在中國改革開放之前，所謂的海外華人與在臺灣的中華
民國政權仍舊維繫著一定的互動管道，亦即僑務政策及在此概念下的「華
僑」。中國在改革開放後，推動吸引外國投資的各項政策，其中的僑務政
策更是重點。然而，隨著戰後各個前殖民地區獨立建國後，華人的政治認
同也隨著公民身分的取得，逐漸向居住國家轉向，不再將自己視為是住在
祖國之外的僑民。沙巴在 1963 年與馬來亞、新加坡、砂拉越共組馬來西
亞國家後，認為自己是馬來西亞（華）人的比例便隨著時間成長，尤其是
年輕世代。兩岸的僑務政策，究竟對東南亞華人產生何種效應，值得進一
步的關注。然而，無關政治認同的是，沙巴與中華民國或後起直追進而超
越的中華人民共和國之間的各種交流，並不因為海外華人取得馬來西亞國
籍而有所降低。過去十餘年間，以客家為名的文化交流，及以客家地區宣

教為主的活動，除了在馬國國內持續進行外，更與臺灣及中國有著頻繁互動。這些行動都是透過本地及國際的客家組織、教會組織來推動，而臺海兩岸政權的僑務政策則是鋪陳這些跨國行動的舞臺。本章將以僑務政策、跨州、跨國組織這三個層次著手，討論沙巴在地客家社群的跨域連結。

第一節　北眺南中國海：華僑與「祖國」

　　根據王賡武的研究，華僑這個詞從 19 世紀末葉以後開始普遍，這樣的稱呼是與清朝政府在 1893 年撤銷對海外旅行的禁令有關（王賡武 1994：291，轉引自何國忠 2006[2002]：202）。但在此之前，東南沿海地區的中國人已大量出洋。福建與廣東等地人民大規模移民到英屬新加坡和馬來亞，是在 19 世紀中葉開始，以推力拉力理論來看，太平天國運動殃及中國南方各省長達十四年（1850-1864）之久，而鴉片戰爭（1839-1842）以來西方各國對中國的蹂躪，使得中國經濟受到嚴重打擊，加之各種天然災害及人口增長的壓力，形成移民的推力。而在同個時期，世界上有幾個地區剛好有拉力磁場出現，包括西方國家在東南亞各地的殖民地正在召募大量勞工前往開拓經濟資源；美國加州及澳洲等地先後於 19 世紀中葉發現金礦；美國需要大量勞工修築東西橫貫鐵路等。於是形成一股中國移民海外浪潮，並在東南亞、美、澳等地形成海外華人社會，換句話說，是清末政治、經濟和社會的變化，孕育了海外華人社會（黃賢強 2015：67）。這些隨著沿海的開埠和出洋的解禁而大量前往南洋謀生的閩粵華人，其所賺到的血汗錢，多由往來家鄉與南洋的「水客」帶回贍養家小，甚至有全村超過三分之一以上的家庭不會種地，也不做其他營生，完全靠僑居於外者寄錢接濟，這些僑居在外者，也常成為建構家鄉的重要力

量，透過興建洋房、捐資辦學、重修祖譜等，建構出粵東地區典型的僑鄉形象（蕭文評 2010：267-298）。這些閩粵出洋者能以華工的身分前往海外謀生，緣於 1860 年清政府與英、法兩國分別簽定北京條約，同意兩國在中國招工，並在 1870 年代後期開始委派駐外公使或領事，處理外交和華僑事務；1893 年才正式廢除海外華人回國的禁令（黃賢強 2015：68）。

　　在孫文領導的革命中，南洋華僑受到中國民族主義的感染，對支持孫文的革命事業做出了巨大且實質的貢獻。王賡武（2002：151）認為，孫文引介民族主義思想進入南洋，為的是反抗滿清統治者，也使得華人更自覺的與新中國產生聯繫，並進一步成為民族主義者。這種中國民族主義有很大程度上是透過教育途徑到達。中國國民黨早在 1912 年便在新加坡成立支部，推動海外黨務事宜，至 1918 年為止，星、馬地區華文僑校已經由一百餘所擴張至三百餘所。隨著 1919 年中國發生五四運動，所有星、馬地區的僑校，一律改以中國國語為教學語言，至此以各種方言構成的華人社會，獲得了語言上的統一（楊建成 1982：353），使隔閡的僑社，趨向統一（宋哲美 1963：67；Hang 1975：180）。1920 年開始，有著成千成百的教師由中國前往東南亞散播新式教育的種子，年輕一代的華人在新式學堂受教育，也開始思考自己作為一個中國人，對中國的責任。他們認為利用僑居地的資源去支援中國是一種愛國行為（戴萬平與顧長永 2005：321），當時的海外華人熱衷愛國救亡運動，甚至被史家稱為「愛國華僑」（黃賢強 2015：106）。從革命黨乃至後來的中華民國政府來看，當初中國南方的革命政府看上的是在南洋經營有成的華人，意欲誘使他們對革命事業的財政上有所貢獻，革命政府將南洋華人視為資產階級的態度，一直延續到之後國民黨政府政權（王賡武 2002：151-152）。例如出身廣東東莞的中國同盟會成員陳安仁，曾參與黃花崗之役、武昌起義等革命行動。他在 1918 年時擔任南洋英屬華僑教育總會議長，在南洋當地華

僑中間推動教育。1921 年 7 月陳安仁曾銜孫文命前往澳洲、紐西蘭、及
南太平洋各群島宣傳革命義捐及考察，在南洋時他也來到北婆羅洲，並與
山打根的華人殷商兼僑領甲必丹林文澄等僑社會面，並成功募得大量金錢
捐往廣州大本營（陳安仁 1963：1）。[1] 國民革命成功後，鑒於華僑的大力
支持，而有「華僑為革命之母」之說。

　　南洋華人對中國政府的支持，從革命建國事業一直延續到中華民國
抗日戰爭。南洋地區在抗日捐款數額上是南洋地區之首，戰時國民政府財
政經濟的二分之一便是靠海外僑胞的捐款與匯款所負擔（李盈慧 1997：
633-634，轉引自黃辰濤 2009：2）。北婆羅洲（沙巴）有計畫的大規模華
人移民雖較馬來半島稍晚（見本書第 3 章），但當地華社同樣經歷了滿清
帝國的覆滅及中華民國的建立乃至抗日的過程。中華民國與北婆羅洲正式
建立外交關係始於 1913 年在亞庇設立了中華民國駐北婆羅洲總領事館，
首任領事便是 1913 年當時帶領中國華北天津人移民至北婆羅洲亞庇的謝
天保（宋哲美 1963：17-18）。[2] 1933 年中華民國駐北婆領事館改設在山打
根，日治時期領事業務中斷數年，[3] 戰後則因山打根為盟軍空襲炸毀，北

1　甲必丹林文澄乃當時山打根的人和會館第二任總理。該會館即山打根客家
　　公會的前身。另，亞庇客家公會前身乃 1940 年成立的北婆羅洲西海岸客屬
　　公會，該會成立背景亦與抗戰救國有關（見第 5 章），然成立未久北婆羅洲
　　遭日軍佔領，會務停擺。戰後 1947 年始復會，當時中華民國駐北婆領事俞
　　培鈞前往揭幕。

2　宋哲美的說法是由謝天保率領「魯、津僑胞」前來北婆羅洲，並由保護僑
　　民的專員轉為首任領事。關於華北移民、魯僑、山東人，參第三章。

3　日軍於 1942 年 1 月登陸北婆羅洲展開三年餘的軍事佔領統治。1940 年由越
　　南西貢調任山打根的領事卓還來在日治末期遭囚禁後殺害，1959 年當地華
　　人立碑為之紀念。參陳冬和編 2009：147-157；宋哲美 1963：18-19；陳偉
　　玉 2004：237-252。沙巴華社至今每年都在內陸區根地咬卓還來領事等人之

婆羅洲首府及中華民國領事館均於 1946 年遷往亞庇復原。

　　日本統治時期的南洋華人，除了暗地捐款支助中國抗日戰爭，亦相當程度上投身了祖國或各居留地的抗日行動（南僑機工更是直接投入的典例）。在馬來亞半島上的馬來亞人民抗日軍成員多為華人，且以馬共為主幹（楊建成 1982：357），[4] 這也是 1948 年頒布緊急法令並進而形成「新村」的背景（林廷輝、方天養 2005：23）。北婆羅洲華人在中國民族主義的薰陶下，1939 年在亞庇地區便有華僑青年三十餘人返回中國請纓投入對日抗戰。山打根的鄭潮炯則以賣子救國、南洋巡迴義賣瓜子籌募抗戰經費等事蹟名聞後世，各種活動募款，當時均透過當地的華僑籌賑會匯寄回祖國（宋哲美 1966[1963]：149）。1942 年日本佔領北婆羅洲後，當地有相當多客家華人加入了神山游擊隊，在日治期間給予駐守北婆日軍很大打擊（黃子堅 2015b：78；陳冬和編 2009）。在日軍的監視下，北婆羅洲的華人依舊組織了「海外華僑救華協會」、「中華救濟基金會」、「華僑中國救災委員會」等組織支持祖國抗日戰爭（陳冬和編 2009：30、34、173）。

　　1949 年中華人民共和國成立，1950 年英國承認中華人民共和國，新、馬等地包括中華民國駐亞庇領事館皆關閉（宋哲美 1963：17-19）。但是在戰前很長一段時期，中國國民黨與中國共產黨都將勢力延伸進南洋地

　　紀念碑舉行公祭儀式，往年皆由設在吉隆坡的中華民國駐馬來西亞臺北經濟文化辦事處派員代表參加，但在 2015 年 1 月中華人民共和國在亞庇設置了駐哥打基納巴盧總領事館之後，該館總領事與當地華社互動頻繁，甚至也出席前中華民國領事卓還來等烈士的公祭儀式，形成與中華民國外交公使同臺紀念的場面（不著撰人 2016c）。未來臺海兩政權對卓還來的國族歷史詮釋有何發展值得持續關注。

4　除了馬共的人民抗日軍以外，馬來亞也有國民黨人組成的「華僑抗日軍」。參黃辰濤 2009：45。

區，新、馬均有兩黨黨員或授其扶植的勢力（英屬北婆羅洲亦設有中國國民黨支部）。中國國民黨早在 1912 年中華民國建國當時便在新加坡成立支部，推動海外黨務事宜，1928 年中國國民黨實施「清黨」後，原依附在國民黨內的共產黨員在中國本土無法立足，便潛赴南洋，並成立了「中國共產黨南洋臨時委員會」、「共產主義青年團」等組織。1930 年在國際共黨的指導下，這些組織正式蛻變成馬來亞共產黨。歷經二戰、1957 年馬來亞聯合邦獨立，1963 年馬來西亞建國，一直到 1974 年中華人民共和國與馬來西亞建立外交關係（馬國也隨即與中華民國斷交），中國共產黨依舊暗地裡扶植著馬共的相關活動（楊建成 1982：353、365-377）。在中國國民黨方面，由於革命時期尋求南洋華人的支援，很早便將其黨務組織延伸進南洋，在各地成立國民黨支部、三民主義青年團，招收大量的黨員，控制多數華校、僑團。戰前，中華民國及中國國民黨在南洋的網絡及政策，原則上透過外交部（領事）、黨各支部、僑務委員會等組織合作推動，但基本上是以黨為主。戰後成立的馬來亞華人政黨組織馬華公會，其成立初期即有不少成員都是中國國民黨黨員。失去正式外交管道後，中國國民黨失去公開推動黨務的正當性，但並未放棄經營海外僑務。1950 年中華民國將原駐山打根的副領事密派至新加坡擔任秘密聯絡員，暗地裡收集情報以了解當地政府的動態，並與僑民聯繫，甚至資助新加坡當地政治人物參與選舉，同時也與馬來亞的華人政黨馬華公會有著許多合作關係，這些都是為了達到影響當地政黨傾向支持中國國民黨的反共政策的目的。隨著中華人民共和國成立，陸續有國家與中華民國斷交，國際處境不利下的中華民國，在海外黨務的大方針於是出現了以黨中央為核心將僑務與外交相結合，以外交鞏固僑務，以僑務發展黨務，以黨務為僑務核心，僑務作外交後盾，團結與組織僑胞力量，支援反共抗俄戰鬥（黃辰濤 2009）。換句話說，所謂的僑務，其實是參雜著外交、黨務的政治行動，而其最終

的目的則是冷戰架構下的反共。

　　上文簡述了南洋華人在 20 世紀前半葉以帶著中國認同的「華僑」身分在居留國呼應著「祖國」的政治（革命、抗日）、文化（五四運動白話文國語教育）發展的脈動所從事的行動。回顧國民政府成立初期對海外華人的政策，基本上是延續著清帝國的政策，允許海外華人保有雙重國籍，承認海外出生華人的中國國籍。中華人民共和國在 1955 年為了與東南亞各國發展關係，放棄雙重國籍的政策，使得華人的身分逐漸由在海外的中國人轉變為華僑，再轉變為海外華人，逐步形成馬來西亞的華人族群共同體（戴萬平與顧長永 2005：322）。[5] 再者，我們也可以理解，早期的中華民國政府是如何看待不同時期華僑對「祖國」的奉獻，至少可分為三個時期：革命時期、抗戰時期、反共抗俄時期。1955 年起，僑務委員會出版了一系列的華僑志，此系列叢書為的是加深華僑與祖國及海外各地相互間之瞭解，從而促進團結合作，民主國家集中力量，以阻遏共產集團赤化世界之狂流，為維護正義保障自由作殊死戰（高信 1963：1）。[6] 實實在在地反映了在冷戰架構下隱含在僑務政策中政權、政治的考量，以及中國國民

5　在國籍歸屬問題上，中華人民共和國在 1955 年與印尼、1956 年與新加坡分別確認放棄承認雙重國籍原則，馬來（西）亞則因公民權的爭議，而有了較複雜的設計，參楊建成 1982：105-110。

6　高信時任僑務委員會委員長（1962-1972）。宋哲美所編著關於婆羅洲三邦華僑志系列書籍，在其史志編排及內容上，曾被批評有不少缺漏及錯誤，參涂稚冰（1964：94-101）。筆者也發現，宋氏系列著作中完全忽略教會與沙巴當地華人社群的關係，例如關於早期華人，他只提到早期移民北婆羅洲的華人有不少是太平天國失敗後逃出海外者，但卻未提及基督徒、巴色會等相關脈絡。但該等志書有其時代背景，雖有缺漏，但仍是早期華文官方文獻對北婆羅洲少數僅有的系統性記載，有其貢獻，且該系列志書更突顯出具有促進「華僑與祖國感情連結」的時代任務。

黨（等同於當時的中華民國）眼中的史觀與「祖國觀」。

　　過往的多數華僑研究多將華僑政策與海外民族主義視為一體兩面，也被批評是以祖國為視角，將海外華人視為中國史的一部分，而忽略僑居地政府及當地政治脈絡，尤其是輕忽了二戰後各個民族國家獨立的過程及影響，但同樣地，過度強調以當地脈絡為主的研究，與「祖國中心」同樣落入「民族國家」的框架限制中，忽略了移民與祖國的聯繫（范雅梅 2005：8-9）。換言之，我們應該以跨國網絡的角度，來觀看人們在此移動中的行動，在而非侷限在「祖國」與「移居國」這樣二分對立的過時架構中。「祖國中心」觀點，也充分反映出了當時中華民國的國族觀點。除了僑務委員會之外，國民黨也透過海外工作委員會，及中國僑政學會、民族與華僑研究所、華僑協會總會等外圍組織推動僑務。臺灣畢竟不是主要僑鄉，[7] 官方的僑務政策乃是一種「橫的移植」，具有濃厚的政治色彩，象徵意義居多，但僑務政策依舊具體推動，除了以輔導性的角度與海外僑團保持聯繫以外，僑生回國就學政策、僑資回國投資政策都達到了實際的效果，國民黨試圖透過這些政策將臺灣打造成為海外華人的「真正祖國」（范雅梅 2005：34-39、43）。中華民國華僑政策在國民黨本土化後，已將重心轉向戰後自臺灣移居海外的新僑，亦即臺灣籍的僑民，而非原鄉在中國大陸各省的舊僑。也因此，這些舊僑對中華民國僑委會相關活動已不再如以前那麼熱烈支持了（小林伊織 2000：8）。但早期的華僑與國族觀點依舊體現在今日的僑生政策上。1958 年中華民國教育部及僑務委員會制定頒布了〈僑生回國就學及輔導辦法〉，直至 2014 年，歷經近二十次的

7　戰後至今，在中華民國目前有效的統治範圍內，唯有金門在 17 世紀後開始有出洋紀錄，多數出洋華民皆移至東南亞地區，如馬來亞、新加坡、汶萊、印尼等。

修正，法令中依舊保留「僑生」、「僑居地」、「回國就學」等字眼。[8] 僑生到臺灣「回國就學」政策能施行的關鍵性因素在於美國對臺灣的大量金錢援助，這更是冷戰期間防堵共產主義架構中的一環。在冷戰思維中被劃定為「自由陣營」並代表「中國」的國民黨政府，因為希望能導引東南亞華僑團結反共，而成了東南亞各地華僑的「代理的祖國」（范雅梅 2005：68、89-90）。由於所謂的僑生，大多是有外國國籍的各國華人學生，選擇以僑生或外籍生身分至臺灣求學，影響所及是在臺灣求學階段的各項福利及責任之差別，更同時挑動她（他）們的國家認同（吳欣怡 2010）。

　　對比於中華民國對雙重國籍的承認，中華人民共和國在 1955 年改變對海外華人的雙重國籍政策後，便將東南亞華人視為「外籍華人」，而非華僑，但其僑務政策其實依舊包含這些外籍華人。中華人民共和國成立當初為了吸引華人的資金以及各方面的支持，也制定了僑務政策，並爭取到不少東南亞華僑在原鄉開辦學校、醫院等建設。但在文化大革命時期，僑務政策遭到喊停，許多歸國華僑受到迫害，直到鄧小平上臺決定推動改革開放政策，為吸引外資而再次推動僑務政策，此時的僑務政策主要是著眼經濟而非政治，中華人民共和國當時的低廉工資與充沛的勞動力，吸引了許多東南亞華人投入資金。在法律上外籍華人的地位與外國人沒有差別，但實際上中國透過優待華僑及歸僑僑眷，讓他們具有外商投資的待遇，資產可轉讓或繼承，且不得被收歸國有。中華人民共和國的涉僑重要機關主要是中央的國務院僑務辦公室（僑辦）及中華全國歸國華僑聯合會（僑聯）。僑辦在全國各個一級行政區（省及自治區），及多數的縣級行政區都設有辦公室；僑聯的設置則更密集，從一級行政區到縣、鄉、鎮、村、

8　教育部「教育部主管法規查詢系統」，http://edu.law.moe.gov.tw/LawContentDetails.aspx?id=FL009263，2016 年 5 月 10 日上線。

甚至街道等地方層次都有，普遍程度超越僑辦。僑聯雖是人民團體，但直屬中國共產黨，經費也來自國家的財政部（小林伊織 2000）。

　　如此縝密的僑務組織，透過舉辦各種活動吸引著東南亞華人回到原鄉「真祖國」。東南亞華人怎麼因應，其實早在二十年多前這樣的交流便已展開。馬來西亞客家公會聯合會（以下馬國客聯會）於 1993 年 9 月受到中國廣東省海外交流協會及僑辦邀請，並由廣東省僑辦負責所有費用，由時任馬國客聯會會長的沙巴州助理財政部長組織了「馬國客聯工商考察團」，率領工、商、農、文化界等人士（以沙巴州人士為主），前往廣州、惠州、深圳、東莞、海南島、上海、杭州、北京、天津等處，十八天行程中參訪了各省市地方的開發專區，期間也參觀了相關旅遊景點，並參加了中華人民共和國的國慶活動。此次考察的重點是投資方面，該考察團的任務是，除了介紹沙巴的投資環境以外，更要收集投資中國的資料，為馬國客聯會所有屬會及其他華人團體，提供前往中國投資的參考，並探求與中國當局設立聯營公司的可能性。[9]

　　兩年後，馬國客聯會改選，新任的會長於 1995 年 5 月 20 日至 30 日舉辦了第一次的「中國客家文化尋根祭祖訪問團」（世界客屬總會 1999，轉引自劉宏、張慧梅 2007：82），因該次活動多了「尋根祭祖」名義，所以特地安排訪問了寧化（客家南遷第一落腳地）、石壁（客家祖地）、長汀（客家母親河）、永定（客家人的堡壘—土樓）、梅縣（當代客都）。旅程除了尋根祭祖（團員在石壁參加了祭祖朝拜大典），慎終追遠之外，也藉此讓參與者「融濡在客家習俗與生活之中」，因為「新一代華裔青年對祖先文化認識不多，久而久之便有遺忘之虞」，藉此提醒大家「如果我們

9　《神州探索——馬國客聯工商考察團訪問中國記》（馬來西亞客家公會聯合會，1994）。

不真愛與傳承，將有愧對祖先了」。[10] 這個尋根祭祖活動是當時新山客家公會（該會會長時任馬國客聯會會長）所策畫，在招募會員參加的半年前，馬國客聯會以「協助鄉親開拓經濟領域發展」為名，[11] 成立國際客家投資集團在海外進行募資，且獲得很大迴響，三個月內募得超過預期的一千萬美金資金（不著撰人 1995），準備投入中國與中國揚州市政府合作建立「國際客家工商業城」。馬國客聯此項計畫，獲得當時前廣東省長、時任中國政協第一副主席葉選平的大力稱讚，象徵著海外華商集資進軍（不著撰人 1994），惟此馬國客聯會主導的投資中國計畫後來因主事者之一亡故而中斷（劉宏、張慧梅 2007：82）。二十餘年前雜揉著「海外華人、華僑、文化尋根、客家交流、客商經濟」的活動，便已經可以嗅出往後文化、經濟乃至政治的複合網絡。

　　類似的東南亞華人前往中國進行的文化交流活動，在過去二十幾年來不計其數。[12] 以下列舉幾個馬來西亞沙巴州客家華人近幾年參與中華人

10　《馬來西亞客家公會聯合會活動簡介（九五年一月至五月）》（新山客家公會，1995：2）。

11　實際上是時任馬國客聯會會長的新山客家公會會長蕭光讚與企業家姚美良共同發想的投資概念。姚美良乃馬國客聯會的名譽顧問，投資事業遍及馬國、香港、中國各地，由於事業的成功，常引介馬國華人前往中國參訪尋求投資機會。

12　例如沙巴州東海岸的拿篤客家公會，該會曾在 2000 年組織了中國閩粵觀光探親訪問團，率領三十餘名會員前往永定土樓、梅州等地參訪。2002 年又參加了客家鄉親中原尋根活動，前往河南省，並參觀黃河。2009 年參加了全球客家崇正聯合會舉辦的鄭州十日遊，參訪客家故地。類此的探親訪問尋根團在各客家公會都不是少見的特殊活動。除了東南亞華人前進中國，中國僑辦等單位也前來東南亞華社，早在 1998 年拿篤客家公會便已與沙巴客聯會合作舉辦過客家文化獎座，講者便是來自廣東省僑辦、梅州市客聯

民共和國僑務相關活動的幾個案例說明。

一、廣東華僑華人社團負責人研習班[13]

中國國務院僑務辦公室國外司（國僑辦）與廣東省人民政府僑務辦公室（廣東省僑辦）在 2013 年 11 月 4 日至 12 日於廣州中山及澳門兩地，以「提升百年僑團活力，促進中外友好交流」為主旨，共同舉辦了第二期「廣東華僑華人社團負責人研習班」，發函邀請各國華團的幹部前往，出席者自費機票，其餘食宿費用由中方負責，研習課程地點位於暨南大學及廣東省僑務辦公室。暨南大學乃中國第一所官辦的華僑學府，由國務院僑務辦公室、教育部、廣東省政府共辦。此次參與的各國廣東華僑學員來自美國（9 位）、澳大利亞（5 位）、加拿大（5 位）、巴西（1 位）、智利（1 位）、哥斯大黎加（1 位）、英國（2 位）、香港（4 位）、印尼（1 位）、日本（1 位）、馬來西亞（6 位）、澳門（1 位）、墨西哥（1 位）、緬甸（1 位）、荷蘭（1 位）、巴拿馬（5 位）、祕魯（2 位）、菲律賓（3 位）、法國留尼旺（2 位）、瑞典（1 位）、新加坡（3 位）、泰國（3 位）、委內瑞拉（2 位）。共有來自 23 個國家的 63 位學員。每個社團只能派一位代表出席，因此這些參與學員均是各國華人社團的幹部，社團如表 4-1。

由表 4-1 可以看出，參加此次研習活動的除了傳統地緣性社團外，商業性質的社團也不在少數。活動邀請是由廣東省人民政府僑務辦公室向各國僑團發出傳真，沙巴州包括客家公會在內的許多廣東華團均收到邀

會。近年這類交流愈加頻繁。

13　本活動資料主要來自訪談山打根客家公會參與該研習班的報導人及其所提供的相關課程資料。

表 4-1：「廣東華僑華人社團負責人研習班」參與社團名單

美國洪門致公總堂	美國新澤西州大西洋郡亞裔事務委員會
美國華商總會	美國舊金彎區中國統一促進會
美國三藩市岡州會館	美國費城東安公所
旅美伍胥山總公所	美國茂名同鄉會
全美萃胜工商總會	澳大利亞東莞同鄉會
澳大利亞潮汕商會	澳洲要明洪福堂同鄉會
澳洲洪門致公堂	澳洲中中同學會
澳中經濟文化交流協會	奧地利中國和平統一促進會
巴西廣東同鄉總會	加拿大溫哥華禺山總公所
加拿大華人華僑聯席會	加拿大湛江同鄉聯誼會
加拿大洪門達權總社	加拿大廣州文化經貿協會
智利智京中華會館	旅哥（斯大黎加）華人華僑聯合總會
英國朴次茅斯華人協會	英國伍斯特華人協會
香港清遠公會	香港長洲寶安會所
香港肇慶雲浮各邑同鄉總會	香港潮州商會
印華百家姓雅加達特區分會	日本廣東同鄉會
馬來西亞吉隆坡劉關張趙古城會	馬來西亞檳城雪隆惠州會館
馬來西亞中華大會堂	馬來西亞山打根客家公會
沙巴馬中聯誼協會	馬來西亞雪蘭莪暨聯邦直轄區中山同鄉會
澳門肇慶同鄉會	墨西哥中華會館
荷蘭廣東總會	緬甸客家應和會館／緬甸華商商會
巴拿馬中華總會	巴拿馬科隆公所
巴拿馬同慶堂	巴拿馬花縣同鄉會
巴拿馬廣東同鄉聯誼總會	祕魯古岡州會館
祕魯中華通惠總局	菲律賓菲華各界聯合會
菲律賓中山同鄉會	菲律賓廣東僑團總會
法國海外省留尼旺南順聯誼會	法國海外省留尼旺順德同鄉會
瑞典廣東華人協會	新加坡東安會館
新加坡惠州會館	新加坡雷州會館
泰國清邁客家會館	泰國大埔會館
泰國普吉客家會館	委內瑞拉全國華僑華人聯合總會
委內瑞拉中華總商會	

資料來源：本研究整理自該屆研習班通訊錄

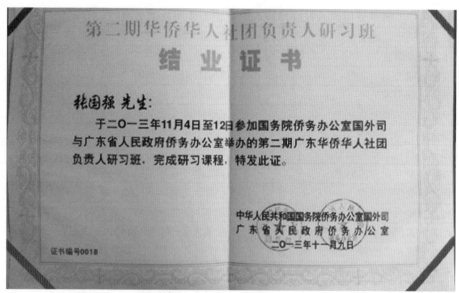

圖 4-1：廣東華僑華人社團負責人研習班結業證書（山打根客家公會提供）

請，惟此次沙巴只有馬中聯誼協會及山打根客家公會報名參加研習班，並由青年團團長代表出席（參見圖 4-1）。研習班安排了數日的課程及參訪行程，室內講授課程包括：「廣東省情及新時期發展規劃」、「中外文化差異與共享」、「中國周邊安全局勢與安全方略」、「中國國情與未來展望」、「華僑華人在中外交流中的作用和貢獻」、「傳統僑團的歷史貢獻及新時期轉型」、「建設一支宏大的海外『夢之隊』」，另設計有「海外華僑華人與中國夢」及「提升僑團活力，推進公共外交」小組討論課及論壇。戶外行程則前往廣東華僑博物館、[14] 香山商業文化博物館、孫中山故居紀念館等

---

14 廣東華僑博物館於 2009 年正式開館，但其先期工程早在 1995 年便開始籌建。以收藏、研究華僑歷史文獻文物，展示華僑文化，弘揚華僑精神，傳承華僑文化，開展華僑文化交流的重要平臺為目的（廣東華僑博物館導覽摺頁）。是故，多數華僑團體參與廣東僑辦相關活動，幾乎都會安排前往廣

處參訪。此次活動雖名為社團負責人研習班，在時間上的安排則刻意與第
七屆世界廣東同鄉聯誼大會暨第一屆世界廣東華人華僑青年大會（世粵僑
青大會）相銜接，研習班學員們在廣州結束課程分別領取了暨南大學及國
僑辦的結業證書後，便前往澳門威尼斯人酒店的世粵聯會會場。

二、世界廣東同鄉聯誼大會[15]

世 界 廣 東 同 鄉 聯 誼 大 會（The World Guangdong Community
Federation, WGCF，下稱世粵聯會）最初是在 2000 年由新加坡廣東會館
舉辦，該年確立了世粵聯會的成立與章程，將「聯絡世界各地同鄉、敦睦
鄉誼、促進商機、服務社會、加強團結、互惠互利」訂為聯會宗旨，每隔
兩年由不同國家主辦（歷年來計有新加坡、中國、香港、馬來西亞、印
尼、泰國、及澳洲主辦過）。無論是哪一國家主辦，中國的廣東省僑辦、
海外交流協會、海外聯誼會等組織，皆在活動中有重要角色，世粵聯會章
程中規定廣東省僑辦主任為世粵聯會當然之常務理事會主席，秘書處則常
設在廣州，各輪值主辦國為執行主席。

2013 年第七屆世粵聯會及第一屆世界廣東華人華僑青年大會共有兩
天會議，並安排澳門半日遊。兩天的會議中，由澳門投資促進局設宴款
待歡迎各國粵僑，在世粵聯會的理事會議之外，並安排了「傳承中華文
化‧建設和諧僑社」的世粵交流大會、「古代友道與現代交往」專題講
座、「《黃帝內經》養生之道」的中華文化論壇、以及「僑鄉之光──粵

東華僑博物館參觀。

15 本活動資料主要來自訪談山打根客家公會參與世粵聯會的報導人及其所提
　　供的相關資料。

澳僑鄉文化圖片展」，會議並發表「濠江宣言」，期盼世粵聯會為平臺，發揚「同心同德，故我鄉邦」之理念，以「凝鄉情、聚鄉心、謀合作、促發展」。同時間的世粵僑青大會則在同酒店中舉行僑青大會全體會議，及「僑青與中華文化傳播」的僑青論壇。

由該（2013）年在廣州舉行的廣東華僑華人社團負責人研習班、在澳門舉行的世粵聯會及世粵僑青大會安排內容來看，除了經濟投資、商機開發以外，傳遞「中華文化知識」給予海外粵籍華人也是一主要的目的與形式。依此建立了華僑與祖國的聯繫網絡，參與者能夠在此管道接觸傳統、正統的中國文化內涵，並且習得中國官方視角之「海外華人、華團歷史與文化及責任」詮釋上的「知識」，同時體認到當今中國發展的腳步及接受中國夢的洗禮。

中國官方又是如何看待這些來自各國的粵籍華人後裔呢？第七屆世粵聯會的大會主席在致詞時表示：

> 廣東人世居嶺南，以祖國腹地的中原文化為源泉，並依據其獨有的地緣優勢，汲取借鑑鄰邦及海外文明之特點，兼容並蓄，養成了勤勉務實、包容開放、勇於實踐的品格習性，進而促進了嶺南文化的形成；隨著廣東人遷徙海外人數的不斷增加，這種特有的文化品格也隨之傳播至世界每個角落。嶺南文化的輻射與延伸，實際上已經成為中國文化的重要傳播途徑之一。

在此言說中我們可以看到「祖國—中原—嶺南—廣東—海外」的階序架構，反映出「海外粵（僑）人來自廣東，廣東屬於嶺南文化之一支，嶺南文化根源於中原文化，中原文化則是祖國中心」的歸屬論述。換句話說，海外華人或粵籍成員，皆是中國文化的載體，在中國文化傳播上具有

圖 4-2：世粵聯會暨世粵僑青大會（山打根客家公會提供）

相當的地位及責任。地理空間的差異與隔閡，能夠透過（中國）文化的承繼予以消弭並產生連結。

　　身兼世粵大會常務理事會主席的廣東省僑辦主任則為「粵僑精神」作出定義：

> 粵僑精神是對海外粵籍鄉親移民史、奮鬥史、貢獻史的深刻總結。
>
> 粵僑精神是中華文化、嶺南文化、廣東精神的傳承與發揚。
>
> 粵僑精神是世粵鄉親建設僑社、共營發展、共圓中國夢的共同思想基礎。

　　期許粵僑發揮「念祖愛鄉」的精神，積極支持參與「祖（籍）國和家鄉」的建設發展，為實現中華民族偉大復興的「中國夢」作出更大貢獻。我們也可從研習班課堂上的幾句話看出線索。在談到海外華裔學生心中隱含的中國情結時，授課教授如此說道：

華裔留學生具有一種隱藏在內心深處的但不可磨滅的中國情結，這種
情結就是對中國身分的認同，祖父輩的這種強烈認同，不知不覺，讓
後代銘記在心。這種認同在華裔後代的情感中，若隱若現，或深或淺，
但只要被相關情景事件喚起，這種情結及身分的認同馬上就清晰地出
現在他們的大腦，揉進他們的情感，左右他們的行為和判斷。對華裔
後代來說，這樣的一種身分認同的感覺是動態的，隨著來中國留學，
對中國文化的全方位了解和認識，這種認同感會日益加深，身分的認
同會從理性認識上升到具有實際意義的具體實踐行為。這是一種特殊
的動態身分認同，這種認同既是對祖先文化的回歸，又是對雙重乃至
多重文化的整合、超越。

　　講者認為，海外華裔都具有中國情結，只是程度不同。但當適當情
境出現（例如至中國留學、至中國投資），內建的、天賦的、對祖裔文化
的認同與回歸就會被喚出。以此根本賦予（primordial）認同的概念，揭
露參與活動者當下身為各國華裔所處的政治、文化、社會位置，並將海外
華裔與中國視角的海外華人移民史、祖裔中國之概念相連結，加強了部
分參與者心中對自身與父祖中國的連結與認同。也因強調這種連繫紐帶
（Tie），中國官方各相關單位在給 2013 年世粵聯會特刊的題詞中，大多為
「團結鄉誼，造福社群」、「文化紐帶，四海一家」、「薪火高傳」、「凝聚力
量，共圓夢想」、「粵聯五洲，情繫中華」、或「弘揚中國精神，做強國夢
之積極參與者」之類文句，凡此亦呈現出中國官方對海外華人的族群性想
像，及其欲透過此海外華裔的祖裔「紐帶」，共圓強國夢的期望。
　　強國夢、中國夢如何達成？我們可從次屆的世粵聯會來看。第八屆
世粵聯會暨第二屆世粵僑青大會於 2015 年 10 月 6 日在澳洲雪梨（悉尼）
舉行（不著撰人 2015b），會議主題是：「百載粵僑路，心繫中國夢」。該

屆世粵僑青大會通過了《世粵僑青悉尼共識》，呼籲廣大粵籍青年「心懷桑梓，情牽故里，勇擔重任，敢於創新，將個人夢想根植於國家夢、民族夢之中，無愧於祖先，不負於來者，為實現中華民族的偉大復興而奮勇前行」。會議中安排了「海洋視野下的中國與世界」、「粵商在大洋洲」兩個論壇，討論「中國夢及一帶一路戰略」。來自各地的華僑「紛紛表示願積極與推動，與祖國共同發展」。此次大會也公布世界廣東華僑華人十大傑出青年，其中有來自西馬的馬國客聯會副會長、前任青年團總團長獲獎。

　　由上述世粵聯會及世粵僑青大會的舉辦可以看出，隨著訴諸「祖國—中原—嶺南—廣東—海外」這種祖國認同、文化紐帶的連結而出現的，是中國網絡的建立。透過此種海外華僑華人、原鄉籍貫（如海外粵籍）相關網絡的建立及活動舉行，夾雜著以文化交流滿足政治訴求（在相關演說、課程、論壇中夾帶中國夢、反臺獨促統在內的政治價值），以及經濟需求（一帶一路：絲綢之路經濟帶和 21 世紀海上絲綢之路）的需求。中國官方藉著建立一項活動制度（如世粵聯會、世粵僑青大會的例行會議），架構起中國與海外華人的政治經濟關係網絡。諸如頒發「粵籍社團會歌評選獎」[16]、「世界廣東華僑華人十大傑出青年」獎項，透過學（如暨南大學）、政（中國中央及地方僑辦單位）兩方的肯定，讓獲獎團體及個人得到來自國際／中國的肯定，具有提升在國內華團中象徵與國際／中國網絡中的地位與榮譽，進而獲得在地政治、經濟、社會、乃至文化資本。[17]

16　2013 年沙巴州亞庇客家公會曾獲得該獎項的金獎，而來自臺灣的臺南市兩廣同鄉會（成立於 1954 年）則獲評選為優秀獎。

17　馬來西亞沙巴州廣東同鄉會館聯合會（沙巴廣聯會）由亞庇客家公會會長拿督楊菊明於 2009 年創立，由亞庇客家公會、沙巴西海岸四邑公會、亞庇

三、梅州市海外聯誼會[18]

　　位處國界邊境的沙巴州東海岸拿篤，本身是個地廣人稀的中小型縣份，從該縣客家公會的會員人數及公會資產，乃至近年會長本身的政經實力來看，該會無論是在沙巴暨納閩客家公會聯合會（下稱沙巴客聯會）中，或在全國性的馬來西亞客家公會聯合會（以下馬國客聯會）79 個屬會之客聯網絡中，拿篤客家公會都算是個年輕又人微言輕的角色，成立三十餘年，一直默默無名。2012 年上任的年輕新會長，亟欲展現不同以往的方式推動公會業務，頻繁舉辦各類文化性的活動，2013 年適逢該會成立三十週年，該會於年度內規畫執行了三十餘個系列活動以慶祝會慶，包括社團面子書（Facebook）推介禮、新春夜市聯歡、吉祥物麒麒麟麟推介禮、客家天穿日活動、客家美食推廣、客家歌唱賽、客語講故事賽、揮春比賽等等，年頭到年尾舉辦滿滿的活動，廣邀各地客家公會。這樣的做

廣肇會館、亞庇潮州公會、亞庇大埔同鄉會、亞庇寶安同鄉會等屬會組成，並成為馬來西亞廣東會館聯合會的會員。成立目的是為了「團結沙巴州的粵籍社團，也作為聯繫沙巴州與中國廣東省的橋梁，加強兩國間在經濟、教育與文化方面的發展」。由亞庇客家公會會長主導的沙巴廣聯會，被許多州內客家公會視為該會會長個人的舞臺，只是要與沙巴客聯會競爭。是故在沙巴華團中的響應並不熱烈，多個客家公會連年拒絕其邀請入會。2014 年 6 月的沙巴客聯會代表大會上，擔任議長的亞庇客家公會會長也被一些屬會批評立場不夠中立，引發爭議。凡此，皆反映了州內華團間的某種競爭。對於各種華團聯合會的成立，有客家公會會長直指只是想做頭，有了名份，與世界接軌，尤其是去跟中國接觸。然而，海外競爭平臺（如世粵聯會、沙巴廣聯會）所獲取的政治、社會、經濟資本，有時未必能延伸或等同於州內戰場。

18 本案例資料來自訪談拿篤客家公會參與梅州市海外聯誼會之報導人及其所提供的資料。

法逐漸打響拿篤客家公會在州內的名聲。那一年 10 月，拿篤客家公會也舉辦了七天六夜的「客行千里探神州」旅遊團，由會長率領 34 名會員、同鄉前往中國廣州、河源、東莞等地，參訪了包括廣東華僑博物館、客家圍龍屋等多個客家景點。同時與外事局、僑辦單位進行交流，為的是「對客家文化作深一層了解」。此次「客行千里探神州」的參訪交流活動，為拿篤客家公會與中國廣東相關外事及僑辦單位建立起直接聯繫的管道，三個月後，拿篤客家公會收到來自中國梅州的信函，該會會長獲得「世界客都」梅州的外事僑務局及中國共產黨梅州市委推薦，當選梅州市海外聯誼會第五副會長，並邀請前往就職（圖 4-3）。這件事被沙巴東岸的地方華文報紙譽為「拿篤客家公會終於成功衝出馬來西亞的天空，促進了客家情懷、了解與合作」。實踐了將該會「帶出了馬來西亞走向國際」的目標，更被沙巴客聯會部分屬會會長譽之為「沙巴客聯之光」。

圖 4-3：梅州市海外聯誼會理事會就職典禮（拿篤客家公會提供）

　　梅州市海外聯誼會在名義上乃經梅州市人民政府批准，具有獨立法人地位的社會團體，亦是設在北京的中華海外聯誼會的下屬會員[19]。雖是社會團體，但實際上是由中共梅州市委統戰部主管，運作經費主要來自政府，會長也由市統戰部部長出任。聯誼會組織章程上說明著，入會條件是擁護祖國統一，關心祖國和家鄉建設的港澳同胞、臺灣同胞、海外僑胞及社會團體等，經過申請及核准便可入會。該聯誼會也配合在梅州舉行的客家文化藝術節、世界客商大會、世界客屬懇親大會等活動的舉辦，積極邀請海外「愛國社團」前來梅州參與盛會，以「尋根認祖，慎終追遠，加深對世界客都的認識」。

　　在 2014 年該次梅州市海外聯誼會的就職理事會議中，由演奏中華人民共和國國歌開場，來自馬來西亞的出席者，除了沙巴拿篤客家公會會長以外，其他包括前任馬國客聯會總會長吳德芳、2014 年時任馬國客聯會總會長楊天培、新山客家公會會長張潤安（現任馬國客聯會總會長）等人，這些前後任馬國客聯總會長都是在馬國商界、客家界位高權重，有身分有地位有財力的拿督級人物，拿篤客家公會只有會長一人前往就任，並攜回廣東省僑辦贈與拿篤客家公會「加強合作，促進交流」的錦旗及聘書。在梅州，拿篤客家公會接觸的官方組織包括梅州市外事僑務局、梅州市統戰部、梅州市歸國華僑聯合會、中共廣東省委統戰部、廣東海外聯誼會、廣東省僑辦、惠州市外務局等單位，並與其建立聯絡管道。

　　拿篤客家公會的社交網站臉書（Facebook）上也登載了會員對此次會長受聘梅州市海外聯誼會的祝賀與期許：

19　中華海外聯誼會成立於 1997 年，其宗旨為「高舉愛國主義，團結熱愛中華民族的海內外同胞，加強聯繫，增進友誼，促進合作，為統一祖國、振興中華服務」。中國各省、自治區、直轄市的海外聯誼會，都是其團體會員。

去年 10 月，本會會長帶領一行三十多人前往中國多個客家地方探訪旅遊，除增廣了見聞，也讓拿篤客家公會沖出了馬來西亞的天空！此行收穫匪淺，梁會長在早前獲得「世界客都」——梅州的外事局吳副局長的推薦，當選梅州市海外聯誼會的第五屆副會長，並於 2 月 14 日啟程前往梅州，參加將在明天（17/2）舉行的第五屆理事會成立大會。在此恭喜會長，也感謝會長不懈地為本會爭取榮耀，讓我們一起期待拿篤客家公會更上一層樓，看見更廣闊的天地！

會長獲聘一事也受到拿篤華社肯定，包括拿篤中華商會、沙巴州廣告同業公會、會長的家族親友、及拿篤華社聞人等，紛紛買下華文報紙版面送上祝賀（圖 4-4）。會長則表示未來將繼續「推展客家的事業及拿篤

圖 4-4：拿篤華社登報祝賀（拿篤客家公會提供）

的福利工作，竭盡所能向外宣傳拿篤的美，拿篤的好，讓更多的人知道拿篤這個經濟正在起飛適合投資與居住的好地方」。顯然，因著這個榮譽，拿篤客家公會會長自覺地負起對拿篤發展的重責大任。他也表示，來自拿篤，卻能夠獲聘梅州市海外聯誼會副會長一事感到相當光榮，應該跌破不少人的眼鏡，自詡超越沙巴州內的大咖，頗有能提升自身及拿篤客家公會在沙巴客聯會、馬國客聯會、及華社中地位之意，擺脫拿篤過去都被視為無聲邊緣小會的印象。

　　藉著中國透過僑務政策吸引外資，並大力推動「一帶一路」政策的脈絡下，拿篤客家公會因緣際會進到這個中國網絡中，並獲得了在地（沙巴及馬國）所需的政治、社會資本，使其在沙巴客聯會，及馬國客聯會中陸續獲得相關地位、業務及職位。為了維持這個中國網絡關係，或許就必須與中國保持一定聯繫，獲得國際／中國／祖國的肯認。2014 年 6 月 10 日，中國駐古晉總領事劉全到訪拿篤，[20] 拿篤華社由當地中華商會設宴招待，商會理事和各華團領袖都出席與劉全總領事會晤交流。拿篤客家公會會長則趁此機會，向總領事呈備忘錄，時刻不忘為客家鄉親盡力努力。2015 年 2 月，拿篤客家公會向拿篤縣政府爭取三年終獲成功，獲得官方許可將客家公會會所前方的道路命名為「客家街」（Jalan Hakka），是為馬來西亞第一個以客家命名的街道，[21] 隨即邀請中國駐哥打基那巴盧（Kota Kinabalu，沙巴州首府亞庇）總領事前來見證參觀。

20　當時中華人民共和國尚未在沙巴州設立領事館，由駐砂拉越領事館兼理。

21　關於客家街，詳見本書第 5 章。

四、世界客商大會[22]

　　世界客商大會是由廣東省人民政府主辦，中共梅州市委、梅州市人民政府承辦，國務院港澳事務辦公室、國務院臺灣事務辦公室、中華全國歸國華僑聯合會、中華全國工商業聯合會、中國海外交流協會共同作為支持單位。2008 年由中國海內外七十餘個客屬商會共同發起籌備（海外客屬商會主要要來自香港、澳門、新加坡、泰國、印尼、加拿大），對於為何選在梅州舉辦客商大會，中共梅州市委書記劉日知表示：

> 梅州是魅力獨具的世界客都，是歷史上客家民系的最終形成地、聚居地和繁衍地，更是全世界客家華僑的祖籍地和精神家園，希望通過舉辦 2009 年梅州世界客商大會，讓梅州的資源優勢和新貌得到最好的展現，充分利用海外華人及海外廣大客商引領梅州走向世界。全球客家商界精英聚在一起，除了尋根謁祖、聯絡鄉情外，更主要的是通過聚會深入瞭解情況，積極尋求發展商機。辦好世界客商大會，構建客商合作發展的大平臺，能夠更好地凝聚全球客家人的智慧和力量，傳承客家精神，展示客商風采，加快客商發展，實現客商和客家地區的新崛起。[23]

22　關於世界客商大會資料來自於大會網站及相關新聞報導，以及沙巴前往參與之報導人。

23　全球客商合作交流平臺，〈2009 梅州・世界客商大會定于 10 月 12 日 -14 日在梅州隆重舉行〉，「世界客商大會網」，http://www.sjksdh.com/html/keshangdahui/dahuidongtai/2009/0711/794.html，2016 年 6 月 8 日上線。

　　2009 年首屆的客商大會中安排了展銷會、高峰論壇、客家意象舞臺劇、世界客商會館奠基儀式等內容，展銷會中共有來自 20 餘國百餘家企業參展，共計簽約超過三百億人民幣的投資交易。接下來，世界客商大會每隔二年在梅州召開。2011 年第二屆世界客商大會主題是「彰顯客商精神，共謀合作發展」，其中也有 50 餘位臺灣人出席。2013 年第三屆世界客商大會以「融匯世界的客家，展示客家的世界；天下客商是一家，攜手共築中國夢」為主題。2015 年第四屆世界客商大會以「匯聚客商力量，共創海絲未來」為主題，該次大會並舉行梅州振興發展主題展、世界客商博覽會、和客家文化創意產品博覽交易會三大會展。[24] 梅州廣播電視臺以「重走海上絲路，彰顯客商精神」為定位的大型紀錄片《絲路南洋》也至新、馬兩國拍攝，並於客商大會期間於梅州電視臺播放。

　　由世界客商大會來看，除了產（商）、官界之外，學術資源的投入也緊跟在後，2011 年梅州的嘉應學院成立了全球首個客商研究院，旨在研究客商企業文化，培訓客商人才，同時「建立客商交流的平臺，促進海內外客屬商人和企業回鄉投資，充分調動海內外客屬聯誼會及相關研究人員，為世界客都梅州的發展獻計獻策，提供智力支持」。[25]

　　這幾屆世界客商大會似乎未在沙巴客家界引起廣泛的回音，檯面上參與世界客商大會者主要是西馬半島客家界的資深大老，例如馬國客聯會的前後任總會長吳德芳、楊天培等人，他們皆是資深且事業有成的代表，

24　中國評論新聞網，〈第四屆世界客商大會在梅州開幕　朱小丹致辭〉，http://hk.crntt.com/doc/1039/6/1/6/103961656_2.html?coluid=7&kindid=0&docid=103961656&mdate=1013002206，2016 年 6 月 8 日上線。

25　你好臺灣網 2011〈全球首個「客商」研究性機構在梅州成立〉http://www.hellotw.com/mnkj/mzbjb/201112/t20111206_701116_2.htm，2016 年 6 月 8 日上線。

平常即頻繁往返中國。沙巴客家社團僅有少數商業資本較小，亟欲尋找發展機會的年輕世代前往參加這個大會，主要是見習成分居多（圖4-5）。沙巴客家界領袖中並非沒有事業規模大，頻繁至中國投資者，只是未必都會進到世界客商大會這個平臺。

第四屆世界客商大會時，時任馬國客聯會長，同時身兼馬來西亞中國經濟貿易總商會會長的楊天培，大力支持世界客商大會，他期望借助這一平臺為加強梅州與馬來西亞的交流而努力。他認為，梅州是世界客都、華僑之鄉，更是世界客僑海上絲綢之路第一港，應積極融入國家「一帶一路」建設，發揮僑胞作用，打好「僑」牌，讓梅州人民和海外客家人共創海絲未來，推動梅州加快振興發展。這位馬國客聯會長在同一年裡的馬國客聯會年度會員代表大會上，也主導通過大會提案，其中一項便是：

大會支持中國所倡議的一帶一路經濟發展策略，以為東南亞國家帶來新的無限商機，馬來西亞在這方面扮演極其重要的經濟戰略角色，希望國人能抓緊機會分享其中利益。

圖 4-5：世界客商大會（山打根客家公會提供）

　　隨著中國「一帶一路」戰略在東南亞地區的火紅發展，沙巴乃至馬國的大小客商們，各自憧憬著不同的想像，有已投入相關投資者，有雀雀欲試者（圖 4-6）。[26] 2015 這一年，配合著中國「一帶一路」戰略，沙巴州也有幾位在地華人學者成立了「海上絲綢之路學會」[27]，推動相關研究及舉辦講座，但目前尚未能看出該學會的能量如何。

圖 4-6：贈旗給世界客商大會主辦單位（山打根客家公會提供）

　　本節由清末至戰後的僑務政策談起，中華（人）民（共和）國在南洋／東南亞華僑／華人社會歷程中所扮演的祖（裔）國（家）角色，以及

26　一位經常往來臺海兩岸參加活動的客家公會會長表示，要與外國（中國、臺灣）有認識，有外國的人脈，對經商才有生意上的幫助。本地鄉團來來去去就是那批人，對生意幫助不大。

27　沙巴海上絲綢之路學會（Sabah Maritime Silk Route Research Society）的成立目的包括啟發民眾對海上絲綢之路研究的興趣，研究本區域的海洋史、文化、及貿易，重新喚起歷史上海上絲綢之路間的友誼與和諧，促進區域間在科學、技術、社會文化、與經濟上的合作。

華人本身在此歷程中不同的參與方式，從出洋移工，至襄助革命及抗日的海外華僑，乃至前往（想像中）父祖之國、文化祖國，進行政治、文化、經濟交流的數種面向。海峽兩岸政權勢力的更迭消長對東南亞或馬來西亞華人的影響，及其對兩岸政權、文化代表的想像，其實是一種動態過程。

　　如同前文提到的「代理的祖國」概念，戰後初期乃至冷戰方興未艾之際，在臺灣的中華民國政府還能以祖國自居，以各項僑務政策代表著自身具有的正統地位，隨著改革開放而來政經力量劇增的中國崛起時代，祖國之名與實皆不在臺灣島上（當然這也涉及臺灣在解嚴後的民主轉型及本土化脈絡）。若在今日臺灣，對海外華人或客家社群舉辦起尋根屬性的文化活動（詳下節），怕只會更增添自身在東亞地緣政治下的尷尬處境。

　　上文曾例舉戰前北婆羅洲（沙巴）山打根華僑鄭潮炯募款捐輸對日抗戰一事蹟，其後人於 2016 年 4 月將鄭潮炯當時對華社募款所留下衣物、掛袋、器具、收據、華僑登記證等物，捐贈予位於北京的中國華僑歷史博物館進行典藏，以紀念其帶動了華僑捐款抗日救國熱情，激勵更多華僑參與支援祖國抗戰的行動。[28] 該館館長表示：

> 在抗日戰爭時期，鄭潮炯先生以自己瘦弱的身軀高高舉起抗戰到底的大旗，用自己和家人的綿薄之力訴說著共赴國難的赤膽忠心，為人類正義事業留下寶貴的精神財富。此次，鄭社心老先生代表鄭潮炯先生的後人將這些珍貴的華僑文物捐贈給博物館，表達了他們願與祖國人

28　拿篤客家公會會長曾參訪中國廣州的廣東華僑博物館，發現館中典藏有前馬國客聯會會長吳德芳所捐贈的文物，但都是西馬的。故其也向館方毛遂自薦，願意替該館收集東馬沙巴早期椰子產業的器具，以豐富該館館藏，因沙巴椰子產業是華人移民早期最重要的產業之一。

民共同銘記歷史的心聲，也是對中國華僑歷史博物館的重托。中國華
僑歷史博物館定會努力保護這些珍貴文物，把鄭潮炯先生及廣大華僑
華人的精神傳承下去。[29]

很顯然的，除了與中華民國政權有特殊因緣（如留臺華人或早期家
族曾參加國民黨海外組織）者以外，對多數海外華人而言，政治上的「祖
國」，乃至文化上的「原鄉」，實實在在指向中國大陸，而祖國與原鄉更
是中華人民共和國推動各種僑務乃至政治、經濟相關戰略時不可或缺的象
徵符碼。

第二節　梭行兩岸客家：客家與「原鄉」

除了上文舉例說明的中國海外聯誼會、華僑社團研習班、世界廣東
同鄉聯誼大會、世界客商大會等，以僑務、商業為名的活動召喚、吸引著
海外客家華人前往中國大陸進行參訪、交流、及投資等等，還有冠以文化
學習為名的交流活動。其中，以文化尋根、客家為名者亦不在少數，尤其
中國大陸近年出現的各個客家祖地、客都、名列世界文化遺產的客家圓
樓等，更是「客家回原鄉（祖地）」的活動熱點。[30] 然而，臺灣也未缺席

29　中國華僑歷史博物館 2016〈鄭潮炯先生遺物捐贈儀式在中國華僑歷史博物
　　館舉行〉，http://www.ocmuseum.cn/a/news/news/2016/0514/206.html，2016 年
　　5 月 19 日上線。

30　關於客家祖地及故鄉，可參河合洋尚 2013a：199-244〈空間概念としての
　　の客家—「客家の故郷」建設活動をめぐって〉一文。海外客家社群前往
　　中國客家祖地尋根祭祖，除了有促成祖地建構運動、祖地經濟發展功效以

於以「客家文化」為號召之相關舞台。以下分別以中國及臺灣列舉部分例子，說明馬來西亞、沙巴客家人參與兩岸相關客家活動之情形。

一、中國

（一）、海外學子客都情[31]

2014 年 6 月 5 日，為了慶祝馬中建交四十年，梅州市海外聯誼會、梅州市僑聯、梅州市嘉應學院、與馬來西亞客家公會聯合會共同主辦了梅州市第一屆「海外學子客都情」活動。馬國客聯會的工委會成員包括了由經常往返中國的客聯會會長擔任總顧問，其他委員及幹部來自西馬各地客家公會（主要是柔佛、隆雪一帶），參與的馬國學員共三十八位，其中有三位來自東馬沙巴州的山打根客家公會。另有五位來自臺灣的學子參與本活動（圖 4-7）。

是項活動旨在通過與海外客家年輕一代的聯絡、聯誼，增強他們對祖籍地和故鄉的歸屬感與認同感，並藉此傳承弘揚客家文化和精神。[32] 在六天五夜的活動期間，學員們在梅州的嘉應學院裡參加了客家講座，欣賞山歌、漢劇等文化表演，參觀了嘉應學院客家研究院博物館、中國客家博物館等文化設施，走訪了圍籠屋（圖 4-7）、客天下等景點，參訪「客家

外，也可能對海外聚居地的客家社群自身產生凝聚我群的力量，參安煥然 2010：887-910〈馬來西亞柔佛客家人的移植型態及其認同意識〉一文。

31　本案例資料來源為參與活動之報導人。

32　唐人街網 2014〈梅州市舉行首屆 "海外學子客都情" 活動〉，http://www.tangrentown.com/text/9209.html，2016 年 5 月 17 日上線。

圖 4-7：山打根客家公會參加「海外學子客都情」參觀圍龍屋（山打根客家公會提供）

文化」，主辦單位並安排了尋根問祖活動，開放學員自行探訪在地親友。主辦單位希望交流團成員透過這次機會，感受梅州的秀山美水，體驗客家文化，品嘗客家菜餚，努力成為傳承弘揚客家文化的帶頭人。在講座方面，主辦單位安排了兩堂課，分別是客家源流講座及客家方言教學講座（圖 4-8）。

　　從客家源流課程教材來看，由客家五次南遷的典型論述談起，再談到鴉片戰爭、太平天國、以及清末革命、民初、新中國時期的客家移民海外史。再針對客家兩項文化特質的部分指出了，「忠、孝」兩項乃客家文化之精隨。忠者，由客家人推翻清國帝制，談到抗日戰爭中海內外客家的付出，以及韓戰時期抗美援朝的貢獻。這樣的課程安排，提醒了學員認識過去客家華僑先賢「忠於祖國」的犧牲奉獻。對來自馬國的客家學員們，這段海外華僑與中國關係的歷史，亦是他們認識過往父祖之國的途徑之一，至於在國族認同層次上會達成何種效果，須進一步觀察。山打根客

圖 4-8：山打根客家公會參加「海外學子客都情」與客語教師合影
　　　　（山打根客家公會提供）

家公會前來參與海外學子客都情活動的幾位成員，基本上已不是青年學子
的年紀，而是已有多次參加中國舉辦活動經驗，且從事小生意的青壯年階
層。除了熱衷參與馬國國內紅頂商人的馬中交流活動外，也增加自己與中
國僑辦等官方單位接觸的機會。

（二）海外華裔青少年「中國尋根之旅」[33]

　　此類文化交流活動，不必然冠以客家之名，但也經常是具有「尋根」
意涵。2009 年深圳市人民政府僑務辦公室以「龍脈相傳緣聚深圳」為主
題，舉辦了「2009 年海外華裔優秀青少年深圳冬令營」，營隊內容包括中
華儒家文化、中華歷史、中國民族舞蹈、中國民族樂器等課程，也參觀民

33　本案例資料來源為網路新聞及報導人。

俗文物村、客家圍屋、深圳市博物館等景點。在沙巴國民型華校董事會聯合會協辦招募之下，此次活動沙巴州共有包括崇正中學在內七所華文中學子弟二十餘人報名參與。

　　除了南方客家地區，這類針對海外華裔青少年的營隊也會在中國北方舉辦。2014 年海外華裔青少年「中國尋根之旅春令營－天津營－馬來西亞營」便是如此。這個活動是由中國國務院僑務辦公室、中國海外交流協會、及天津海外交流會所主辦，當時乃中國駐古晉總領事館推薦沙巴馬中聯誼協會負責在沙巴組團前往出席。沙巴東海岸的拿篤客家公會也收到了該會秘書長的邀請，希望招收拿篤 12 至 23 歲的青少年參加 2014 年海外華裔青少年「中國尋根之旅春令營－天津營」，時間選在馬來西亞學校假期的 6 月上旬。沙巴馬中聯誼協會的會長、秘書長等人，都在過去某種「中國機緣」下受聘為中國海外交流協會的海外理事，被賦予馬中各類交流的實際推動工作。這項活動的招募當然不只針對拿篤地區，而是全沙巴華社，所以沙巴客聯會各個屬會均收到是項活動的邀請函。籌辦該活動的馬中聯誼會會長認為，這項活動可以「增進本州華裔青少年對中國文化的瞭解，尤其是馬中建交 40 週年之際，為天津與馬來西亞學生于馬來西亞學校假期到天津體驗學習生活所展開一系列文化交流活動」。這些交流活動內容包括了參觀霍元甲文武學校、天津大學、華夏未來少兒藝術中心、傳統民俗民藝、中華武術、中國文化、傳統民族手工、中醫中藥、民俗遊戲、中國棋類、中國民樂及口語交際訓練等等。此外，主辦當局另有安排北京一日遊北京故宮、天安門、國家博物館和天津一日遊，遊覽文化中心、海河、津灣廣場、古文化街，感受中國傳統節日文化氛圍（不著撰人 2014a）。此一系列的中國尋根活動並非針對馬來西亞，初始起自 1999 年，後由國僑辦與各省市地方合辦各地方的文化夏令營、冬令營，針對的對象包括世界各國的華裔青年。

（三）東南亞華裔青少年（惠州）冬令營

　　廣東省惠州市的小金口在 2007 年舉辦了第一屆的麒麟文化節，被譽為「中國麒麟文化傳承基地」及「廣東省麒麟文化之鄉」。2008 年續辦廣東省第二屆「麒麟文化節暨麒麟舞大賽」，當時也吸引了沙巴州各客家公會前往交流學習（見第 6 章）。2013 年 12 月小金口以麒麟文化為號召，舉辦了第二屆東南亞華裔青少年（惠州）冬令營，吸引海外華裔學子們前來在學習小金口被列為非物質文化遺產且獨具「客家特色」的東江麒麟舞和龍形拳。這次的活動有來自馬來西亞、泰國、汶萊、印尼等地青年學子，沙巴州則有亞庇崇正中學的學生參加。[34] 小金口憑著麒麟文化之鄉的吸引力，迎來了東南亞各國的華裔青年學習當地客家文化。

（四）客家國際龍舟邀請賽 [35]

　　除了文化尋根，體育競賽也是跨國客家交流的一種管道。2016 年 6月，由河南省人民政府、河南省僑聯、河南省客家聯合會等單位，在被稱為「客家祖地」的河南開封西湖，主辦了第一屆客家國際龍舟邀請賽。這項比賽被官方視為是 2014 年開封舉辦世界客屬第 27 屆懇親大會的延續，共有印尼、馬來西亞、韓國、香港、臺灣、湖北、廣東、及地主開封，共十二支隊伍參賽，因此也邀請了三十餘位世界各地的客家社團領袖出席觀

34　惠州區外事僑務局 2013〈第二屆東南亞華裔青少年（惠州）冬令營到小金口觀摩學習〉，http://wsqwj.hcq.gov.cn/content/?323.html，2015 年 1 月 11 日上線。

35　本案例資料來源為網路相關報導及參與活動的報導人。

圖 4-9：中國開封客家國際龍舟賽（斗亞蘭縣客家公會提供）

賞。[36] 馬來西亞參賽兩支隊伍中的一支，乃來自沙巴州西海岸的斗亞蘭縣
客家公會，由該會會長率團出席。其實，以客家為名的國際龍舟競賽早在
2009 年便在另一個中國「客家祖地」閩西上杭，舉辦了第二屆國際客屬
龍舟文化節邀請賽，當時印尼、馬來西亞及臺灣皆有團體參賽。[37] 各個客

---

36 鳳凰網 2016〈中國（開封）客家國際龍舟邀請賽隆重舉行〉，http://news.
　 ifeng.com/a/20160612/48959054_0.shtml，2016 年 6 月 20 日上線。

37 你好臺灣網 2010〈中國閩西第二屆國際客屬龍舟文化節〉，http://www.
　 hellotw.com/zthz/gbzq/fyzt/lakjgflt/gflthxkj/201006/t20100617_578827.htm，
　 2016 年 6 月 20 日上線。其實上杭龍舟賽尚未變成國際客屬邀請賽時，沙巴
　 客聯會便有斗湖及山打根客家公會組成沙巴客龍州隊參加 2006 年的福建

家祖地打著客家龍舟名義舉辦國際賽事，吸引各國客屬前來參加，也落實了「以龍舟邀請賽為載體，共話親情，共商合作，共謀發展」[38]，「以文化交流為載體，推進項目合作，助力經濟發展」的旨趣。而此次率團前往河南參加國際客家龍舟邀請賽的斗亞蘭縣客家公會會長，本身在沙巴當地具有政、商、教育界的身分地位，也經常往來中國及臺灣參與官方舉辦的客家相關活動。

二、臺灣

　　臺灣的中央政府在 2001 年成立了專責客家事務的客家委員會（以下客委會），隨後，各縣市政府也陸續成立客家事務單位。舉國上下將客家社會文化的發展納入國家整體施政之中，藉由國家的力量及資源，主動地打造施政者心中的當代客家圖像。以中央層級的客家委員會來看，該會成立二十年來，以豐沛的政府預算推動各項客家政策，包括客家人口基礎資料調查、客庄文化資源普查、推廣客家文藝、客家語言復甦、奠定客家研究基礎、推動客家特色產業、客家文化生活環境營造、建構國際客家交流平臺等，可以看得出這些施政的企圖除了在「找出」客家「族群」與「文化」的形質內涵以外，同時也在「打造」何謂客家。客委會的成立目標之中的一項重點是推動海內外合作交流、連結國際客家、建設臺灣成為全球客家文化交流中心，官方網站上如此說明著：

省第四屆龍舟錦標賽。

38　香港商報網 2016〈2016 中國（開封）客家國際龍舟賽隆重舉行〉，http://www.hkcd.com/content_p/2016-06/11/content_34406.html，2016 年 6 月 20 日上線。

本會為全球唯一中央級的客家事務專責主管機關，對客家文化的保存、
傳承與發揚，扮演關鍵及引領潮流的角色。為推展海內外客家事務，
透過海外客家聯繫網絡、參與海外客家活動及會議暨拜訪客家社團，
加強合作交流，厚植認同基礎。並藉由籌辦全球性客家會議、辦理海
外客家藝文巡演等活動，以強化臺灣與國際客家的連結，從而提升對
臺灣及客家之認同、向心及能見度，逐步建設臺灣成為全球客家文化
研究與交流中心。[39]

是以過去多年客委會透過學、政雙方的合作，積極將視野及觸角延
伸至海外有客家族群分布的地區，其中東南亞區域便是其中最重要的區
塊。例如，2001 年客委會剛剛成立數個月，便由客委會副主委率處長、
副處長等高階官員拜訪新加坡及馬來西亞。在新加坡的拜訪對象是南洋客
屬總會，馬來西亞則顧及該國東西領土之別，分別拜訪了位於馬來半島的
馬來西亞客家公會聯合會（以下馬國客聯會），以及東馬的沙巴州。在沙
巴是由山打根客家公會同時兼任沙巴暨納閩客家公會聯合會[40]（以下沙巴
客聯會）鄧福恩會長接待，拜訪了亞庇及山打根。[41]

2009 年，客委會為了設置苗栗客家文化園區中關於海外客家的博物
館展示，再次派員出訪新、馬兩國的客家社團及博物館。在馬來西亞部
分，客委會訪問團選擇了沙巴州，在一天半的時間內拜訪了亞庇客家公

39　客家委員會〈本會簡介〉「機關介紹」，http://www.hakka.gov.tw/Content/Con
　　tent?NodeID=439&PageID=33588&LanguageType=CH，2016 年 10 月 15 日上
　　線。

40　當時的會長吳德芳具有留臺背景，也積極參與中國及臺灣的官方客家活動。

41　《訪問馬來西亞與新加坡客屬團體報告》，行政院客家委員會 2001。

會、崇正中學、沙巴博物院、普陀寺、亞庇手工市集等地。客委會在沙巴考察中發現，在地客家後生對於客家母語及文化漸漸出現斷層與文化危機，而客委會製作發行的相關出版品及客語認證教材，透過鼓勵華人子弟「回臺」參與客語認證及客委會各類活動，應能夠發揮挽救此文化語言流失的頹勢，並且以客家文化進行國民外交。

2010 年，客委會由主委率領了處長及科長層級成員，組團拜訪泰國、馬來西亞、新加坡三國的客家社團，順帶邀請回國參加建國百年、及臺灣客家魅力嘉年華活動。隨團的還有臺灣美濃的合唱團，以客家歌舞表演進行交流。此次出訪，除了各國在地原有的客家社團以外，客委會也拜訪了新、泰兩國的臺灣客家同鄉會。在馬來西亞的部分，訪問團前往了吉隆坡的馬國客聯會，及東馬的沙巴客聯會。此次在沙巴，客委會參訪了沙巴客聯會、亞庇客家公會、及崇正中學。

我們可以發現，客委會此類出國拜訪客家社團的場合，也經常有外交部人員現身，此次拜訪，駐馬來西亞及駐泰國的大使，皆出席了活動。由此可看出，客委會的活動也具有外交工作的效用，達到其「凝聚客家社團力量，成功拓展我國民間外交」的目的。在客委會拜訪泰國客家團體的同時，臺灣駐泰國外交人員也發現與泰國的外交交流有了新的途徑，駐泰國代表處大使指出：[42]

此行因黃主委的到訪，讓我國駐泰國官方代表第一次與泰國客家總會接觸，透過不分國籍的客家族群聯繫，成功擴展我國政府的外交範圍，這也是客家族群團結致力於發展國際交流的精神。

---

42 《參加東南亞地區客屬團體年會暨訪視當地客家鄉親出國報告》，行政院客家委員會 2011。

　　客委會在此次拜訪泰、新、馬三國的客家社團後提出未來在會務推動上的重點，其中包括：

應定期參加海外客屬重要會議及交流活動，對於海外客家社團應予以協助推動會務，使客家文化能在異鄉生根結果，並展現政府對客僑的關懷與重視，同時藉宣導本會客家施政成果，凝聚認同與向心，透過面對面溝通，傾聽客僑心聲，作為本會海外客家工作規畫之參據。

推動客家藝文活動海內外交流展演，提升客家國際能見度。海內外民間團體機構辦理各式客家事務、藝文、教學等交流合作活動，本會應予以扶植鼓勵並給予行政支援，引導國內團體赴海外表演，國外團體回國交流，順利拓展客家文化國際舞臺。

辦理全球性客家文化會議、論壇、研習、參訪等活動，吸引海外鄉親回臺體驗客家文化推展之經驗與成果，加速海內外客家合作交流，將國內推動客家事務之成果，傳揚至海外。[43]

　　由客委會這樣的施政期許來看，客委會除了順帶發揮外交功能以外，也自許要展現「政府對客僑」的關懷，並在實質（資源）上扶植鼓勵海外客家社團。因此，客委會舉辦的相關會議，來自東南亞國家的客家社團總是不少：

近年來如泰國、新加坡、馬來西亞等國之客家社團及相關人士，皆積

43　同上引。

極參與本會舉辦的各項重要會議及活動，藉以推展客家文化及促進雙方互動交流。……本會亦定期參與海外相關客家社團活動，藉以宣慰鄉親及行銷臺灣客家，落實客家基本法中「建設臺灣成為全球客家文化交流與研究中心」目標，同時活絡海內外客家交流平臺，加強行銷客家與臺灣整體形象，擴大客家影響力，提升國際能見度。

從深化跨國交流合作來促進臺灣客家的國際化，無論政權交替，一直是臺灣中央客家事務單位的重點業務，2016 年新政府提出的新南向政策，也包含了客家南向，客委會新近提出的 2017 至 2020 年的〈中程施政計畫〉中，希望在促進臺灣客家國際交流的同時，能進一步推動成立國際客家組織，其海外客家政策的推動包括了：

一、鼓勵海外客家返臺體驗客家文化，透過舉辦全球性客家會議、客家語言文化研習活動，促進海外人士及青年來臺參與並交流。

二、推動海外客家文化巡演，鼓勵國內外客家社團及藝文團體積極參與國際主流社會活動，扶植海外客家社團辦理大型臺灣慶典，促進客家文化躍升國際舞臺。

三、帶動海內外客家青年參與國際志工服務，促進海外客家社團籌辦青年論壇，導引青年參與在地公共事務。

四、推動客家南向交流計畫，積極尋求與泰國、馬來西亞、印尼等東南亞國家於產業、傳播、藝文及語言教學等方面之交流與合作機會，並辦理東南亞地區客庄與臺灣客庄間之深度交流計畫。

五、建立國際客家人才資料庫，針對關注國際族群多元文化議題之NGO 組織，進行調查研究，以推動成立國際客家組織，協助參與國際 NGO 會議及活動，並與其他國家少數族群文化部門交流對

談，輸出臺灣客家政策經驗。[44]

　　在此新南向政策脈絡下的海外客家業務，由以往的「客家社團」，多了東南亞「客庄聚落」的關注焦點，其做法是遴派國內客庄社區團隊，前往東南亞地區客庄聚落進行在地文化資源調查與互動交流，以提升國內客庄社區團隊之國際視野及競爭力，促進海內外客庄在地交流，作為後續推動國際客家「新南向政策」之參考。客庄對客庄的交流型態，似乎能於以往的專注海外傳統華團、客家社團之外，開拓一種新的海外客家視野，能否輸出怎樣的臺灣的社區或社造經驗，值得未來持續關注其產生的效應。[45] 在此之前，以客家社團為名義及單位的海外客家群體及個人，早

---

44 客家委員會〈本會重點施政〉，「機關介紹」，http://www.hakka.gov.tw/Content/Content?NodeID=634&PageID=37676&LanguageType=CH，2016 年 11 月 10 日上線。

45 客委會於 2016 年初次辦理客庄南向國際交流合作，核定四個客庄在地組織，客委會主委指出，出訪是以客家文化交流為核心，各團隊利用客家音樂元素及個別的專長突破隔閡，找到雙方文化上的交集，是非常有意義的做法，試辦成果豐碩，未來將持續辦理，加深彼此瞭解及民間友誼。四個團隊及交流主題分別是：新竹縣大窩口促進會辦理「客庄老街再造理論與實際——新竹縣與馬來西亞新堯灣交流計畫」，前往馬來西亞砂拉越新堯灣客庄進行研究交流，以傳承並發揚客家文化與老街再造經驗，推動湖口老街與新堯灣老街交流。苗栗縣自然生態學會辦理「客家民族植物與應用交流」計畫，前往東埔寨金邊及馬來西亞檳城客庄進行研究交流，以自然療法的角度，推廣客家民族植物的智慧。社團法人屏東縣深耕永續發展協會辦理「跨域獅城，工藝六堆——臺星客家青年種子交流計畫」，前往新加坡客庄進行研究交流，推動青年社區參與及傳承客家文化。桃園縣社區營造協會辦理「千里做客——安平鎮庄後生創意市集」計畫，前往馬來西亞檳城嶼客庄進行田野調查及市集交流，與檳城客庄社團合作，先進行基礎田野調查，並藉由共同策辦結合傳統與現代之市集活動，以增進臺灣與馬來西亞客家文化的深度交流。客

已絡繹於途拜訪臺灣。這樣的推銷臺灣客家經驗，也展現在客委會在輔
導推動臺灣自身客家產業政策之下，所陸續推出的「臺灣客家（HAKKA
TAIWAN）品牌」、客家特色商品國際展、客家特色產業展、客家博覽會
等大型活動，展示出臺灣各地客庄、團隊研發出的各類文創產品及客家文
化節慶活動，確實也吸引著海外客家（見第 5 章討論）。

　　除了主動出訪各國客家社團外，客委會也舉辦多項針對海外客家社
團的會議及研習活動，希望吸引各國客家社群前來臺灣參加。[46] 客委會的
宣傳做法除了網際網路外，通常是將活動資料及報名表傳真給馬國客聯
會、各州聯會（如沙巴客聯會），再由州聯會傳真給各自的屬會，再各地
客家公會座辦（即公會的文員）將之張貼公告，以及透過網路通訊、社交
軟體發布，在公會舉辦的活動及會議上，也會由幹部宣達各方活動邀請
（如州內國內其他社團，以及中國或臺灣的各類活動邀請），由會員或有
興趣者向座辦報名，再彙整回報給州聯會。在這些跨國活動裡，主辦單位
通常會負擔或補助在活動當地的食宿或課程費用，機票交通費則由參加人
自付（但也有些中國舉辦的活動預算充足，補助項目甚至包含機票）。除
了活動本身的主題，出國費用多寡通常也是部分人士參加與否的考量之
一。以下例舉幾項近年來沙巴客家社團及其成員參與臺灣客委會的活動。

家委員會〈客庄南向國際交流合作試辦成果豐碩〉，http://www.hakka.gov.tw/
　　Content/Content?NodeID=34&PageID=38029，2016 年 12 月 7 日上線。

46　其實早在客委會成立之前，臺馬之間就有不少類似的參訪交流活動，如沙
　　巴客聯會青年團曾於 1988 年 5 月成立了臺灣親善（工商）訪問團，由古達
　　客家公會暨沙巴客聯會會長率團，成員來自州內各個客家公會的青年團。
　　在臺兩週期間內，與世界客屬總會臺北總會及高雄、花蓮、屏東等分會進
　　行交流，也拜訪了中原客家崇正會、僑務委員會等機構組織，同時參觀了
　　新竹義民廟、電子廠、木材廠、鞋廠等（斗湖客屬公會，1989：42）。

（一）海外客家社團負責人暨諮詢會議[47]

　　客委會在成立的第二年，即 2002 年，便首開「全球客家文化會議」，連續辦理五屆大會後，在 2010 年改以「海外客家社團負責人諮詢會議」及「全球客家懇親大會」兩會間隔輪辦的方式舉行。這個客家社團負責人諮詢會議邀請海外客家社團領袖、鄉親代表、學者專家等與會，熱烈討論全球客家事務，並親身感受臺灣客家的豐富內涵。[48] 第一次舉辦的「海外客家社團負責人諮詢會議」，來自沙巴州的只有東海岸的斗湖客家公會，由署理主席、副主席、秘書長三人組團出席。會議結束後回到斗湖，出席代表在理事會議上向大家回報客委會的各項客家施政計畫。2012 年第二屆的海外客家社團負責人諮詢會議以「好客臺灣客家新都」為主題，議程中規劃了 4 場專題討論：分別是「海外客家社團會務推動經驗分享」、「海外客家社團跨國（區域）連結與合作經驗交流」、「如何將臺灣的『客家產業』與『客家藝文』推上國際舞臺」及「如何加強行銷臺灣客家、吸引海外人士來臺參訪」等作為核心議題，邀請學者專家與與會者進行分組討論。會後安排至苗栗客家文化園區及新竹客家產業參訪。2014 年第三屆海外客家社團負責人諮詢會議共有 26 國約 200 位海外客家社團代表與會，其中來自沙巴的有亞庇客家公會及斗亞蘭縣客家公會（圖 4-10）。會議議程內容包含「客家文化及語言專題研討」及「海外社團連結與經營分享」。會議中也安排有臺灣客家特色商品展售會，以及國內客家藝文團隊

47　本案例資料來源為官方網站、網路新聞、及參與活動的報導人。

48　客家委員會〈大會歡迎詞〉，「海外客家社團負責人諮詢會議」，http://www.2016worldhakka.com/edcontent.php?lang=tw&tb=1，2016 年 10 月 30 日上線。

進行表演。會後則前往參訪臺三線的客家茶產業。2016 年的海外客家社團負責人諮詢會議以「國際客家在地行動」為主題，地點改在屏東六堆客家文化園區舉行，議程中除安排客語教學方法、社團運作等專題演講以外，亦安排三個場次的鄉情報告，由大會安排海外客家社團負責人上臺演講，馬國客聯會會長（暨新山客家公會會長）亦是演說人之一。另外，此屆大會也安排了海外客語合唱觀摩賽，來自西馬的新山客家公會及東馬的亞庇客家公會，均派出該會的合唱團參加比賽（圖 4-11）。

圖 4-10（左）：亞庇及斗亞蘭縣客家公會參與海外客家社團負責人諮詢會議
　　　　　　　（斗亞蘭縣客家公會提供）
圖 4-11（右）：亞庇客家公會歌詠團在屏東演出客語歌曲（客委會網站）

（二）全球客家懇親大會 [49]

　　首次的全球客家懇親大會於 2011 年 11 月在臺北舉行，配合客委會成立十年及中華民國建國百年，會議主題訂為「十方來客千里傳情」。會

49　本案例資料來源為參加會議的報導人。

議內容有客委會主委專題演講、分組討論（客家米、客家茶、客家語言、客家山歌）、海外社團經驗分享，會後則有花東縱谷及高屏六堆的客庄行。2013 年 11 月第二屆的全球客家懇親大會形式與上屆類同，大會主題是「四海為客臺灣是家」[50]。專題演講由主委介紹客委會施政成果，其中花了近半時間介紹客委會推動的 Hakka TAIWAN（臺灣客家）及 HAKKA FOOD（客家美食）兩種品牌的概念（圖 4-12）。分組討論的主題則有「客家語言文化的全球傳播」、「連結全球榮耀客家」。

　　這次懇親大會共有來自日本、新加坡、馬來西亞、汶萊、泰國、柬埔寨、印尼、菲律賓、香港、澳門、越南、美國、加拿大、貝里斯、巴拿

圖 4-12：客委會主委介紹客家品牌的輔導產品（劉瑞超／攝）

50　在懇親會現場的沙巴客家鄉親曾對「臺灣是家」這一主題略表無奈、嘲諷之意，反映出其認同的是實際生活所在的土地才是家，他們是來作客的。客委會主委 2010 年出訪海外時，也曾對著東南亞客家團體說「全球客家，本是一家」，但顯然即便認同「客家」，也不必然等於「你家就是我家」。

馬、阿根廷、巴西、巴拉圭、澳洲、紐西蘭、德國、西班牙、法國、奧地
利、南非、模里西斯等 26 個國家或地區的客家組織，[51]雖然出席國別相當
多，但多數國家只有寥寥數人代表，且有許多客家社團都是臺灣客家移民
各國後所成立的社團。東南亞地區主要的出席者來自新加坡和馬來西亞，
光是馬來西亞一國就有近 90 位出席，占了懇親會全體與會人數的六分之
一，這是相當大的比例，其中多數是來自西馬半島，沙巴州則有西岸的斗
亞蘭縣客家公會，及東岸的斗湖客家公會由會長率領幾位理事幹部出席
（圖 4-13）。在綜合討論開放發言的時候，從發言人自報單位名、客語腔
調、發言主題來看，有相當比例被點到的發言人恰巧都具有臺灣背景，來
自沙巴斗湖客家公會的鄉親在會場批評「這些根本都是臺灣的，應該讓外
國來的講」。出席團體多，發言機會不夠的情況，臺灣移居國外的客家鄉

圖 4-13：斗湖客家公會出席全球客家懇親大會（劉瑞超／攝）

51　包括南非、德國、法國、西班牙、英國、澳洲、奧地利、加拿大、美國、
　　柬埔寨、泰國、印尼、越南、菲律賓、馬來西亞、新加坡、日本等國之中，
　　都有不少臺灣客家移民的社團出席。

親卻也有話要說。2014 年年底，客委會副主委率團出訪泰國及馬來西亞，在泰國時與泰國臺灣客家同鄉會舉辦了一場座談會，在座談會上該會名譽理事長表示：

> 回國參加全球客家懇親大會或者海外客家社團負責人諮詢會議時，由於參加者眾，綜合討論時，每位發言者所能分配到的發言時間只有短短的三分鐘，甚至許多人連搶得發言的機會都沒有。海外鄉親對祖國的政府一向懷抱很大的期待，每次回國參加會議，都無法暢所欲言，實在是一件很遺憾的事。[52]

臺灣客僑與海外客家在此爭奪「發言權」情境下被區別出來。在這場泰國的座談會上，泰國臺灣客家同鄉會理事長也表示：

> 客家人雖然遍布全球，但大多是從中國出去的，從臺灣出去的客家人，因為移民較晚，人數也比大陸少，在海外打拚屬於弱勢的族群，許多地方需要靠社團的協助……希望客委會也能當我們的後盾。[53]

由上來看，客委會的海外客家政策及其被賦予、被想像的角色，似乎融合了客家、僑務、外交融合一體。

---

52 《參加泰國臺灣客家同鄉會 14 週年慶與第七、八屆理事長連任典禮暨泰馬客家藝文巡演心得報告》（新北：客家委員會，2015）。

53 同上引。

（三）海外青年客家文化研習營 [54]

　　這個研習營原為行政院僑委會及客委會合辦的「世界青年客家文化研習營」，2011 年起改名為「海外青年客家研習營」，每年分為兩梯次，分別招收二十至三十餘位世界各國的學員，只要是身為客家或認同客家文化者均可報名。2014 年 9 月第二梯次的「海外青年客家文化研習營」招收了 23 位海外學員，分別來自德國、法國、南非、馬來西亞、印尼、新加坡、加拿大、美國。馬來西亞共有六位學員，其中兩位來自沙巴山打根客家公會青年團。這個研習營活動訊息傳至沙巴州內所有客家公會，但據觀察，有興趣的年輕學子似乎不多。此次研習營學員均拿到一本中英雙語的學員手冊，手冊內容包括課程及行程表、參訪景點介紹，以及〈認識臺灣〉、〈客委會簡介〉、〈僑委會簡介〉、〈臺灣客家文化概述〉等章節。其中在〈臺灣客家文化概述〉一章，計有「客家文史」（內容主要是渡臺後的客家史及文化特質，中原客家部分極少）、「客家語言」（四縣、海陸、饒平、大埔、詔安）、「客家美食」、「客家聚落」、「客家信仰」、「客家傳統藝術」、「客家服飾」、「客家教育」、「客家民俗節慶與文物」、「客庄十二大節慶」等子題。兩週的研習營中安排了客語教學及客家百句線上認證測驗、客家歌曲教唱、客家舞蹈等，也有許多參訪客家聚落、古蹟、園區等景點行程，與客家產業及料理的 DIY 體驗活動（圖 4-14、4-15）。客委會主委在學員手冊的序言裡表示，期盼海內外的青年朋友都能認識客家，樂於傳承客家的語言及文化。但是，學員手冊教材上介紹的客家是以臺灣為主，安排了豐富的課程及參訪，參與者也有不同的感想，一位參加研習營的山打根青年表示：

54　本案例資料來源為參加研習營的報導人。

圖 4-14（左）：山打根客家青年展示結業證書（劉瑞超／攝）
圖 4-15（右）：參加紙傘、藍染等各種DIY課程的成品（劉瑞超／攝）

感到很親切，好像回到家鄉一樣，知道了客家人從哪裡來，客家人
（是）無種族的種族，四處作客。（客家）就像猶太人一樣四處作客，
客家就是東方的猶太人。客委會帶我們參觀六堆、苗栗客家文化園區，
做的很棒，由頭講到尾。我們祖公的神就是伯公，伯公是我們的主
神……（以前）拜錯都不知道。就算你不是客家，去了就了解。這本
教材是我的寶一樣。

我在家裡就是講客家話，吃客家菜而已，很表面，以前只知道客家人
很苦，（所以）吃很油，但我不知道原因。（透過）課程以後，才知道
客家文化、歷史這些文化知識。油桐花是<u>我們</u>的花，客家的花！桐花
布是我們的花（布），你知道嗎？也了解（客家的）布袋戲跟開口獅，
但是<u>我們</u>沒有開口獅，這裡是麒麟。

這位學員興奮地說著，覺得自己學到了「豐富又正確」的客家知識。
但他也注意到沙巴臺灣之間的差異，諸如客語的詞彙及發音。

（馬來西亞政府）不像臺灣，臺灣有保護客家，馬來西亞沒有保護客家話，受到影響，一代一代……。（馬來西亞來的）六個（學員）裡面只有三個會講客家話，其他人都不會。（我覺得）山打根客家公會應該也要開客家班，像是語言一類的。去到那裡（研習營）很深刻的（一件事），才知道好像臺灣的客家話才是正宗的，發音不太一樣，我們講的（客家話）需要改正，老師說我們客家的種族是四海大平安（臺灣客語主要腔調），我們這邊的（客家話）錯了，都摻摻到（其他語言）……。

另一位山打根學員第一次出國便是到臺灣，他的第一印象則是差異性的存在，他首先注意到臺灣與沙巴在客家在語言、文化、食物的不同。

（臺灣）客家的款（形象）很不同，客家人的味道不同。我以為全世界的客家話都一樣，原來是不一樣的。（在臺灣）客家話好難聽到（理解），要慢慢聽慢慢想……。在臺灣你們身邊的朋友都是講華語，山打根不一樣，我們走到哪（客話）就講到哪，所以你們要（用客語教材）學。不要說（兩國）客家話不一樣，連麒麟（其實是臺灣的客家開口獅）都不一樣，麒麟是客家的傳統，我以為全世界（麒麟）都是一樣。（臺灣）扣肉竟然用梅菜！（客委會準備的）食物太多，我們（沙巴）的款（方式）是吃飽為主，不要剩下、浪費，（學員是）女生多，不是男生多，吃很少。不過那個主委叫我要感恩，我也學到了。

兩位年輕沙巴客家朋友面對客家的差異性，有了略為不同的理解方式。前一位學員即便發現自己生活經驗中的客家與臺灣所學習到的客家知識有所差異，但透過研習營的學習方式，讓他有了正宗、正確的客家參照點，並認為自己的客家已經摻雜本地的影響。第二位只接觸過西馬客家的

青年，沒有「海外」客家經驗，自小成長的沙巴客家情境，讓他認為那就是客家，即便在臺灣看見嘉義中埔的客家開口獅，也將其視為是長得不一樣的麒麟。

（四）海外客家美食料理研習 [55]

此研習班開辦於 2010 年，目的在於「提供海外客家鄉親及海外有意學習客家美食料理人員進修管道，俾利於海外推廣客家美食」，客委會歷年來都是與臺中弘光科技大學餐飲管理系合作，由講師教授「客家經典菜餚、創意客家料理、客家米食、客家醃製食品」等。2013 年增設了進階班課程，除了料理方面，也開設餐飲經營與管理課程。這幾年來，沙巴已有亞庇、山打根、斗湖等地客家公會的女性（通常是公會婦女組成員）來臺參加過客委會的客家美食料理研習。2013 年有幾位沙巴西海岸亞庇客家公會的婦女組成員參加了該年料理研習初階班（圖 4-16）。課程內容有：

1. 客家料理特色及常用食材介紹。
2. 基本烹調技術與衛生管理認識。
3. 客家文化細說從頭。
4. 實作課：客家小炒、薑絲炒大腸、排骨炆菜頭、酸菜炆豬肚、擂茶香炆爌肉、福菜肥湯炆筍干、鴨血炒韭菜、腰花炒鳳梨、客家八寶飯、客家燉豬腳、客家封肉、菜脯雞、梅干扣肉等。

---

55 本案例資料來源為參與的報導人。

　　2014 年 9 月 5 日，亞庇客家公會文教組以客家料理品嘗及卡拉 OK 歡唱的形式，在公會會所裡舉行中秋晚會。這些料理是由婦女組所準備，豐盛排滿桌的大多是沙巴客家菜色，其中卻也有剛自臺灣上過客家美食料理研習班回國的會員，準備的臺式的炒米粉、客家爌肉、滷蛋等菜餚（圖 4-17）。這位會員說「因為有些人沒吃過，所以做來給大家吃吃看」。[56] 2016 年 8 月 26 日，亞庇客家公會率團至西馬吉隆坡出席馬國客聯會年度會員大表大會暨無拉港客家公會會慶。會議的第一天，在無拉港客家鄉村飯ㄷ店安排了「家鄉美食品嘗會」，來自全馬各地的客家公會婦女組，分別帶來了客家釀豆腐、客家豬腳醋、客家算盤子、客家春捲、冬菇雞腳、粗葉粄（艾粄）、羅卜粄（菜包）、發糕、壽桃、粢粑、芋頭扣肉、擂茶等料理（圖 4-18），這些在馬國或沙巴通常都被視為客家菜。亞庇客家公會這次帶來的全是沙巴客家菜式，但也同時帶了許多香菜撒在沙巴客家菜上頭說：「這是在臺灣學到的，還不錯」（圖 4-19）。在臺灣學到的客家菜色及料理方式，毫無違和地出現在不少客家美食品嘗場合上。但是，報導人表示通常在家裡不會特地製作臺式客家料理自用。

客家委員會2013海外客家美食料理研習班初階班第一梯次

圖 4-16（左）：亞庇客家公會參加海外客家美食料理研習（亞庇客家公會提供）
圖 4-17（右）：亞庇客家公會中秋晚會的客家美食品嘗（劉瑞超／攝）

---

56 但為了符合本地人的口味，她還是在調味上做了點調整。

圖 4-18（右）：家鄉美食品嘗會中的客家擂茶（劉瑞超／攝）
圖 4-19（左）：西馬馬國客聯會年度大會中的家鄉美食品嘗會
亞庇客家公會婦女組帶著客家料理出席（亞庇客家公會提供）

　　客委會的海外客家政策中，除了在臺灣舉辦活動，邀請海外客家社團參與以外，也會藉海外客家社團理事會交接、會慶等時機出訪，這種出訪通常同時安排有臺灣客家藝文社團隨行表演，或者臺灣的客屬社團透過客委會的海外交流補助政策，自行辦理交流活動（圖 4-20）。此外，客

圖 4-20：新北市板橋客屬會在西馬的客家公會進行海外交流（劉瑞超／攝）

委會甚至也直接安排藝文巡演、文化教學等活動走出臺灣，推廣「臺灣客家」文化至海外客家社群，以下試舉幾例。

（五）海外好客文化巡迴列車 [57]

客家委員會於 2014 年首度舉辦「海外好客文化巡迴列車」海外活動，巡迴了北美洲 7 個城市。這個文化巡迴列車乃由「客家美食產業和體驗」、「客家語言文化」、「客家歌謠」、「客家戲曲」四種課程組成。[58] 活動獲得不錯迴響，客委會評估後認為活動效果極佳，於是在 2015 年繼續舉辦「海外好客文化巡迴列車東南亞團」，前往東南亞的印尼雅加達、新加坡、馬來西亞檳城及古晉、泰國曼谷等 5 個城市進行二周的巡迴演出。為了讓海外客家鄉親深入了解客家語言、文化、產業、傳播、戲曲、音樂等領域的內涵，這次巡演由四位客家文化達人領軍，為海外鄉親演繹客家語言、美食、戲曲及歌謠的精華。由於這次巡演期間適逢農曆正月二十的客家「天穿日」，因此這四位客家文化達人（包括客語達人呂嵩雁教授、五星主廚李杰奎老師、戲曲達人劉麗株老師、及客家山歌達人羅茵茵老師）運用故事、美食、戲曲、山歌等不同方式來詮釋客家的特殊節慶「天穿日」的由來與文化內涵。[59] 客委會希望藉此活動引領海外鄉親認識「新」

---

57 本案例資料來源為網路及新聞。

58 大華府地區客家同鄉會 2014〈海外好客文化巡迴列車－華盛頓〉，http://www.hakkadc.org/Pages/2014HakkaCultureSeries.aspx，2016 年 5 月 15 日上線。

59 中央通訊社 2015〈「2015 好客文化列車」巡迴東南亞〉，http://www.cna.com.tw/postwrite/Detail/165919.aspx#.WKGv1G99601，2016 年 5 月 15 日上線。

客家，從而開啟客家傳揚海外的契機。[60]

（六）海外客語巡迴教學 [61]

　　2010 年 11 月客委會與僑務委員會合作，由國立臺灣師範大學全球客家文化研究中心承辦，計畫前往泰國、澳大利亞、美國、加拿大、馬來西亞、新加坡等國進行巡迴教學。在沙巴是由亞庇客家公會文教組協辦，授課地點在亞庇崇正中學，共有五十餘名學員報名。課程分兩天進行，一共授課十二小時。每場次授課內容及教學目標是：

　　　客家語文（六小時）：認識臺灣客語音標、從客家諺語認識客家語文、
　　　　　　　　　　　　　　提供資源使能自學客語。
　　　客家文化（三小時）：以客家移民與離散、客家聚落與產業、客家宗
　　　　　　　　　　　　　　教與禮俗三面向闡述客家文化。
　　　客家歌謠與戲曲（三小時）：歌謠與戲曲的概說、賞析、與實物教學。

　　巡迴教學的課程中，客家文化中的移民與擴散部分，主要是中原客家遷移論述。其他的語文、歌謠戲劇，內容多以臺灣客家為背景。學員結訓後，由師範大學及亞庇客家公會合頒結訓證書（圖 4-21）。除了海外客語巡迴教學，對於客語的部分，客委會同時辦理在臺灣舉行的「海外客語

60　客家委員會〈「2014-2015 海外好客文化巡迴列車東南亞團授旗儀式」記者
　　會〉，http://www.hakka.gov.tw/Content/Content?NodeID=617&PageID=34906，
　　2016 年 5 月 15 上線。

61　本案例資料來源為亞庇客家公會提供的活動檔案。

教師研習班」，此外也頻頻寄出客語教材給海外華校及客家公會，同時大力推廣線上客語認證，輸出臺灣客家語言的知識。

從「海外青年客家文化研習營」、「海外客家美食料理研習」、「海外好客文化巡迴列車」、「海外客語巡迴教學活動」等課程的主題內容來看，都是客委會過去多年政策下持續推動的文化項目、產業、學術研究之反映，亦即臺灣客家的文化、語言、飲食、文創產業、節慶等幾大主軸。

圖 4-21：客委會與亞庇客家公會合辦的海外客語巡迴教學結訓證書（劉瑞超／攝）

這類臺式客家活動對海外客家會有何效應。以客委會推廣臺灣客家文化的目標來看，對與臺灣沒有淵源的海外客家（即家族並非臺灣移出）而言，確實有可能達成將在地性（臺灣客家）普化成全球客家的可能，換言之，學習臺灣客家，可能讓海外客家吸收並內化臺灣版的客家理解及詮釋，但也可能反向地強化海外客家認知到自身的差異性。不過，這種效果能有多大，主要影響在哪一層面，需要持續觀察。

三、祖國與原鄉的羈絆

衡諸以上沙巴客家穿梭南中國海參與兩岸各種客家相關活動的案例，我們可以看出基本的差異。中國對海外客家（以及其他籍貫華人）主要訴

諸父祖中國的連繫紐帶，祖國與原鄉更是中華人民共和國推動各種僑務乃至政治、經濟相關戰略時不可或缺的象徵符碼，來往周行的客家社團領導、商人或許得到了些許政經資本，中國僑鄉獲得了一些僑外資投入，更重要的是這些活動中不斷傳遞的客家與中華國族緊密相連的關係。

　　較之於中國，臺灣的海外客家政策較偏向客家文化內涵方面。海外客家社群透過課程認識了臺灣客語，知道了差異，也學著說一些，但回到家鄉還是依舊自然使用自己最熟悉的客語。臺式客家料理同樣有機會進入海外客家的菜單上，學員們在臺灣學到的除了傳統臺灣客家菜，也有當代創意料理方式。回到沙巴，各類型活動中經常不可或缺的客家美食展示、競賽、或品嘗會，都是展現個人手藝的時機，無論是沙巴客家菜或臺灣客家菜（材料及料理方式），皆有上桌的機會，而自臺灣所學到者，多數是在料理展示的情境中出現，換句話說，並非沙巴客家日常生活飲食實踐。

　　劉堉珊（2015：225-287）指出，臺灣客家公部門與東南亞客家的往來中，較顯著的影響似乎是在客語的推廣上。但由於材料的缺乏，她並未做進一步的闡釋。由本文上面幾個例子及在沙巴觀察到的普遍情形來看，筆者對劉育珊的解讀是，臺灣推廣（臺灣）客語對東南亞客家的影響應該是在形式上，而非在內涵上。亦即，受到臺灣復振客語的影響，馬來西亞客家也想推動（自己）客語的復甦與保存，而非直接將臺灣客語腔調詞彙系統移植過去。這是比較可能也可行的，同時也已經發生在沙巴州許多客家地區了。至於文化知識內涵的影響，情況應較接近張翰璧（2014：255-260）的觀察。張很精闢地指出，東南亞客家文化建構的內涵其實有兩個部分，一個就是中國的祖籍認同，另一個其實是臺灣的客家文化，很多人是到臺灣來學什麼叫作「客家」，如同本文提到的相關案例。

　　換言之，東南亞客家文化中包含了臺灣及中國的內涵（參第5章）。對臺灣來說，臺灣有自身脈絡的客家論述，但海外客家政策看似又雜揉了

外交僑務、原鄉、祖國的多重隱喻在其中。由本章第一節的鋪陳可知，隨著兩岸政治的演變及東南亞華社的轉型，在臺灣的中華民國在戰後反共的年代中確實曾經是海外華人的代理祖國，但隨著臺灣走向本土化發展，以及中國的改革開放，此代理人身分或已逐漸退去。

　　表面上來看，中國及臺灣的官方對於海外僑務／客家事務的思維，具有某種程度的相似性。由部分活動型態的類同（如懇親大會），到外交僑務混雜下的國族政治思維，以及經濟效益的追求，兩岸政府在此似乎沒有太大的差異。然而，我們可以進一步思索的是，在此跨國客家（政、經、文化）網絡流動中，今日臺灣是否仍能作為華僑祖國及客家原鄉？兩岸的政治對抗，是否延伸到客家文化的話語權，退去「代理的祖國」身分的臺灣，是否要變成「代理的原鄉」？

　　客委會一直希望透過海外客家政策，將臺灣打造成世界客家的「客家新都」，同時也在許多論述中出現「客僑」、「異鄉」、「回國」、「回臺」、「返國」等詞組概念。但這或不意味著臺灣想要或者能夠成為全球客家的原鄉。先天上的限制便是，倘若要與中國競逐客家話語權，臺灣有著先天的不足。隨著中國政經力量的崛起，東南亞華人關注的焦點都是中國市場。因此臺灣不容易取得如中國大陸之「客家原鄉」、「客家祖地」、「客家搖籃」、「客家母親河」、「客家古邑」、「當代客都」在海外客家心中的文化真實性與象徵地位。[62] 這個文化真實性及地位，來自於長久以往對客

62　原鄉祖地對於全球客家的吸引魔力，似乎來自對族群祖源共同記憶的關心，因為客家被視為是在中原大陸地理上不斷移動而產生出來的族群，因此移動之源就成為重要的。參張維安 2015：198〈族群記憶與臺灣客家意識的形成〉一文。也因此，在客家南遷論述裡的移動路線上，出現了不同時期的原鄉祖地。另一方面，沙巴州的山打根客家公會於 2014 年在柔佛新山舉辦的馬國客聯年度會員代表大會上，也曾宣布要將山打根申請為「客家之

家中原南遷論述的知識基礎（及不斷地再教育）；以及臺灣缺乏物理上的真實性，因為臺灣跟真正的客家（主體）早已沒有太大關聯，只是客家族群遷動史論述模型中的一個末期分支。海外客家，尤其是東南亞客家，有不少人的家族史是直接連結到上一、二個世紀自唐山過番南洋的記憶，甚至近則二、三代而已，家族聯繫依然緊密。因此東南亞客家所處的族群情境多少仍停留在「客居國家」的「離散族群」（diaspora）地位，與已然在地化了的臺灣客家有所不同（蕭新煌 2017：15-16）。

　　臺灣若不當世界客家的原鄉，為何常使用「返國」、「回家」等詞組？這或許可以由臺灣客家本身發展來談。如同於 18 至 20 世紀初期自中國移民至世界各地的客家社群組織了會館，臺灣客家鄉親移居世界各國時，也常在移居國成立自己的臺灣人社團。這群在晚近半個世紀內，因各種原因而移居海外的臺灣客家人，至今依舊是以臺灣作為社群共同體想像的範圍。多數海外臺灣客家社群沒有選擇加入當地既有的客家社團，而是成立「臺灣」的客家社團，隨後逐漸形成了臺灣客家的全球網絡。

　　整體來看臺灣客家全球網絡的形成大致有三類：由單一移居國內部的同鄉會，形成各洲聯合會，乃至世界總會。同鄉會性質的社團，例如 1973 年成立的加拿大多倫多臺灣客家同鄉會、1990 年代成立的北加州臺灣客家會。跨越國家以洲為範圍的聯合會，例如 1988 年成立的美洲臺灣客家聯合會，2001 年成立的亞洲臺灣客家聯合總會。世界臺灣客家聯合會則於 1997 年 7 月成立，進而促成更多國家內或五大洲的臺灣客家社團成立，包含西班牙臺灣客家會（2006）、法國臺灣客家會（2008）歐洲臺灣客家聯合會（2008）、亞洲臺灣客家聯合總會（2011）、英國客家協會

都」；同時，新山客家公會也宣布要成為「南方客都」，推動客家文化。若未來真的成真，那麼，馬來西亞東西兩岸都有自己的客都了。

（2012）等等。這些臺灣客家鄉親組成的各國臺客組織與平臺，基本上自成一格，有別於前述各國老僑或華客的客家社團網絡。

這樣的發展顯示出，臺灣客家即便走出臺灣，卻也依舊認同自己的故鄉。海外臺灣客家社團與家鄉維持著相當密切的連結關係，他們經常在海外舉辦聯誼性、文化性、座談會等活動，將散居異鄉的臺灣客家凝結一起。他們也透過此一網絡參與臺灣社會文化的發展，例如回國參加客家委員會相關活動，或參與客委會在海外舉辦的活動，吸取更多族群文化資源，從而至海外傳遞推廣。

換句話說，從臺灣的脈絡來看，客委會海外客家政策的對象基本上有兩大範疇。在上文提到的臺灣案例中，我們可以發現參與臺灣客委會活動之海外客家，很明顯可以區分為臺客（由臺灣移民至各國的客家）與華客（中國移民各國的客家華人後裔）兩大範疇。臺客與華客同時出現在客委會的活動場域中，於是顯現了某種理解的弔詭，亦即臺灣是「誰的原鄉、誰的家」。例如臺灣客委會舉辦的第二屆「全球客家懇親大會」，該大會主題是「四海為客·臺灣是家」。「臺灣是家」這一主題對於海外華客而言，不太具有情感與認同上的意義。從與會的 26 個國家或地區的客家組織來看，雖然出席的國別相當多，除了新、馬兩國以外，其他國家只有寥寥數人代表，多數的客家社團都是臺灣客家人移民各國後所成立的社團。臺灣作為海外臺客的祖國、原鄉，在情感與認同上確實是回國、返臺。臺灣客僑與海外華客在臺灣的客家懇親大會場合上對於「發言權」的渴望，其實也多少反映出了對各自身上所附有的客家想像有所差異。

1970 年代中國國民黨主導的世界客屬總會，自從 1990 年代中期，世界客屬懇親大會重心轉移至中國以後（見本書第 2 章），臺灣客家的發展逐漸跳脫中國國族、華僑的羈絆。如同臺灣的華僑政策在中國國民黨本土化後，已將重心轉向戰後自臺灣移居海外的新僑，亦即臺灣籍的僑民，而

非原鄉在中國大陸各省的老僑、舊僑（小林伊織 2000：8）。「客家」作為
生成於百餘年前，具有跨國性質的一種人群分類範疇，臺灣客委會無可避
免地承續了必須關照跨國客家社群的宿命，官方客家政策也必然涵蓋海外
各國的華客，但對於海外華客或已經是無涉祖國與原鄉概念了。臺僑、臺
客的部分越來越被重視，這從在臺懇親大會場合中，臺客比例逐漸上升的
趨勢可以看出。

　　對東南亞區域的老僑、華客而言，參與臺灣的客家活動，或許只是
其跨國客家網絡行動中的一部分，海外華人與客家的身分，遊走兩岸並不
衝突。臺灣客委會或也體認到，老僑、華客與臺灣客家的發展經驗有所差
異，因此希望藉相關客家文化活動引領海外華客認識「新」客家。在面對
世界客家時，採取以文化軟實力、當代客家研究能量及領導地位，展現其
對成為新時代的世界客家中心、客家文化中心之企圖。

　　本章例舉了中國及臺灣官方各自舉辦多種類型的活動，以招攬海外
華人或客家的向心（力）。夾雜了政治、經濟為主要目的之兩岸活動，引
領著沙巴客家穿梭在兩岸之中，兩岸的政治對峙對於沙巴乃至馬國華人與
客家而言，向來不是問題，雙方政權各自對他們的張臂歡迎，讓他們自在
的遊走。或許現階段，臺灣客家在文創軟實力方面仍略勝中國，也確實為
遊走兩岸的沙巴客們所認知。但這種實力或吸引力不是他們追求的主要或
唯一目的。挾巨大政經力量崛起的中國，早在東盟（協）有強大的影響
力，亞投行帶領的一帶一路戰略，早已是進入許多馬國華人日常生活的經
驗中。對中國、臺灣這種跨國網絡積極參與的，仍是以在地政治經濟菁英
階級為主，他們具備了遊走的資本，也欲透過這個資本將本求利，在跨國
網絡中獲取更多的資本，以回應（或鞏固）其於在地網絡中的位置。以政
治經濟資本的角度來看，參與跨國活動的菁英們所呈現的是一種迴流循環
網絡（Network of recycling and circulation）。也就是說，在地菁英透過本

地資本的積累，於在地網絡（如全國或州級的客家公會聯合會、商會、華人大會堂等）獲得一定位置，而累積了更多資本以遊走中、臺兩岸的客家網絡。在跨國網絡中獲得的資本（如政治頭銜、經濟獲利）又再迴流到在地華社或客家網絡中，具有強化既有優勢的可能性。

　　下一章將介紹以沙巴在地客家社群為主體，所進行的各類客家實踐的場域及其脈絡。在這個實踐的過程中，我們將會看見沙巴客家所展現的自主性，及其中交織著來自跨國網絡的影響。

第 5 章
客家場域的論述與實踐

第一節　傳統客家論述的承繼與新生

　　相較於馬來西亞其他地區，沙巴州華人的研究文獻相對上較少。不過，馬來西亞華社的特色之一是幾乎所有的華團組織、華文學校都有文字出版的傳統各華團的週年慶紀念特刊、活動特刊、理事會議及各工作組的會議紀錄等，形成浩瀚的華團研究寶庫。沙巴華社也是如此，除了年代久遠或因戰亂、天災等因素佚失的部分，大抵還是能提供我們理解當地華團運作的過程及華社的樣貌。蔡志祥（2011：503-518）在分析新加坡潮州八邑會館時指出，會館的紀念刊是屬於特定社團的成員的公眾刊物，在會館菁英以至會員的共同認可的前提下，代表了會館在一特定的時間領域中，對過去的記憶、現在的訴求和未來的憧憬，這些記憶、訴求和憧憬皆是當代的表述而非恆久的、不變的通則。換言之，若能通過歷時性的比較，完成對此浩瀚文獻之海的探索，更能讓我們理解華社及華團在時間軸上的演變過程。本節所要處理的是各種論述中關於客家歷史或社群史部分，藉以理解歷史論述對於當地社群自我認知的可能影響。

　　當翻閱沙巴客家社團或者教會各堂會的紀念特刊時，除了能看見社

團、堂會的組織史、活動史、人物史等基本類型紀錄，足以一窺社團及教
會的過去。另外我們也能透過〈題辭〉〈獻辭〉及〈工商廣告〉的部分，
看出該社團的社會關係網絡。在客家社團的部分，我們也常能看見關於客
家族群的歷史論述，大抵是一脈相承下來的羅香林客家自中原南遷的論
述模型。在教會紀念刊物上面，我們也能對教會事工的發展有個概括的認
識，以及如巴色會客家基督徒在沙巴落地生根乃至擴散的歷史。特刊文字
中刊載的社群歷史，有助於社群成員對我群的想像，讓個體與該論述知識
下的想像的共同體連結上關係，最終成了成員間共享的基本常識，此即本
研究界定的「族群知識」。

一、客家公會

目前所能找到最早的客家公會紀念特刊是，亞庇客家公會前身的北
婆羅洲客屬公會在戰後 1956 年新建會所的紀念特刊《北婆羅洲客屬公
會新會所開幕紀念特刊》（新建特刊）（參圖片 5-1-1）。[1] 該新建特刊中分
有〈序文〉、〈照片〉、〈題詞〉、〈開幕盛況〉、〈史略〉、〈特載〉、〈附錄〉
等篇。〈史略〉中刊載了由編輯委員委請各埠客屬人士撰寫各地的客家事
蹟，簡介該地的開發事業及也華社概況。另外也刊載了泛論性的〈客家源
流考〉（懷梓）、〈略說客人遷移地區及客家名稱與其優點〉（雪峰）、〈北
婆客家概況〉（四郎）三文。該〈客家源流考〉是由懷梓將羅香林原作做
了刪節並重新編排的簡略版，內容包括客家民系之形成、（中原）客家南
遷概況，並新增了南洋客家一小節，唯對北婆（沙巴）客家只有太平天

1　新建會所於 1956 年 7 月份落成，9 月份位於海傍街的舊會所及未及搬遷之
　　物全因大火而焚毀。

國餘黨及族人逃亡抵達北婆開拓寥
寥數語。雪峰一文同樣以中原客家
南遷為背景，論述客家人具有傳統
「剛強弘毅」、「刻苦耐勞」、「團結
奮鬥」族群性格特徵。[2] 四郎根據其
在北婆的遊歷經驗及所獲資料，敘
述了東海岸的山打根、斗湖、古
達、拿篤，及西海岸的亞庇、公路
區客家（斗亞蘭、擔波羅里、下南
南、孟加達、德里福墾殖區），及
屬內陸區的保佛、吧巴、丹南等地
客屬情況。該文雖仍屬簡略，但已
算是最早對沙巴客家做較全面性簡
介的文章。

**圖 5-1：北婆羅洲客屬公會新會所
開幕紀念特刊**

北婆羅洲客屬公會在戰後重建時所
出版之紀念刊物（劉瑞超／攝）

　　沙巴州境內最早出現的客屬團體是 1886 年成立於山打根的鵝城會
館，亦即後來的山打根客家公會。[3] 由於此公會已有 130 年的歷史，二戰
時期許多資料遭毀，目前所能找最早的該會紀念刊物是 1978 年《山打根
客屬公會成立九十二週年紀念特刊》。其中轉載一節中，刊登有羅香林的
〈客家源流考〉，以及〈大英百科全書中所載之客家人〉、〈客語在世界主

2　其實這幾個特質來自胡文虎論客家精神。懷梓還漏了一個「劬勤創業」。參
　　《香港崇正總會三十週年紀念特刊》〈序文〉。

3　鵝城指的是惠州，當初會館是由兩位惠州人成立。後來會館為了含括更多
　　其它縣份的客屬人士，更名為人和會館，戰後復原更名為客屬人和會館，
　　1960 年正式改名為客屬公會。

要語中的地位〉、〈國父孫中山先生的家世傳統〉、以及上述四郎的〈北婆客家概況〉。除了〈北婆客家概況〉一文轉載自1957年北婆羅洲客屬公會新建特刊以外，其他文章皆轉載自1951年《香港崇正總會三十週年紀念特刊》。這本特刊出版在首屆世界客屬懇親大會在香港召開之際。

香港崇正總會成立於1921年，曾獲新加坡殷商胡文虎資助以維持社團運作。稍後胡文虎也於1929年在新加坡成立南洋客屬總會。胡也資助羅香林等人創立客家學。羅香林以族譜研究的方法，於1933年出版《客家研究導論》一書，用以證明客家人非夷族、為漢種的證據（張翰璧2013：41）。並在南洋客屬總會成立不久後，以羅香林所著《客家研究導論》一書，四處宣揚客家文化，號召新馬各地創立客屬總會的分會。羅香林著作中的客家族源論，更是渠等奔赴各地宣揚客家族群意識，倡組客屬公會時的基本立論（張侃2005：43-76，轉引自安煥然2010：887-910）。1940年3月，新加坡（星洲）南洋客屬總會派遣凌振中到北婆羅洲的亞庇推動成立客屬社團之際，也帶來了羅香林的著作分發，致使：

> 本洲客僑皆能追本窮源盡知吾人列祖列宗遷徙各地之概況，與夫合群、勇毅、喜愛自由之傳統精神；由是而之焉，知眾力之難摧，識散漫之非計，必須力求團結，始收守望之功。因由……發起籌組客屬公會，藉以互通聲氣，敦睦鄉情。（鍾月樵1957：75-78）

北婆羅洲（西海岸）客屬公會成立當時通過了三項工作綱領：

（一）在祖國抗戰時期，救國救鄉工作，均為當前急務，故需團結屬僑，聯絡各屬僑胞，共同支援祖國抗戰。

（二）南來本洲避難之各地鄉僑，因人地生疏，乏人指導，常有露宿

街頭樹下，坐待整日，不知所之之事，其情至為可憫；應予救
濟指導，並介紹各埠謀生。

（三）聯絡同僑，發展文化及福利事業。

　　由此可見，沙巴西海岸第一個客屬社團的成立，可說在南洋僑社護
持祖國對日抗戰的時代背景下成立，而其凝聚屬人會眾的文化基礎則來自
於羅香林的客家學知識。

　　換言之，羅香林於 1950 年發表的〈客家源流考〉一文，不只是成為
日後學界對客家歷史研究的主要探討依據，更透過跨國客家網絡的流動，
成為東南亞客家社團建構、社群成員學習認知我群歷史的主要依據。部分
原因在於該文不若《客家研究導論》書籍龐大，而是種濃縮版本，更是方
便轉載的形式（圖 5-2）。自從 1950 年發表於香港崇正總會特刊後，這篇

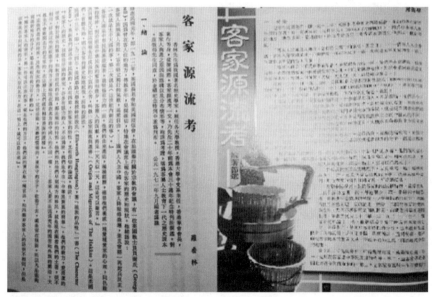

圖5-2：羅香林的〈客家源流考〉
各種客家公會刊物中經常轉載摘述羅香林的〈客家源流考〉（劉瑞超／攝）

客家源流論述原型便不斷被以各種形式轉載，羅香林的原文包括六小節：

（一）緒論

（二）中華民族的構成與演進

（三）中華民族中客家的遷移和系統

（四）客家的分布及其自然環境

（五）客家語言的特徵

（六）結論

在各種紀念特刊中被轉載時，有時以〈客家源流考〉原型出現，如 1978 年《山打根客屬公會九十二週年紀念特刊》中所載。有時是節錄羅文後加上作者的其他資料，變成另外一篇文章。如 1986 年《山打根客屬公會一百週年紀念特刊》刊載一篇余柯（1986：108-118）所著〈客家的由來及對歷史文化之貢獻〉，該文共有十小節：

（一）客家是漢族的一支

（二）客家人的南遷

（三）客家人分佈

（四）客家人在海外的分佈

（五）客家屋邨

（六）客家人

（七）客家婦女

（八）客人對近代中國歷史的貢獻

（九）客家方言

（十）客家山歌

　　這篇文章由羅香林中原漢族南遷典範模型出發，再加上作者輔以其他資料（包括日本、英國、法國、美國等相關的客家論著），以其沙巴客家的觀點，來編輯海外客家、族群性格、建築形制、客家女性特質等子題，以期達到更全面論述客家的功效。

　　觀諸各個客家公會刊物中的客家源流論述，將羅香林文章全文刊登者有之，摘錄並自行擴充主題者有之。也有極度簡潔版本者。1983 年沙巴客屬公會聯合會成立，在其創刊號中，〈客家先人南遷紀略〉只有一面不到的文字敘述。[4]1984 年沙巴內陸區的根地咬客屬公會新會所落成，舉辦二十週年會慶的同時也出版了紀念特刊，特刊中除了獻辭、社團介紹、贊助廣告以外，也轉載引用了《檳榔嶼客屬公會四十週年紀念特刊》中的〈客家文化之由來與成長〉，篇幅很短，只有四面，談中原南遷史、文化特質、以及革命精神。[5]位於沙巴首府的亞庇客家公會，在其 2005、2010、2015 等年度的紀念特刊中，皆有羅香林〈客家源流考〉一文，但摘節逐年減少，至 2015 年只剩半面篇幅的〈中原漢人主要的五次南遷〉，以綱要式介紹。其他篇幅則大多選摘自新加坡南洋客屬總會出版的《客總會訊》，節選的均是介紹客家文化特點的內容，包括客家諺語、客家山歌、客家語言、客家圍屋及土樓介紹等短文。可見香港崇正總會、新加坡南洋客屬總會至少在 1950 年代起，其所傳遞的中原客家論述扮演了跨國客家網絡中客家知識主要來源的角色。

4　〈客家先人南遷紀略〉。刊於《沙巴客屬公會聯合會年刊創刊號》，沙巴客屬公會聯合會 1983：63。

5　〈客家文化之由來與成長〉。刊於《根地咬客屬公會慶祝成立二十週年暨新廈落成開幕典禮紀念特刊》，根地咬客屬公會 1984：無頁碼。

在我的觀察中，其他華人同鄉會館（如福建、龍岩、潮州等）的紀念刊物很少會出現如客家社群如此重視歷史上族群源流的程度，最多偶見老輩同鄉回憶移民早期，或述及該鄉團的發展史，全都是現代、現實的社群史。客家公會刊物中常見的學術或類學術文類，便突顯出客家社群的族群建構本質。中原客家源流論述一直是沙巴客家社團關於族群歷史知識的主幹，不過我們也可以注意到，在歷史論述主幹外，開始多了文化性的呈現，以及在地歷史的浮現也逐漸增加。

從 1957 年北婆羅洲客屬公會至 1978 年山打根客屬公會 92 週年的紀念特刊，刊載的都是羅香林的客家源流歷史，除了引述胡文虎的客家精神論以外，尚未述及其他客家文化特質及元素。約莫進入 1980 年代後，客家公會的刊物開始出現諸如客家山歌、客家童謠、神祇信仰等的介紹。[6]

沙巴西海岸北端的古達是沙巴客家基督徒登陸的起點，當時他們在古達老山（Lau San）地區建立第一個客家基督徒聚落。古達客家公會成立於 1980 年，1985 年在該會成立五週年紀念特刊上也刊登了一篇〈古達客家人概況〉，簡述客家人踏上古達土地 106 年歷史。[7]1994 年沙巴西海岸南端的吧巴縣客家公會在其成立十週年紀念特刊中，刊載了黃惠仁的一篇短文〈南來北婆羅洲（沙巴）的客家人〉，黃文直接從英國殖民地政府渣打公司開始講述（黃惠仁 1994：55-56）。2005 年亞庇客家公會紀念特刊中轉載了黃玉奎所著的〈沙巴客家人對沙巴及祖居地的貢獻〉一文，從沙巴客家移民史談起，論及客家對沙巴的宗教、社團、教育、公共服

6　參《山打根客屬公會成立九十二週年紀念特刊》，山打根客家公會 198：119-139。

7　〈古達客家人概況〉。刊於《古達客屬公會新會所落成開幕暨成立五週年紀念特刊》，古達客家公會 1985：無頁碼。

務、政黨政治、飲食文化、工商業、與中國的聯繫關係（黃玉奎 2005：
185-190）。從以上例舉的紀念刊物中可看出，至少在 50 年起羅氏客家源
流論述就是客家社團關於族群自我定義的主體論述，這個論述即便在文本
上的呈現篇幅有縮減簡化的趨勢，但中原源流觀及論述依舊。簡短，某種
程度上意味著它已有一定的普遍性。隨著進入 1980 年代，諸如音樂、文
學、飲食、歲時風俗、建築等各項客家文化項目開始進入讀著的眼中，甚
至開始出現對廣東原鄉現況的介紹。這些知識與資訊，再透過刊物的流
動、人際的交流、活動場合的致詞，以及後期各式媒體蓬勃，這樣的「族
群知識」已成沙巴客家社群的基本常識。這恰恰就是張維安（2015：167-
190）所指出，客家源流的研究，客家文化特色的建構，乃是族群意識建
構的一部分，也是客家族群形成所需要的一部分。

　　值得注意的是，刊載在 1986 年《山打根客家公會紀念特刊》裡有篇
余柯所著〈客家的由來及對歷史文化之貢獻〉一文，其中有一筆輕輕帶過
的資料引用，是來自臺灣早期重要的客家研究學者陳運棟。代表當時沙巴
客家界已注意到臺灣的論述。此外，還有一個值得注意的特例。1993 年
在內陸區的《保佛客家公會二十八週年紀念特刊》中，除了傳統中原五
次南遷源流以外，也引用了陳運棟《客家人》一書，以及《客家風雲》、
《客家》、《今日美濃》等雜誌資料，談論客家的族群文化特質。[8] 這反映了
該文作者與臺灣客家界有某種聯繫或資訊獲取傾向，同時，1990 初期年
代正是臺灣客家運動風起雲湧之時，民間社會正大力推動本土化，挖掘本
土文史材料的時代背景。在這樣的因緣下，臺灣的些許客家論述也進到沙
巴內陸地區。惟就近年來的觀察，在各個客家公會刊物中，主要還是以上

8　《保佛福客家公會慶祝會所開幕暨第二十八週年銀禧紀念特刊》，保佛客家
　　公會 1993。

述羅香林的中原南遷論述為標準模型，再逐漸擴充客家文化特質、原鄉祖地的介紹。

　　2015 年 3 月底，沙巴客聯會舉行了各界期待多年的客家大廈開幕啟用大典，安排了兩天的活動。第一天登場的是沙巴龍麒獅總會舉辦的「沙巴世界客家麒麟觀摩大會」及「世界客家麒麟工作坊研討會」（見第 6 章）。第二天則是客家大廈的開幕大典。開幕活動中，包括了客家文物室開幕、客家美食義賣會、以及「首屆國際客屬工作創新論壇」（圖 5-3）。

　　「首屆國際客屬工作創新論壇」安排了兩位國內外講者，分別是亞庇崇正中學前校長的〈在中華民族振興的背景下談青少年客屬後裔的問題〉，以及來自中國惠州市外事僑務局代表的〈客家精神是中華民族優秀

圖5-3：沙巴客聯會客家大廈開幕活動中的「一馬客家美食義賣會」
由州內各個客家公會擺攤，圖為丹南客家公會販售客家扣肉（劉瑞超／攝）

傳統的重要組成部分〉，兩場主題演講。在地教育工作者以崇正中學辦學為例，談客家人重視教育的傳統。中國講者則從客家民系乃中國北方漢人，歷經南遷保留了中原文化開始講述，並列舉各項客家人的文化特質：

（一）客家人的硬頸精神、吃苦耐勞、勇於開拓是中華民族勤勞勇敢、奮發向上精神的具體體現。

（二）客家人的溯本思源、念祖思親觀念是中華民族強烈的民族意識、民族情感的集中體現。

（三）客家人的克勤克儉、崇文重教思想是中華民族尊師重道、道德踐履精神的突出體現。

（四）客家人的精誠團結、尊老愛幼、熱情好客更是中華民族團結奮進、孝老愛親、寬厚待人優良傳統的充分體現。

這四組等式句法，充分表現出過去將近一個世紀以來的客家論述精要，最後講者以「客家精神內在特質就是中華民族優秀傳統仁義禮智信的核心內涵，與中國傳統文化最顯著的兩個特質－家國情懷、慎終追遠相吻合」，來總結「客家民系、漢族、中華民族」的同一性與不可切割性。

客家大廈會場入口處佈置有大型看板供來賓合影留念，看板由三個視覺主題組成，分別是廣東的圍龍屋、仿福建土樓的沙巴客家大廈、以及沙巴的神山，透過這樣的意象組合，述說著「廣東客家人帶著原鄉文化來到沙巴立足風下之鄉」的故事（圖 5-4）。

二、客家教會

第 3 章述及關於巴色會客家基督徒移民沙巴的歷史。經過一百三十

圖 5-4：客家大廈開幕會場留影看板上的圍龍屋、土樓與神山（劉瑞超／攝）

餘年，當初的巴色會由客家社基督徒福音事業，成長茁壯到目前擁有中文大會、英文大會、國文大會的馬來西亞基督教巴色會龐大組織，教友分布各種華人及原住族群，在嚴格定義下，其實早已不是所謂的「客家教會」。在此只是針對巴色會早期的客家基督徒移民論述反映出的沙巴客家督徒的社群史觀，來做一比較。

關於巴色會如何陳述巴色教會組織及沙巴客家基督徒的歷史，首先我們來看 1983 年出版的《馬來西亞基督教巴色會百週年紀念特刊》（以下《百年特刊》）中關於歷史的論述，這《百年特刊》的目的是以保存該會發展的歷史為主（曾國桴 1987：3）。書中有一轉載自 1946 年崇真會百週年紀念特刊之〈巴色傳道會差遣黎韓二牧來吾客族地區傳道簡史〉。故事從瑞典韓山明（REV. Hamberg）與德國黎立基（REV. Lechler）兩位牧

師於 1840 年代由香港進入中國傳道開始，述及 1850 至 1880 年代在廣東「客族」地區傳教建堂的情形。這是巴色差會與客家接觸的場景。《百年特刊》中還有一篇徐眷民所著〈馬來西亞基督教巴色會簡史〉（以下〈巴色會簡史〉），直接由 1882 年英商渣打公司至香港與巴色會接洽招募首批中國大陸之客家人來沙巴開墾，以及 1886 年第二批、1913 年第三批抵達沙巴的「移民梯隊論述」。這兩篇文章呈現由客家基督徒由中國連結接至沙巴的脈絡。特刊接著分述各地 20 世紀初至 1960 年代各地教會建立的順序，與各堂會的建堂史，以及巴色會組織自立轉型改名的組織史（徐眷民 1983：21-22）。四年後，馬來西亞基督教巴色會再度出版特刊，但已非歷史取向，主要是各堂會會務概況、教牧傳略、及事奉論文。[9]

　　在 1983 年《百年特刊》中，徐眷民〈巴色會簡史〉一文確立了客家基督徒的移民梯隊論述模型。[10] 這或因教會早期史料形式，或可謂之為沙巴客家基督徒的起源故事。Hill and Voo（1990：194-218）在描述古達客家人在空間上的移動模式與職業別之間的關係時，使用了同樣的移民梯隊材料。Wong（1998：20）在其研究沙巴華人史的專著中，也是以此方式（梯次、家庭數、人數）談到早期的客家基督徒移民過程。張德來在 2002 出版了《沙巴的客家人：客家華人貢獻沙巴州現代化之探討》一書，可謂是以華文出版的第一本沙巴客家專書。該書引用大量原始文獻，資料豐富，且不只是敘述客家基督徒，不過張在這本著作中也是以此移民梯隊論

9　參《馬來西亞基督教巴色會特刊（1982-1986）》，馬來西亞基督教巴色會 1987。

10　巴色會百週年特刊 1983:192 言及該刊有關教會歷史內容多數是參考 1963 年總會所編印的歷史資料。換言之，這個歷史論述原型在 1963 年馬來西亞建國時便已成形，並且不斷被複製傳述。

述模型作為客家進入沙巴的重要開端。張德來是沙巴華社少數的專業華人文史研究者，畢業於新加坡三一神學院，具有巴色會教師的背景，也曾是巴色會聖經訓練中心的兼職教員，亦是 1983《百年特刊》的編輯群之一，相當熟悉教會資料以及檔案，他已出版三本關於客家的著作。[11]

　　這裡要指出的是，這種客家移民梯隊知識產出的效應。在沙巴很容易聽到沙巴人在論及沙巴華人、客家歷史時，隨口冒出來的「渣打公司1882 年……」這樣的發語詞。雖然不是每個人都能講得條理分明頭頭是道，但「教會對沙巴客家歷史很清楚，因為當初是教會帶客家人來這裡的」這樣的理解概念，是許多沙巴人的常識。這現象也實實在在反映著，這個沙巴客家、客家基督徒歷史等族群歷史知識，透過各地教會各種活動情境中，讓此知識傳遞出去，並形成某種程度普遍性的常識。但那是怎麼達到的呢？我們試著來看這樣的情景。

　　2003 年馬來西亞基督教巴色會（以下 BCCM）斗亞蘭區會與亞庇客家公會合辦了「客家人南來夏南南、孟家達、德里福開埠九十週年慶祝大會」，為的是記錄下這三埠客家先人開天闢地可歌可泣的歷史。籌備活動的工作人員中，多數具有巴色會及亞庇客家公會會員的身分。慶典活動中安排了「拓荒者紀念講學會」，邀請三位沙巴華人研究的專家學者擔任講員，三位講員中一位是前巴色差會德籍宣教士，另兩位便是張德來及黃子堅（Danny Wong）。除了講學會以外，也有音樂表演、相聲表演、山歌演唱，及以舞臺劇演出拓荒者飄洋過海移民沙巴以及巴色會的發展歷史。此外還有歷史文物展（拓荒者的歷史文件、先民生活用具及農具等）、客家

11　除了 2002 年這本，尚有《沙巴的客家移民實驗：客家人南來夏南南、孟家達、德里福開埠九十週年紀念特輯》（2007）、《沙巴的客家人故事》（2015）。可謂之沙巴客家三書。

美食品嘗、客家歷史文化問答比賽、童玩、舞麒麟、舞獅表演等。這場慶
祝大會以及所展出的移民史料及其研究工作成果，便是沙巴客家三書之二
的《沙巴的客家移民實驗：客家人南來夏南南、孟家達、德里福開埠九十
週年紀念特輯》。

　　2012 年，為了慶祝 BCCM 一百三十週年，以及夏南南、孟家達、德
里福開埠一百週年，BCCM 中文大會斗亞蘭區會與亞庇客家公會再度舉
辦了「拓荒者紀念講學會」，邀請了更多學者撰述發掘客家移民的歷史。
同時也舉辦了「沙巴的客家人故事歷史圖片展覽會」，以「說故事的手法
順序簡介沙巴的客家人主要經驗的旋律」（張德來編 2015：19）。此次歷
史圖片展，一樣自 1882 年巴色會移民梯隊談起，但多了不少新近出土的
珍貴歷史照片。這整組由多片大型精美展版製作的圖片展，2013 年分別
在亞庇市區的熱鬧商場及樂育華小展出，開放社會各界及學生、教友觀
看。透過難得見到的歷史圖片與簡單文字解說的大型看板，容易吸引觀者
目光，達到被觀看的目的。這在一般巴色堂會自辦的慶典活動中亦然。

　　2012 年 9 月 16 日，BCCM 古達區的檳榔樹堂，舉行了建堂 98 週年
感恩慶典活動。活動內容包括有感恩聖樂讚美晚會，新食堂開幕禮，以及
在教會左右兩邊的外側空間，分別有兩個紀念主題展。其中一個是〈教會
歷史展覽會〉，也是以老照片及簡單文字說明，輔以相關新聞剪報，簡潔
製作黏貼在木板上充作展板，內容由建堂的 1914 年開始，介紹檳榔樹堂
及檳榔樹樂育小學建堂辦學的歷史（圖 5-5）。另一個紀念活動是教會側
方山坡上新建的〈基督腳蹤走廊啟用典禮〉，這個新建走廊掛上了大型看
板上繪聖母聖嬰、耶穌受死、耶穌復活、耶穌升天等主題及文字說明，走
廊末端是刻在石碑上的上帝十誡（圖 5-6）。

　　兩年後，2014 年 9 月 14 日，檳榔樹堂也迎來建堂一百週年慶典。
此次百週年慶典，檳榔樹堂舉辦了「沙巴客家人的故事－歷史圖片展覽

圖 5-5（左）：巴色會檳榔樹堂98週年慶典中的教會歷史展示（劉瑞超／攝）
圖 5-6（右）：檳榔樹堂基督腳蹤走廊揭幕式（劉瑞超／攝）

會」，這些印刷輸出的大型歷史圖片展板，就是來自前一年夏南南、孟家達、德里福三埠開埠百週年活動中那一系列。展出資料的可看度，比檳榔樹堂上一回自己製作張貼的更有可看性。也因為展版效果不錯，圖片又珍貴，這組「移動中的沙巴客家史」列車，再度於 2015 年 3 月受沙巴客聯會邀請，移動到沙巴客聯會客家大廈開幕大典活動會場。當天來自馬國國內外的團體麒麟隊伍及觀眾相當多，設在一樓大廳的歷史圖片展吸引不少人觀看，現場也販售沙巴客家研究書籍（圖 5-7、圖 5-8）。

　　除了在特定活動場合以及展覽空間中展示出的沙巴客家人及巴色會歷史之外，這樣的歷史論述也能先鑲嵌在特定的空間景觀，以及直接進入教友日常家庭生活中。2012 年正值 BCCM 130 週年的紀念，總會印製發放了一款以教會歷史為主軸的年曆，每月每頁內容搭配新舊照片，簡明條列地說明巴色會的由來發展：

- 1815 年巴色差會在瑞士巴色城成立。
- 巴色差會最先派宣教士到非洲傳教。然後 1833 年到印度，1846 年到中國。

圖 5-7（左）：沙巴客聯會客家大廈開幕大典中展出的「沙巴客家人的故事」
　　　　　　　圖文看板（劉瑞超／攝）
圖 5-8（右）：沙巴客聯會客家大廈開幕大典中展售的沙巴客家研究相關書籍
　　　　　　　（劉瑞超／攝）

- 最先到中國是韓山明和黎力基兩位牧師。他們宣教的對象主要是廣
  東及香港的客家人。
- 1882 年第一批客家人于古達登陸，多在古達老山芭墾殖。平日耕
  種，主日則在家庭崇拜。
- 1886 年在老山地建一座亞答禮拜堂，成為巴色會在北婆羅洲的地一
  間禮拜堂。
- 第二批數百基督徒于 1886 年再抵達古達。而第三批則是在 1913 年
  抵達。
- 本會原稱「巴色會」，1925 年自立後，改名為「般鳥巴色自立會」。
- 當沙巴州于 1963 年脫離英國殖民政府的統治，成為馬來西亞一州
  時，教會也于 1964 年 2 月 2 日改名為「馬來西亞基督教巴色會」。
- 1925 年本會在巴色差會的鼓勵下，成為自立、自養、自傳的教會。
- 第二次世界大戰之後，本會基督徒在面對重整家園、教會及學校的
  經濟壓力下，幸得巴色差會給予援手，同時亦得世界信義會給與人

力及經濟的支持。

- 本會于 1979 年加入世界信義宗聯會，成為該宗成員。雖是如此，本會與巴色差會仍保持「母子會」的關係。

- 1967 年，接手 Dr. Christopher Willis 交托的模樂區友族的牧養。

- 1971 年，巴色差會的 Herman Hofmeister 在丹南沙邦開始友族福音事工。

- 1975 年，接手由曾國彬信徒傳道交托的打里卜地區杜順友族的牧養。同時積極向夏南南一帶的友族傳福音。此後友族差傳事工就更積極進行。

- 自開始友族事工，友族宣道所如雨後春筍，在各個「甘邦」（鄉村）建立起來。傳道不足的問題接踵而來，因此，在 1980 年成立了國語訓練中心，即亞庇聖經訓練中心。1988 年，將訓練中心提升為沙巴神學院；神學院的成立，訓練了眾多華、巫族傳道人。

　　這些簡潔條例的巴色會傳教及組織史，均以英、華、馬來三種語言書寫。透過懸掛月曆的形式，讓會友在日常生活中便與這套歷史論述同在（圖 5-9）。

　　為了慶祝 BCCM 130 週年，總會在古達老山村望門頂的老山堂舊址，新建了一個「巴色會歷史紀念公園」，位在山頭上的小小紀念公園，視野遼闊，園裡立了大型十字架及巴色會會徽，另外又建有三座小涼亭，代表巴色會之下中文、國文、英文大會。三座小涼亭之間佈設了十三座石碑（參圖 5-10）。第一座石碑上寫著：

　　淵源流長，巴色母會，促使其昌；聖靈引導，主恩隨同，海洋開通。
　　千里迢迢，南來沙巴，神山作客；捷足先登，古達鄉鎮，老山芭園。

圖 5-9（左）：巴色會出版立會130週年紀念月曆（劉瑞超／攝）
圖 5-10（右）：巴色會老山堂旁的「巴色會歷史紀念公園」（劉瑞超／攝）

　　開設教會，神家立定，十架力挺；宣傳福音，領人歸主，榮耀真神。
　　教會歷史，一百三十，蒼海桑田；主恩豐盛，聖會發展，花果萬千。
　　教學兩務，雙管齊下，作育英才；華友族群，齊來歸信，讚美真神。
　　神學教育，裝備人才，牧者同工；硬體設施，堂會大樓，應有盡有。
　　軟體訓練，教會領袖，事工人員；拓展境界，佳美腳踪，縱橫四海。
　　盛會慶祝，感謝主恩，意義深長；回顧前瞻，百尺竿頭，更進一步。
　　特立石碑，十三片數，敘述歷史；飲水思源，懷念先賢，見證主恩。

　　這是巴色會歷史解說碑。剩下的十二座石碑，每座以十年為區隔，
自 1882 年開始簡述巴色會在沙巴 130 年來的發展與歷史。在客家基督徒
在沙巴建立的第一座教堂之處，以歷史紀念公園做為地景的方式，將信
仰、社群、傳教史，鑲嵌在這塊土地上，對巴色會及會友們都極具意義。
而這些不斷在各種情境、空間展示出來的歷史知識，進而成為會友自我對
巴色會、客家基督徒、華人來沙巴的基礎常識。[12]

12　除了月曆、歷史公園，BCCM 在 130 週年會慶前，在當地華文報紙詩華日

　　這裡我們可以進一步討論的是，如前文所述，客家公會的歷史論述通常以羅香林的〈客家源流考〉為社群起源故事，隨時間而演變出刪減截短、增添其他文化元素的形式。沙巴客家基督徒社群的起源故事，是以韓山明、黎立基進入中國接觸客家，最多上推到巴色會掩護太平天國份子避難沙巴，重點向來都放在北婆羅洲這塊土地上的傳教事業上。而我們知道，東海岸山打根客家公會的創立性質，是屬於早期華人海外移民鄉團，著重在互助與福利。北婆羅洲（亞庇）客家公會的創立背景中，有天主教及巴色會領導分子在其中，[13]1940 年受新加坡南洋客屬總會鼓吹立會之後，在各個巴色會客家移植區選出理事，協助亞庇的中央委員會推動業務，也是透過巴色會的教會網絡而達到。同時，西海岸到內陸區這一系列移植區的客家公會理事代表們，在 1960 年代隨著沙巴客屬總會成立後，各地紛紛成立客總的分會，其族群歷史論述基本上都是採取羅香林客家源流典範模型。為何西海岸各客家公會的歷史論述未受到巴色會客家基督徒歷史論述影響？或者教會史為何不受羅香林客家源流論述影響？[14] 在巴色會各個堂會的刊物中，除了提到最早的移民史以外，其實很少出現客家二字，即便是前往中國從事短宣，也多以「客庄」代替客家（除了後期全球

報上刊登 BCCM 歷史專輯。另外，也製作了〈巴色會 130 年歷史回顧〉紀念影片，透過各個網路平臺，以影像方式再述了巴色會與沙巴客家的移民史，參 https://www.youtube.com/watch?v=-6nEvhZ8Ka4。

13　如巴色會的李渥新與天主教的李道生，都曾是亞庇客家公會的領袖人物。參張德來 2002：64-65。

14　羅香林雖是巴色會教友，但他是 1951 年才在香港崇真會受洗信主，他的客家研究及客家學概念早在 1930 年代提出，如 1933 年出版的《客家研究導論》。這個羅氏客家史觀在 1940 年代透過新加坡南洋客屬總會、1950 年代其〈客家源流考〉經由香港崇正總會在東南亞地區的客家網絡中流傳至今。

客家福音協會範疇以外）。

我認為或許是因為巴色會作為一個傳教機構，其著重的歷史論述是不去著墨「客家」，所以也無連結到羅香林論述的現象。反而是較著重以巴色差會在中國招募信徒前來，在沙巴各地建堂的歷史。因為，那代表他們建立自我教會的主體性，而隨著教會組織擴大，福音對象擴及原住民等其他族群，教會更不會將具有當代「族群」意義的客家攬在身上。

巴色會是「客家教會」這樣的陳述，是奠基在早期的巴色會發展史上，今日的巴色會並不強調客家這種華人次族群或方言群的意義：

> 客家信徒從廣東客家地區南遷沙巴，先賢前輩帶著多重身分而來；其中以典型客家人傳統身分，巴色會會友身分，鄉親子叔身分，最為普遍，這些綜合型的特徵，凝聚為巴色會會友的共同身分，把大家從一百多年來契合在一起，多重性的身分，代代相傳，習以為然，儘管其中參雜了許多負面因素而把真理扭曲，使教會世俗化……現在正是檢討和分析的時候……血緣和地緣的疆界。本會的信徒先賢原籍廣東省不同縣鎮，多有血緣親戚關係。新移民抵步後便群居不同地區，最早在老山，隨後在古達，稍後來到……等地方。前後二三十年間…教會也在各地建立起來。各堂會的會友多有血緣或地緣的關係，彼此珍惜『鄉土情，骨肉親』的濃厚情誼。移民初期，人地生疏，手足守望，難能可貴。日子久了，環境改變了，還老是執著故鄉情懷，反而為自己樹立圍牆，阻礙與各界的交流與合作，使福音事工侷限於小小的堂會範圍。（涂恩友 2003：6-7）

從另一個角度來看，其實以客家基督徒史為主體的沙巴客家歷史論述，更接近一種地方史歷史意識的建構。魏月萍（2005：63）指出，馬

華地方史的興起，透露了書寫行為中的根本意識，往往取決於鮮明的族群意識，甚至於對歷史知識的需求，換句話說，它是作為確立華人主體性而存在的書寫狀態。因此，地方歷史書寫凝聚出群體（史）的氛圍空間，使過去的經驗成為族群身分認定很重要的「認證」。地方性話語或在地論述（local discourse），就是在地人對地方事物詮釋而形成的一種普遍流行的解釋或觀點。張德來在教會史觀的基礎上，不斷地挖掘新史料，填補了早期移民史中的空白，確認基督徒的主體性，同時也再生產了沙巴客家史。

　　黎力基、韓山明等核心人物，及移民梯隊作為起源故事的巴色會版客家歷史，其實在意的在沙巴土地上所建立的巴色會，以及她的成長與茁壯，長出新葉，新的傳教史。起源，只是說故事的一個開頭。《百年特刊》的編後語中提到：

　　　本會第一、二、三次，從中國來的信徒，都是黎、韓兩牧師，在中國
　　　廣東傳道時，所結的果子。為了飲水思源，對他倆，我們應有追思與
　　　懷念。何況，本會前身的根基，也是他倆立好的，如此深情，怎可忘
　　　懷！？[15]

　　「客家」對巴色會而言，比較像是宗教上的客體，是要去傳達福音的對象之一。換句話說，沙巴客家基督徒的起源故事與中原南遷沒有強烈關聯（雖然客家基督徒私下要說起客家史，也是會有提到中原說者）。[16]

15　《馬來西亞基督教巴色會百週年紀念特刊》馬來西亞基督教巴色會 1983：
　　191。

16　除了私下聊天以外，也有偶有文字書寫的紀錄，參涂恩友 2008[2007]：167-
　　168。涂是在談族群觀念時，將客家南遷導致的群體性格與以色列人案例相

沙巴客家基督徒的「源流考」是追溯到 19 世紀中在中國傳教的歐洲傳
教士，以及帶領他們來沙巴落地生根的黎立基牧師。筆者在沙巴的觀察
中，一個沙巴的客家基督徒，除了華人身分外，可以同時有兩種身分認
同的表態，端視談話脈絡中，報導人要追述的是「客家源流」或「基督
徒源流」，兩種各有論述或者起源故事可取用，並不衝突。此外，當報導
人是站在家族源流、個別基督徒的信仰實踐來講述時，巴色會是客家教會
的邏輯可以成立。但若以 BCCM 成立與發展、以經營社團組織的立場來
看，則有了切割與區隔的論述。以基督教巴色會及客家基督徒的眼光來
看，巴色會在沙巴超過 130 年的歷史可說是沙巴的整部「現代史」（黃子
堅 2015b：71），客家基督徒甚至其他華人，對「開發沙巴」有其驕傲貢
獻。[17]

第二節　客家文化符碼的襲用、習用與創造

　　這一節將討論在沙巴客家社群中，關於客家文化元素、意象、象徵
的襲用、挪用與創造。本文關於這三個概念範疇，所謂「襲用」指的是當
代沙巴客家社群沿襲過去客家論述中用來代表客家的符碼，包括族群歷史
論述、象徵客家社團的會徽等。「習用」指的是近年沙巴客家對來自中國
及臺灣等地的象徵客家的文化圖騰、元素或概念，透過接受與學習，在沙

比。

17　這樣的沙巴現代史、開發史，顯然是以華人、西方資本家的視角為出發。
　　至於當地原住民族群如何理解西方人乃至華人的到來，他們怎樣建構自我
　　的歷史觀，是未來需要進一步研究的。

巴（或馬來西亞）各種客家情境（社團場域或以客家文化為名的活動中）
呈現之情形。「創造」指的是在襲用與挪用之下，本地客家也嘗試創造出
屬於在地的客家文化符碼。這三種範疇並非能夠清楚切割，而是筆者討論
該等現象的概念語言。有些現象或象徵當屬橫跨各範疇。

一、襲用

除了本章上一節所討論的客家歷史論述、在地客家社群史論述以外，
我們首先可以關注到馬來西亞客家公會聯合會的會徽及會歌，沙巴州內各
客家公會各類刊物都會不斷刊載的文化符碼。

（一）會徽[18]

沙巴客聯會的會徽來乃沿用 1929 年創立於新加坡的南洋客屬公會早
期的會徽，「目前流行於新馬之客屬會徽，均為南洋客屬總會所創，故凡
為以前南洋客屬總會屬下之友會」，均以此為會徽（參圖 5-11、5-12）。沙
巴州每個客家公會的特刊都會刊載會徽及其說明：

1. 形如梅花，固因梅花為華族之象徵，梅花在隆冬怒放，充分表現客
   家人不畏強權，為正義、真理奮鬥的傳統精神。
2. 中間黃色，其釋義有兩點：
   （1）黃色屬土，位居中央，表示客家來自中國中原。
   （2）以前黃色代表尊貴，亦即表示客家係來自中原之貴族。

---

18 各客家公會或在會徽上稍事變化，例如加上該會名稱。但基本形制相同。

3. 中間之紅色狀如亞字者，係代表黃河及長江兩河流。其用紅色者，亦即表示客家先民為不屈於外族侵略，以血的鬥爭，奠定在閩、贛、粵、三角洲地帶駐居，保存華人的傳統語言，以及風俗習慣。

馬國客聯會的會徽基本上也是一樣的型制，但在說明上略有不同（馬來西亞客家公會聯合會 2015：124）：

1. 徽章或標誌為有五片花瓣的白花，花中有一紅色亞標誌。紅亞標誌和白花的邊得分為黃及紅色。本會國文名及中文名得以圓圈形式圍繞著徽章或標誌。
2. 紅圈及花象徵客家人，紅亞是古代客家高官顯要官服的設計。
3. 藍色象徵團結與親善，紅色象徵客家人緊密團結和睦關係，黃色象徵尊嚴，白色象徵純潔。

圖 5-11（左）：沙巴客聯會各公會之會徽
圖 5-12（右）：馬國客聯會之會徽

　　沙巴亞庇客家公會是在 1940 年受到南洋客屬總會鼓吹而成立，當年南洋客屬總會使用梅花作為會徽的緣由，筆者尚不確定，推論與當時在中國大陸的中華民國政權或有相關。不過，南洋客屬總會成立於 1929 年，中華民國行政院是在 1964 年才將梅花定為國花。在 1984 年《斗亞蘭縣客家公會會館落成紀念特刊》中關於會徽的說明中有有這樣一句話「外型為梅花，因梅花為中華民國國花，而梅花嚴冬怒放，亦象徵客家不甘屈辱，堅貞奮鬥之高風亮節」。[19] 這個會徽說明中的梅花與中華民國的連結，後來就變成與華族的連結了。南洋客屬公會的會徽其實是紅色梅花，山打根及北婆羅洲（亞庇）客屬公會原也是類同型制，但沙巴客聯會在 1983 年成立當時，其年刊創刊號上就已是今日普遍所見藍圈白花的型制，透過沙巴客聯會的制定，這個梅花會徽出現在過去三十餘年來大多數客家公會的刊物上（也同時是馬國客聯會會徽），拿到刊物翻開第一面，就是會徽與會歌。沙巴客聯會歷經十餘年籌資興建，終於在 2015 年 3 月落成開幕的圓樓造型客家大廈，入口高處的天花板便是此梅花形的客家會徽浮飾。

二、習用

　　「習用」指的是近年沙巴客家社群，透過學習、採借來自中國及臺灣等地的象徵客家的文化圖騰、元素或概念，在沙巴（或馬來西亞）各種客家情境（社團場域或以客家文化為名的活動中）呈現之情形。

---

19 〈會徽釋義〉。刊於《斗亞蘭縣客家公會會館落成紀念特刊》，斗亞蘭縣客家公會 1984：44。

（一）會歌

　　馬國客聯會的會歌並非來自臺灣或中國，但字裡行間的用字顯示受到臺灣過去的中華文化思維影響（如龍的傳人）。這裡指的「學習」是指馬國客聯會的會歌，其實來自沙巴。原歌名是「客家之光」，乃山打根廖毓興先生，[20] 為了山打根客家公會創會百年（1986）而作。[21]

　　　　維我客家，系出中原，龍介傳人天地間，

　　　　崇尚正義，辛勤中堅，建設馬國逾萬年，

　　　　多元樂互助，親善寫新篇，繼聖賢莫息肩，心相聯手並牽，

　　　　屬人多振勵，奮起著先鞭，

　　　　同系一家同聲氣，精誠團結永無偏，

　　　　光衍客家齊向前，光衍客家齊向前。

　　1987 年當時擔任古達客家公會暨沙巴客聯會會長的王平忠向客聯大會提議並獲通過，定為沙巴客聯會歌。1992 年時，王平忠擔任馬國客聯會會長，該年馬國客聯會年度大會在沙巴亞庇舉行，王再度提議將沙巴客聯會歌作為馬國客聯會會歌並獲通過。二十多年來，西馬地區客家公會由原本對這首歌不熟悉的情況下，至今每回大型活動或會議前，幾乎多能

20　廖毓興為山打根客家公會創辦人廖玉魁之孫，曾在臺灣國立師範大學求學，
　　創作大量詩詞及客家山歌。

21　這首「客家之光」的歌詞結構與世界客屬總會會歌有著某種程度的類似。
　　參葉日嘉 2006：124。

朗朗上口演唱了。[22] 2013 年馬國客聯以此會歌參加世界廣東同鄉聯誼大會舉行的「海外粵籍社團會歌評選」活動，獲得金牌獎。來自沙巴客聯會歌，進而成為馬國客聯的會歌，代表整個馬來西亞客家，對沙巴客家社團而言，也自覺是一種光榮。不過，在 2014 年至 2016 年卻發生了「會歌事件」。會歌作詞者原是山打根的廖毓興，在其原版歌詞中本來是「建設沙巴逾百年」，在客聯版的歌詞中變成「建設馬國逾萬年」。歌詞中的沙巴變成馬國，乃因應這首歌要成為代表馬國客聯的會歌，並無爭議，爭議的是後面三個字。2014 年 8 月馬國客聯會在柔佛新山舉行年度會員代表大會，其中的首席代表會議中，來自沙巴東海岸的拿篤客家公會向理事會提出抗議，表示其向山打根原作者確認過正確的歌詞，希望馬國客聯會要尊重沙巴創作人，不但「逾萬年」的說法令人無法理解，客聯會更該在刊物上註明創作者的來源及大名以示尊重。即便在場有沙巴東岸的斗湖客家公會對此議題聲援，但終究無法讓來自西馬的總會長接受，而遭到擱置不理。此「會歌事件」繼續延燒到後續兩年的年度會員代表大會上，因為沒想到經過之前的抗議，2016 年馬國客聯會年度會員代表大會的會員手冊上，卻將歌詞改為「億萬年」，也同樣沒註明創作者出處。大會對於爭議的解釋，是逾萬年、億萬年乃看過去與看未來的差別，著眼於一直要為馬國這塊土地努力的心，億萬年並無不妥。即便有所爭議與不滿，這首歌已然成為馬國客聯傳唱已久的會歌（圖 5-13）。

其實多數西馬的客家公會並不覺得這是太嚴重的議題，沙巴東岸（山打根、拿篤、斗湖）是牽涉事件中的三個客家公會，但位於亞庇的沙巴客聯會也並未在這件爭議上力挺，及沙巴客聯會長所屬的蘭腦客家公會

22　馬來西亞各客家公會舉辦大型活動前都會依序演唱國歌、州歌、以及客聯會歌。

圖 5-13：西馬彭亨州馬國客聯會年度大會
開會前先唱國歌及客聯會歌（劉瑞超／攝）

也未支援，甚至事主之一的山打根客家公會會長也未太在意會歌問題。最終似乎反映出，「會歌事件」是拿篤客家公會欲藉此議題扭轉自身邊緣屬性的策略操作。也就是說，拿篤在沙巴州內處於常被忽略的邊緣（東海岸的邊緣），東馬的沙巴又位於馬國的邊緣。[23] 透過議題的操作，拿篤客家公會欲藉此議題，聯合盟友，爭取拿篤、東海岸、沙巴州在馬國客聯會中的地位，減低拿篤客家公會及會長個人（政經能力上）的雙重邊緣屬性。

23　雖然山打根及斗湖也都在沙巴東海岸，但其分別是沙巴州第二及第三大城
　　鎮，人口及經濟活動均強於拿篤。拿篤位處這兩地之中，又緊鄰菲律賓南
　　部群島，頻繁發生武裝入侵及菲南阿布薩耶夫（Abu Sayyaf）組織擄人勒贖
　　事件，更加深了她的邊緣屬性。

（二）涼圓帽

涼圓帽，亦稱涼帽，是中國廣東地區客家婦女外出工作時戴的竹編圓帽，中央有圓孔，四周以黑布圈圍，用以遮陽。早期沙巴移民時的歷史照片可以看到涼圓帽的圖像，而今日常生活中已無人使用，卻成為沙巴客家具體象徵物之一。位於亞庇的沙巴博物院，便有大型涼圓帽裝置與沙巴原住民嘉達山族的笠帽等裝置，併置於博物院入口，以此作象徵沙巴主要族群，館內也展出涼圓帽原件（圖5-14）。近年來隨著沙巴本土華人史料書籍照片的出版，涼圓帽再度重現，被視的機率增加，同時也出現一些以客家移民史為調性的各類展示中，或者客家團體舉辦活動的舞臺背景圖像中，供民眾觀看。除了平面視覺以外，在沙巴客聯會舉辦的活動場合中，有時也能看見穿戴涼圓帽及移民早期服飾裝扮的女性，在會場供與會者合影留念（圖5-15）。

圖5-14（左）：沙巴博物院的涼圓帽展示（劉瑞超／攝）
圖5-15（右）：傳統客家女性涼圓帽
穿戴仿傳統客家女性服飾及涼圓帽的女性在活動會場迎賓（劉瑞超／攝）

（三）客家圓樓

聊到客家象徵時，除了某些客家食物外，在沙巴也經常聽見客家土樓、客家圓樓。當然，言談者大多知道沙巴客家來源與土樓沒什麼相關，他們會提出土樓為象徵，通常是接收媒體資訊，以及前往中國旅遊曾見識過。過去多年，由馬來西亞前往中國的無數尋根團、客家文化旅遊團，無論是個人參加旅行社行程，或跟隨客家公會舉辦的活動，旅程常包含許多客家祖地、福建土樓等景點，談話者多半會強調客家土樓具有世界文化遺產的地位。其實，中國國務院文化遺產委員會於 2002 年向聯合國教育科學文化組織（UNESCO）申報世界文化遺產時，是以福建土樓提出申請；並於 2008 年通過審核並登錄。因此，登錄名目是福建土樓而非客家土樓。雖然閩西土樓文化地區並非由客家族群獨有，但多年來土樓或圓樓已成為許多客家族群（包括中國、臺灣及東南亞）自我認定的族群物質文化代表，圓樓形象也頻頻出現在馬來西亞各客家公會的刊物、裝置意象、友會互訪時的贈旗或牌匾，乃至實體建築上。例如，2013 年 8 月在彭亨州淡馬魯舉行的馬國客聯會年度代表大會，主辦單位頒贈給前來與會的各客家公會紀念品，便是竹編圓樓振成樓的縮小模型（圖 5-16）。2014 年 8 月在柔佛州新山舉行的馬國客聯年度大會及「客家歌樂節」，主辦單位新山客家公會安排了籌編已久的客家歌舞劇「季頌」，演出客家先民走出原鄉下南洋的劇碼。[24] 新山表演舞臺上唯一的大型布景，便是搭建的縮小版客

---

24 新山客家公會嘔心瀝血製作呈現的客家歷史音樂舞臺劇風評甚佳，也給了來年承辦「客家歌樂節」的沙巴亞庇客家公會有了製作「沙巴客家人舞臺劇」的想法與規劃，他們希望至中國購買深藍色的真正的客家布料製作衣服，安排一百位舞者演出中國移民沙巴的故事，並將舞臺劇演出製成光碟，以後用來代替錦旗送給交流的團體，以讓大家能夠知道沙巴客家的歷史。

圖 5-16（左）：馬國客聯會年度大會的圓樓造型紀念品
馬國客聯會年度大會上與屬會交流的紀念品（劉瑞超／攝）

圖 5-17（右）：全國客家歌樂節舞台上的圓樓
圓樓成為新山客家公會輪辦全國客家歌樂節上的舞台背景（劉瑞超／攝）

家圓樓（圖 5-17）。

　　2015 年 3 月，沙巴客聯會籌備、募資、興建十餘年的沙巴客聯大廈終於落成開幕，主建物就是一座五層樓高的客家圓樓（圖 5-18）。[25] 沙巴客聯圓樓大廈之中，除了客聯會辦公室、會議室以外，還設有文物展覽空間（劉運發文物館），展示沙巴客家歷史圖像以及所收集的客家先民早期

　　亞庇客家公會幹部們構想很好，也規劃了部分細節。不過，目前還未見到成果。

25　近幾年，西馬的檳城客家公會也有意在檳榔嶼的浮羅山背地區興建客土樓吸引觀光客，但地方政府不願撥地，部分當地人士也對引進中國土樓仍有不同意見。欲在檳城興建土樓的主事者尋獲民間支持者的土地打算發展客家村推動觀光，希望把浮羅山背打造成馬來西亞第一個客家村，也是世界上第一個中國以外的客家村。未來或許檳城也將出現一座客家圓樓。又，位於吉打州的吉中客家公會也在 2015 年決議要募款籌建一座客家土樓，以成為該地的景點。另，在印尼雅加達由印尼客屬總會所籌設的客家博物館也是一座客家圓樓造型的建築物，已於 2014 年落成開幕。

物質文化，如家具、餐具、服飾、農作機具等生活用品。[26] 2016 年 11 月沙巴斗亞蘭縣客家公會青年團承辦了沙巴客聯會的全州客家流行歌唱大賽，大賽各項獎盃乃出自拿篤客家公會設計，以客家圓樓振成樓為模型的客家圓樓獎盃，總冠軍則是一座一尺寬兩尺高的客家圓樓大獎座，用以當作循環杯，在每年獲得總冠軍的客家公會中流傳著。其實拿篤客家公會早在之前的會員大會上提案通過興建「拿篤客家大圓樓」計畫，也利用許多社團活場合，呼籲會員同鄉珍惜

圖 5-18　沙巴客聯會的精神象徵
沙巴客聯會歷經十數年耗資千餘萬馬幣所建成（劉瑞超／攝）

客家及中華傳統文化，期望大家本著客家心、客家情努力前進，必能達成此計畫，藉圓樓的興建提升並強化客家社稷的形象與地位（不著撰人 2016g、2016h）。即便多數沙巴客家社群都知道圓樓與沙巴沒有直接關連，但均能認同與接受其作為世界客家的象徵。[27] 沙巴客聯會的客家圓樓大廈，甚至被譽為「全球客家人心目中建立海外客家精神王國的最佳典範」，而沙巴就是這個海外客家王國的首都（不著撰人 2009b）。

26　2015 年，這間客家文物室裡新增了一項與客家無直接相關的木製孔子雕像，來自於中國山東省人民政府的饋贈。

27　興建沙巴客聯會大廈提議在上世紀之交時被提出，當時原本計畫興建成中國北方宮殿形式的建築，後來客聯會長由山打根客家公會接任，才改成南方圓樓形式。這也反映福建土樓、圓樓爭取世遺列名，以及客家與圓樓逐漸結合論述的時代背景。

（四）桐花與客家花布

臺灣客委會在 2002 年推出客家桐花祭至今二十年，桐花以及相關產業、節慶活動，已將桐花打造成為臺灣客家專有的象徵符碼，進而帶動臺灣傳統花布轉化成客家花布的風潮（Liu 2008；劉立敏與劉明宗 2010：745-770）。沙巴客家透過與臺灣客家界（主要是客委會）交流的同時，也接觸並接受了桐花作為客家的象徵，即便沙巴客家並無桐花經驗與論述。亞庇客家公會及西馬的部分客家公會將來自臺灣的客家桐花穿上身，她們主要是婦女組的女性，將桐花圖案的布料訂製成制服在活動中穿著（參圖5-19）。2014 年 7 月，斗亞蘭縣客家公會會長及幹部來臺，央請筆者安排拜訪客委會，並且帶他們至臺北迪化街永樂市場布市購買客家花布，因為他們打算以臺灣的客家花布製成馬來傳統男性服飾峇迪（Batik），當作客家公會出席活動時的制服（參圖 5-20）。峇迪是傳統馬來西亞以蠟染製作的花布長袖上衣，今日許多活動或較正式的場合裡，諸如各客家公會的會慶，來訪友會的男賓客經常穿上這樣的上衣。同樣是花布，臺灣的客家花布，也成為沙巴客家製做峇迪的選項之一。[28]

（五）客家天穿日

臺灣客家族群傳統上視農曆正月二十為天穿日。2010 年 9 月 10 日，客委會正式發布「全國客家日」為每年農曆正月之天穿日，希望以全國客家日之舉辦，彰顯客家文化的獨特性，客家族群崇敬天地、尊重自然、以

28　其實不只是客家公會成員，在馬來西亞全國客家歌樂節上，也可見到中國表演者及沙巴本地記者的服飾上有臺灣花布元素呈現。

圖 5-19（左）：亞庇客家公會以臺灣客家桐花布製成的活動服（劉瑞超／攝）
圖 5-20（右）：斗亞蘭縣客家公會至臺灣選購客家花布（劉瑞超／攝）

及提倡環保、節約、愛地球之時代精神，並以本節日之國際視野，凝聚全球客家族群意識。客委會欲推廣此天穿日成為正式的客家節慶，乃投入大量資源舉辦各種天穿日活動，補助對象不只臺灣的客家社團，也包含海外客家社團。筆者手邊資料尚無法確認馬來西亞客家社群是否過去就有慶祝天穿日的活動紀錄，目前已知西馬柔佛州的新山客家公會在 1995 年的特刊上便提到天穿日是傳統客家習俗，但過往似乎沒有特別的天穿日活動。根據莊仁傑（2016）的觀察，新山客家公會在農曆年間，一直是以頗負盛名的柔佛古廟遊神為主要傳統活動，但近十年間形成了天穿日結合祭祀感天大帝的新傳統，並與柔佛古廟遊神相結合（莊仁傑 2016：253-278）。

　　目前尚無法確認沙巴地區過去有無舉行天穿日活動的傳統及其可能內涵，但在客委會宣導及媒體報導之下，對臺灣客家事務有興趣，或曾與客委會有所接觸者（如曾來臺參加客委會相關會議、文化營、研習班），均獲得「天穿日是客家日」這個新知識。客委會為推展海內外客家事務交流合作活動，弘揚客家文化及精神，訂有〈客家委員會推展海內外客家事務交流合作活動補助要點〉，補助的對象包括國內的客家社團與公、私立

學校，以及海外的客家社團。這項補助，可由國內、國外社團各自提出，甚至提出合作計畫均可。補助範圍包括：

（一）參觀訪問客家地區及社團為主要目的之活動。

（二）有關客家藝文展演及學術交流合作等活動。

（三）有關弘揚客家文化，促進海內外客家事務交流合作之各項活動。

　　沙巴州斗亞蘭縣客家公會曾於 2014 年 11 月向客委會提出與臺灣的客家藝文團體山宛然客家布袋戲劇團合作，辦理沙巴的「客家布袋戲巡演」，讓學子認識臺灣的客家布袋戲文化，因此打算邀請該劇團至斗亞蘭縣內五所華文小學巡迴演出客家布袋戲。在第一次提案後，得到客委會的回覆意見表示，時間接近隔年農曆春節期間，因客委會正在大力推動天穿日為全國客家日的節慶文化，且亟欲推廣至海外客家社群，希望斗亞蘭縣客家公會能改提與慶祝天穿日有關的活動企劃，獲得補助的機會較大。[29]因此，在與臺灣山宛然客家布袋戲團協商後，將原訂演出劇碼改編，提出「斗亞蘭縣客家天穿日文化活動」，以符合客委會推動的重點政策。在客委會的期望中，天穿日活動必須具備祭拜女媧等儀式，亦即斗亞蘭縣客家公會必須在布袋戲巡演之前加一場祭拜的戲碼。沙巴客家社群中有許多是基督徒，尤其是西海岸走廊客家村鎮。斗亞蘭縣對於祭拜一事雖略猶豫，但也爽快答應調整方式以符合客委會要求。然，這場引進臺灣客家天穿日活動的計畫，最後仍因種種因素未能舉辦。此外，東海岸的斗湖客家公會

---

29 客委會承辦人表示，其實這項補助要點大多是從臺灣出去的團體來申請，「老僑」很少來申請補助。同時為了避免政治敏感，所以客委會不會強迫一定要在活動中冠上客委會補助的字樣。

曾於 2011 年 11 月參加臺灣客委會的全球客家懇親大會，得知客委會天穿日的構想，隨即在隔年（2012）年 4 月的理事會中提案來年辦理客家日活動的可能性。雖然當年斗湖客家公會沒辦成功，但在臺灣官方公告天穿日為客家日之後多年的現在，馬國及沙巴各地已有不少客家公會開始舉辦天穿日活動，也將天穿日相關論述吸納進其平時的客家文化項目論述中了。筆者舉這些案例，旨在說明臺灣客委會的海外客家政策及文化輸出，確實有影響海外客家社群對於客家文化認識及想像之可能，如同前文曾提及的，桐花是客家花，天穿日是客家日。[30]

三、創造

（一）客家小姐

在跨國引進臺灣客家文化相關活動之前，沙巴客家也有創造本地「客家意象」的行動。2003 年，斗亞蘭縣客家公會主辦了沙巴客聯會的第一屆客家小姐選美賽，由州內各客家公會徵選佳麗參加選美（參圖 5-21）。第二屆則在內陸地區的丹南客家公會辦理。在放大區域視野來看之後可以發現，這項客家小姐選美比賽，其實也與跨州跨國網絡有關。2007 年位於彭亨州的關丹客家公會也舉辦了「關丹客家小姐」選美賽，以參加該年由馬來西亞惠州屬團體總會所主辦的首屆「馬來西亞客家旅

---

30 同樣在 2015 年農曆天穿日，馬來西亞檳州客家公會在浮羅山背舉辦了天穿日客家嘉年華會活動，協辦的單位之一即是臺灣的客委會。活動中尚規劃文化學習區，由客委會設置海外客家文化巡迴教室，提供客語、美食、歌謠之教學。

圖 5-21：沙巴客家小姐選美賽
斗亞蘭客家公會提供

遊小姐」選美會。這場選美賽結果前三名全是由沙巴參賽者獲得，冠軍並代表出席在中國天津市舉辦的「世界客家選美賽」。2012 年馬來西亞客聯會的「馬來西亞客家形象大使選拔賽」由關丹客家公會主辦的，獲勝者則參加該年在中國三明市舉行的「世界客家形象小姐選美賽由選拔賽」。這些客家小姐選美賽連年舉辦，都是由各國各自辦理區域及國內的預賽，再至中國參加總決賽，多數是印尼、馬來西亞、香港、臺灣等國的客屬團體推薦參加。各類型客家小姐選美比賽的標準中，除了體態、美儀、才藝項目以外，參賽者的客家文化知識，也是評比要點之一。透過這樣的選美網絡，客家文化知識被傳遞至客家小姐身上，並藉由她們再次傳遞。當然，這樣的活動並不會只有此單一面向，政治經濟效益亦是主辦單位的考量。

（二）客家菜

在馬來西亞華團的社團中，通常有理事會、青年團、婦女組等基本組織架構，視各社團情況，其它可能還有文教組、福利組、康樂組、麒麟團、助學金小組、人壽股、義山小組等任務組織。關於美食烹飪料理等屬於廚房的活動，在客家及華人文化中一直以來就是將之歸類於女性領域。沙巴州各個客家公會婦女組，除了輪流承辦州聯會主辦的相關全州活動（如針對華小學生的常識比賽、兒少客家歌曲比賽等），長久以來各個婦女組也會不時辦理廚藝烹飪活動，與組員切磋廚藝聯絡情誼。這類型的活

動在過去不見得會冠以「客家」稱號，有時單純是婦女之間的交流，有時是客家公會自辦，有時是聯合該縣或地區中其他幾大華人同鄉會館的婦女組一起舉行。[31] 晚近則越來越多以客家為名的客家菜餚品嘗會、烹飪比賽出現，菜名冠上「客家」的機率也越來越高。[32]

在沙巴常可聽聞「這是客家菜」之說法。對於沙巴客家菜到底是什麼，相對於臺灣普遍將客家菜「鹹、香、油」與「資源缺乏」、「生態區位」連結之相關論述，未必每位沙巴報導人都能說出相關的沙巴客家菜論述。但當「客家菜」的概念逐漸在各類傳播媒體傳遞時，或接觸到外界的「客家菜」後，沙巴客家社群似也開始思索、界定何謂沙巴客家菜，當然這也與他們在思索何謂「沙巴客家文化」相關。

山打根客家公會在 2001 年，為配合沙巴客聯會舉辦的「客家文化節」，出版了一本《客家美食（食譜）》小冊子（參圖片），其在〈序〉中表明：

> 客家美食與客家人的生活環境，有著密切的關連性，儘管客家人南來融入本地社會後，飲食口味增添了新的風貌，但始終保存了濃郁的主食風味。
>
> 由於飲食習慣的改變，講究便易烹調，加上國情及多民族間豐富多樣的美味佳餚，客家美食經常只能在客家社團慶典席間才能一嚐，對於如何烹調客家美食，更是略知大概。

31　例如斗湖客家公會婦女組曾舉辦「客家美食節」，也曾聯合斗湖地區福建、福州、海南、四邑公會的婦女組合辦「家鄉美食品嘗會」等。

32　例如，生肉麵原為沙巴一般常見的華人湯麵類食物，這幾年有些店家開始以「客家生肉麵」為名。

客家食譜第一輯將為人津道的客家名菜整理成冊以饗大家,為沙巴暨納閩客家公會聯合會主辦,山打根客家公會承辦的大會出版品之一。

這本客家食譜中羅列了五香(芋頭)扣肉、梅菜豬肉、木耳炆肉、酸梅肥鴨、豬腸菠蘿、苦瓜雞、炸春捲、鹹菜豬紅、荷葉梗炒豬肉、黃酒雞、咕咾肉、冬菇雞腳、黑醋豬腳、蟹皇魚鰾、青豆豬肝瘦肉湯、年糕、四方粽(枕頭粽)、甜品等十八道菜餚,並介紹所需的材料、份量、及做法。2013 年 12 月,山打根客家公會為了「傳承客家文化,宣傳客家傳統各式各樣的美味菜餚,藉此機會讓各界人士對客家美食有更深一層認識,同時將它繼續延續及發揚」,由該會康樂組及婦女組聯合主辦了「客家煮意烹飪比賽」(參圖 5-22)。

其實就筆者在沙巴田野的經驗,一般被稱為客家菜的菜色,有時菜色在沙巴一般村鎮華人開設的小檔子(攤販、飲食店)也可偶見,但並不會冠以客家菜之名義。[33] 例如白斬雞,通常叫做山芭雞、菜園雞、包黍雞等。沙巴客家人口語中指稱客家菜時,有時會使用「山芭菜」一詞,山芭泛指山林田園種植作物的地方,山芭菜意思是早期客家人在山區林野開墾園丘時代的料理。也有些人認為正宗沙巴客家菜已經不多見,東海岸斗湖地區被認為是還有傳統客家菜的地區。[34] 在斗湖 Kubota 路邊有間「山芭

33　當以詢問的方式「客家菜有哪些菜色?」時,常可聽到「釀豆腐、扣肉、春捲、白斬雞、咕咾肉」等菜色,但也有一些人會特意指出那是「龍川菜」,言下之意與客家菜還是有差別。龍川菜是不是客家菜,龍川人是不是「客家人」,這在沙巴是另一個值得探討的議題了。

34　沙巴第二大城的山打根其實也有間客家餐廳「巧味客家茶餐廳」,是山打根客家公會前會長所開,不過其菜色只是普通茶餐廳飲食,未見有沙巴人常說的「客家菜」在其中。

圖 5-22（左）：客家烹飪比賽（山打根客家公會提供）
圖 5-23（右）：被譽為真正客家菜的「山芭菜」（劉瑞超／攝）

仔餐廳」，餐廳只是鐵皮屋頂搭建類似大排檔的空間，但斗湖鄉親若要帶客人品嘗道地客家菜時，經常會來到這裡。2014 年元月，斗湖客家公會理事就職交接大會的晚宴，便是商請山芭仔餐廳提供外燴。端上桌的山芭菜包括：芋頭扣肉、魚膘湯（魚膘炸乾）、豉油雞（蠔油雞）、酸梅鴨（酸梅醋鴨肉）、波羅豬肚（鳳梨豬肚）、毛菇雞丁（洋菇雞肉塊）、冬菇雞腳等七道菜。許多來自州內各地客家公會的賓客對這滿桌山芭菜讚嘆不已（參圖 5-23），直說好久沒有品嘗到如此傳統的客家菜餚，甚至有人因而回憶起消失已久的豬紅（血）粥等菜色，說現在沒人會做，已經看不到了。又說以前吃山芭菜時，都是用四方型的八仙桌配上長凳，每桌八人，不像現在都是坐圓桌吃飯。這些山芭菜倒是讓不少人有了懷舊的意味。

　　臺灣飲食進入沙巴已有時日，除了泡沫紅茶、珍珠奶茶類的手搖飲料店以外，也有臺灣味料理，開店東主有時是因婚姻關係而來到沙巴的臺灣配偶，有的是在臺灣學習後返沙開店。2013 年位於東海岸的斗湖開了一間「餃朋友臺灣小吃」，提供了米苔目、肉燥飯、焢肉飯、水餃、煎

餃、餡餅、韭菜盒、蔥油餅、蛋餅、九份芋圓、臺灣茶等菜色。2014 年
沙巴首府亞庇開張了一間「臺灣三頓」餐廳，標榜臺灣美食登陸沙巴，販
售的是魯肉飯、焢肉飯、雞腿飯、焢肉包（割包）等臺味食物。這些店家
雖標榜臺味，但通常不會只有臺菜，菜單上都有一些當地人習慣吃的食物
或飲品。

　　在臺灣客委會的海外客家業務中，宣揚臺灣客家文化是其主要方式，
其中客家美食一項更是重點。本書第 4 章曾提到沙巴客家人曾到臺灣參加
客委會的各類研習課程或文化營，認識到了所謂的臺灣客家料理，參加客
家美食研習班者則學到了烹煮的知識，為自己增加了一項臺式料理的手
藝，但平常在家不會做來吃，因為材料跟作法都不同，多半在聚會場合
大家同樂時才有可能製作。在筆者的觀察中，這些臺灣知識在某種程度
上其實是扮演了「比較、對照」的功效，沙巴客家透過與外界（臺灣）的
對比，而去尋找與界定何謂沙巴客家菜。客家美食之類的小冊子透過社團
活動場合發放，在客家社團聚會場合宴會提供傳統山芭菜，也有產生界定
何謂客家菜的功效，參與者學習到了所謂「客家菜」的族群文化知識。於
此同時，客家菜在屬於公共的場域中（通常與客家社團相關）被呈現、展
演、食用，再次加強了彼此共享這個具有族群意義的食物，及其族群文化
意涵。

（三）客家文物

　　2014 馬國客聯會在西馬柔佛州的新山舉行年度會員大會，其中在理
監事會議上，有屬會針對客家文物的收藏提出建議，認為馬來西亞客家文
物應該好好的整理收藏，以因應來訪的客人，像是梅州、北京僑辦等這些
單位，未來會越來越多，「不要讓人家覺得我們只是一間座辦」。換言之，

客家社團應該負起代表客家的角色，透過物質文化典藏方式，對外展示客家，而身為全國客家社團龍頭的馬國客聯會應該擔起領頭的角色。

其實，在馬國已經有少數客家會館有類似的典藏客家文物的行動。以沙巴州而言，山打根客家公會以身為沙巴歷史最悠久的客家社團自許，為「發揚客家歷史文化，維護客家先賢族群基業」，率先在 1999 年提出建立「客家文化資料中心」的想法，向海內外各客家團體機構廣徵客家文化出版品及文物。這個計畫的目標是：

> 成為全球客家鄉團聯絡中心之一。作為全球客家文化交流中心之一。
> 成為東馬首要客家文化資料中心。成為山打根華人社團的研究中心。
> 成為山打根民間圖書資料中心。成為山打根社會教育倡導中心。[35]

由此客家文化資料中心目標可看出，山打根客家公會期望透過此行動，展現並奠定她在全球客家、馬來西亞、沙巴州、及東海岸山打根的中心定位。該中心於 2000 年開幕，並於 2001 年舉辦沙巴州「客家文化節」的同時，舉辦了沙巴州第一次的客家文物展，展出該會收集的兩百多件文物、一百多幅客家名人相片、以及超過三百本的客家資料書籍（不著撰人 2001）。十多年過去了，目前在山打根客家公會大禮堂中二樓設置了一間資料中心，收集了各地客家社團或華團的特刊，以及少許關於客家的學術期刊、泛論、專著等，其中有一大部分是前任會長任內其往中國時所購置。另外還有一批臺灣客委會所贈送的出版品。書籍資料都在書架上，也並未做太詳細的分門歸類，是否成為山打根當地華社的圖書研究中心，目前不得而知，用來召開會議的機會比較多。除了圖書文獻類，山打根客家

---

35 〈客家文化資料中心籌畫書〉，山打根客家公會 1999。

公會也蒐集了相當多早期客家華人的各類生活用具、生計工具、服飾、樂
器等，也做了物品名牌標示，但未有系統的整理歸類以及導覽解說牌，只
是直接擺放在禮堂二樓的迴廊上，或置於玻璃櫥櫃中（圖 5-24）。

圖 5-24：山打根客家公會的文物展示（劉瑞超／攝）

　　2015 年開幕的沙巴客聯會客家圓樓大廈中，也設置了一間文物館展
示了所收藏（圖 5-25），雖然收藏文物不及山打根客家公會，也同樣展示
了過往沙巴客家的生活文化面貌。透過收藏及展示過去沙巴客家社群遺留
下來的物質文化，將客家博物館化，成為族群文化的表徵，而諸如早期移

圖 5-25：沙巴客家大廈中的客家文物館
左側照片中可見山東省人民政府贈送的孔子像（劉瑞超／攝）

民時攜帶行李家當的大木櫃、割膠刀、樹膠碗、伐木大鋸、木工器具等物品，更顯示出沙巴客家與在地連結的歷史。[36]

（四）客家文創

這裡指的文創是指以客家作為產品意象的產品，而且許多時候，它也是商品。臺灣客委會所推動的客家文創商品相當成功，也吸引了許多海外客家人的目光，透過來臺參訪的經驗，客委會宣傳推廣的機會，沙巴客家也接觸相關產品概念。沙巴西海岸的斗亞蘭縣客家公會過去參加過許多次中國廣東僑辦的交流，但覺得那種交流形式學不到東西，主辦單位都是僑辦，談的都是僑胞、中國文化，跟客家比較沒關係。其會長在聽聞州內其他客家公會參加臺灣客委會的活動後，也主動向客委會表達有參加意願，於是開始來臺參與活動。該會會長覺得受到客委會很大的啟發：

> 臺灣客家的商標、品牌化做得很好，是一種客家經濟。……私底下問過去臺灣參加客家美食培訓的人，發現他們學回來也不會運用，沒有用，所以希望引進客家菜，用經濟效益吸引年輕人入會，也為客家公會提供基金，用來發展客家文化……以往客家公會的經營方式都沒有文化（活動）……教育的比較多。

36　內陸區的丹南客家公會在 2016 年 11 月舉辦該會 52 週年會慶的同時，也在會所揭開了文物史蹟紀念展。實體展出的文物僅有少數幾件，主要是生活用具，其他多以輸出圖片加上文字說明的展版，介紹早期客家婦女的涼圓帽、斗笠等物品。此外便是該公會及下屬的丹南崇正中學之會史、校史展覽。

　　斗亞蘭縣客家公會為了籌募該會興建義山（墓園）及其他活動經費，所以發想引進臺灣客家的文創產品，在首府亞庇市開設類似客家商品街或客家美食街，販賣這些臺灣客家產品。[37]該會會長及幹部甚至前往客委會拜訪，藉以了解客家文創產品，希望能獲得資訊與支援，不過目前這項發想尚未有具體的成果。

　　位於東海岸的拿篤客家公會也曾有過與斗亞蘭縣客家公會類似的想法，希望將會所樓下出租給商家的單位收回來，開設客家美食餐廳，由公會自己來管理，專做客家菜，保存與發揚客家文化，更可以接辦外燴出菜，為公會增加收入。[38]各個構想目前尚未實現，但在過去幾年，拿篤客家公會已經用客家意象開發了相關產品，並使之成為商品。當時的拿篤客家公會會長本身從事廣告設計行業，對於藝文及產品設計極有興趣，也關注臺灣客委會輔導的客家文創業，將傳統客家食物、用具重新設計包裝成為當代客家商品，也給了他一些啟發。他也一直想要與客委會建立管道，曾數度計畫來臺參加客委會活動，卻又恰巧因故未能成行。最後還是經由自己的發想及創意，將這樣的文創行動透過網際網路及跨國市場來達成。

　　2013 年，拿篤客家公會設計了非常厚重的「客家鼎」大型琉璃獎盃，供沙巴客聯會舉辦第一屆全州客語講古仔比賽所用（圖 5-26），因為：

　　「鼎」是權力的象徵，也代表著巨大的向心力，這正好體現了客家族群

37　選擇在亞庇而非在斗亞蘭縣，顯然是市場考量。斗亞蘭縣距離亞庇市區三十餘公里，市鎮規模及人口皆無法與亞庇相比，尤其亞庇是進出沙巴的門戶，國際觀光客眾多。

38　馬國客聯會及西馬某些客家公會均曾提及希望能引進中國或臺灣的客家產品，以增加公會收入。可見，引進外來的客家產品（商品）增加公會財源，在馬國客家界已是普遍想法。

頂天立地，進取團結的精神。

「客家鼎」概念的發想其實源自於中國。世界客都梅州的「客天下旅遊產業園區」，以及江西客家搖籃贛州的「客家文化城」中，都有設置大型客家鼎雕塑，現在沙巴也有了自己的「客家鼎」流傳於客家界中。

2014 年華人農曆新年前，拿篤客家公會幹部們，透過網購向中國廠商購進一批新春應景的馬年吉祥物（小馬布偶），並在公會的 Facebook 上販售，未料竟獲得包括西馬半島各地的消費者及其他客家公會很大迴響，許多人向拿篤客家公會下單訂購，批進來的貨銷售一空，公會也因此發現開拓額外財源的可能性。在此之後，拿篤客家公會開始設計以客家為名的文創商品，在網際網絡上販售，也努力將這些客家產品打進客家公會網絡，拓展市場。例如開發出「客家保溫杯茶葉禮盒」，禮盒上書「客徙千里，家在心中」，並附上客家族群中原南遷歷史及客家族群特質的說明文（圖 5-27）。在〈借問客從何處來〉上書：

圖 5-26（左）：全州客語講古仔比賽的客家鼎獎座（拿篤客家公會提供）
圖 5-27（右）：承載千年客家歷史的客家茶葉杯組禮盒（拿篤客家公會提供）

客家人，一個具顯著特徵的漢族分支族群，是漢族在世界上分布範圍廣闊，影響深遠的民系之一，他們原住中國北方，活動範圍在今山西、河南、湖北間，後來因為五胡亂華，黃巢之亂、北宋滅、南宋立，烽煙四起，貧窮飢荒，天災人禍等因素相繼大批南遷，在歷史上形成一次又一次的大遷徙，只為求存。輾轉南遷後，被當地居民稱為「客」，即外來人之意，於是有了「客家」的出現。剛毅的客家人，雖離鄉萬里，卻在危機四伏的大遷徙中勇敢自強，在困難中創造輝煌，始終堅守著屬於自己的文化，即使身為「客」卻早已反客為主，形成獨具特色的族群，為居住地的經濟繁榮和社會進步做出了不可磨滅的貢獻。

又在〈大江南北苦為客天涯海角能安家〉中說明：

在歷史長河裡，客家人留下了濃墨重彩的一筆，用汗水和毅力，於華夏民族史中譜寫光輝雋永的傳奇一頁。為了生存和尊嚴，他們一路朝南，走向佈滿荊棘的他鄉，將遷徙的步伐從中原大地延伸到大江南北。遷徙培育出客家人堅韌的品性，磨難淬鍊出自強不息的氣魄。千百年來，穿行于窮山惡水間仍豪情萬丈，踏平荒殘勵精圖治，在沒有路的地方昂首闊步走出一條又一條的康莊大道，腳步所到之處，古老文明和先進文化也在該處生根發芽，茁壯盛放。客家人在遠離家鄉的地方赤手空拳開疆闢土，披荊斬棘創家立業，傳承血脈繁衍後代，在尋找家園的同時創造家園，鑄造了「開拓進取，刻苦耐勞，崇文重教，愛國愛鄉」的客家精神，體現了「家在心中，處處可為家」的隨遇而安，積極豁達生命態度。客家聚集地橫跨五湖四海，縱家在萬里外，客家人仍心繫故土，鄉音依舊，習俗仍存，以自己獨有的方式堅強自信地活著，並堅定地高舉文化的聖火，孕育出五彩繽紛的客家風情。每次

出發都是一次光明的播種，離鄉背井年深歲久，如今已花繁五洲，有陽光的地方就有客家的足跡，我們都可以驕傲地說出那個共同的名字－客家人！

　　如此長的產品說明文，為的就是讓這茶葉禮盒吸飽客家味，其中表達了「漢人、中原南遷、心繫原鄉、性格特質」等族群文化特點。2014年年底，拿篤客家公會又為沙巴客聯會的第二屆兒童客家歌唱比賽設計製作了「守護文化天使」獎座，由一天使形象人形環抱著沙巴客聯會的會徽（圖 5-28）。它蘊含的設計理念是：

　　純真無邪的兒童，猶如天使的化身，傳遞真善美、光明和希望。讓孩子在深邃的客家文化裡薰陶長大，理解且懂得保留客家精髓並發揚光大，正如天使張開翅膀擁抱沙巴客聯的標誌，用心守護，帶之飛翔，飛向源遠流長，飛向彩虹之處。

　　為了客語歌唱賽而設計的獎座，希望孩子們保留什麼樣的客家文化精髓，想必是客家話的存續，以及對客家社團事務的參與了。2015 年 3 月沙巴客聯會舉行客家大廈及客家文化中心的落成及開幕典禮，拿篤客家公會則設計出上頭刻有客家圓樓大廈及沙巴地標神山象徵的浮雕筆筒禮盒，以此呈現客家立足在沙巴的意象

圖 5-28：守護客家文化的天使（拿篤客家公會提供）

（圖 5-29）。2016 年 11 月又為了沙巴客聯會舉辦的全州客家流行歌唱大賽，設計出客家圓樓造型的大小獎盃（圖 5-30）。[39]

圖 5-29（左）：沙巴客家圓樓與神山紀念筆筒（劉瑞超／攝）
圖 5-30（右）：客家圓樓造型的客家流行歌唱賽總獎盃（拿篤客家公會提供）

　　以上例舉的拿篤客家公會所設計的客家文創產品，全數是透過網際網絡將設計圖檔傳給中國廠商，在當地開模製作後量產運至沙巴，並且透過網路及沙巴客聯會網絡，在各種活動會場上販售。以經濟角度而言，這是開拓財源的管道之一，但並非每項產品銷路都盡如人意，有些發想最後並未量產成產品，有些則滯銷堆放在拿篤客家公會會所裡，緩慢銷售著，也逐漸引起部分會員有意見。2013 年拿篤客家公會曾以代表客家文化的麒麟，設計出兩隻客家公會的麒麟吉祥物大型公仔「麒麒、麟麟」，但後來未變成小公仔販售，只在活動中當作大型道具（圖 5-31）。

　　另一方面，拿篤客家公會在透過網際網絡宣傳販售這些客家文創產

---

39 「客家鼎」與「客家圓樓」獎座均設計有個人型及團體總冠軍型。團體總冠軍的獎座非常大，需要成人雙手合抱，以循環杯的方式由各年度獲總冠軍的客家公會保存。個人獎盃則縮小尺寸。

圖 5-31：麒麟公仔（拿篤客家公會提供）

品的同時，也持續在公會 Facebook 上張貼各種客家知識的連結，為的是
找回客家傳統文化，推廣客家文化讓大家知道。這些關及客家知識的連
結，來自中國及臺灣皆有。由尚未成功的斗亞蘭縣客家公會及已經推出數
項客家商品的拿篤客家公會來看，拓展公會的財源是這些行動中很重要的
經濟考量。為何拿篤客家公會會以不同於州內其他客家公會的傳統作法推
廣客家，筆者認為與世代差異有關。當時的會長是沙巴州十五個客家公會
中最年輕的會長，吸收新知快速，創意十足。此外，也因他個人的背景不
像是其他客家公會會長擁有大事業大資本，所以必須更努力地以創新的方
式開拓，除了拓展財源以外，以藉此提升拿篤客家公會及其個人在客聯網
絡中的邊緣地位。

（五）客家語言及歌曲競賽

為什麼客家人要唱華語？要鼓勵年輕人唱客家話！臺灣連客家電視臺
都有！

　　一位內陸區客家公會的署理會長如此說。語言向來被視為是辨識客家社群、方言群的最重要指標，這同樣也適用於沙巴華人。馬來西亞華人爭取華文教育的奮鬥史，可說是馬國華人社會一直以來最顯著的社會文化乃至政治現象，幾乎每天的報紙上都有華教相關的新聞，向馬國政府及州政府爭論／爭取經費、師資等，華小的教學內容及學校存續與否，也一直是華人進行政治抗爭及文化運動的核心場域。華文及華語代表華人的文化根基，馬來西亞華人拼鬥多年才有如今的成果，成為中國及臺灣以外唯一具有自小學到大學的華語教育體制。在努力保護族群語言的動機下，反映的是華人對語言文化乃至認同失去的擔憂。

　　這樣我們就可以去理解在沙巴華團中，為何頻繁舉行永不止息的各類型華語歌唱賽。歌唱，是娛樂、交流，但也是語言使用及語權象徵的表現，同樣是華人避免被「去華化」的存在明證。當然，各類歌唱賽頻繁舉行也有它的實際考量，一位客家公會會長說：「這樣募款比較容易。而且（歌賽）還要兼吃餐，不然沒人要來」。透過舉辦歌唱比賽，華團可以透過人際網絡對外募款，找人贊助活動經費甚至社團其他費用。

　　過去多年，沙巴華社的歌唱聯誼及競賽活動都使以華語為主，在客家的部分，除了砂沙汶三邦（砂拉越、沙巴、汶萊）固定舉辦的客家山歌比賽以外，客家社團所舉辦歌唱賽的主要也是以華語為主。沙巴客聯會青年團（由州內各個客家公會青年團推派之代表組成，以下沙巴客聯青）在1989年於丹南舉辦「華語歌唱金盃賽」，之後年年舉辦，至今已近三十屆。雖是華語歌唱比賽，但因主辦單位是客家公會，所以規定報名選手必須是客籍人士。

　　一直到2003年，情況開始有了轉變。當年，拿篤客家公會舉辦了第一屆的「會員子女客家話講古仔」比賽。起初是由一位具有留臺背景的社團幹部藍開明，見到年輕世代的客家子弟的客語能力逐漸失去，憂心之餘

所發起推動，他呼籲客家同鄉多多用客家話與子女溝通。當時拿篤客家公
會的會長也大力支持，他表示：

> 了解本身的文化須先了解自己的語言，現今年輕一輩受到外來文化衝
> 擊……連自己的鄉語也不會說。客家話講古仔比賽是本州甚至全馬都沒
> 有過的創舉。客家話是我們的母語，也是傳承客家文化重要的媒體…要
> 傳承我們的優良文化，也就要先學會，了解我們本體的語言開始。現在
> 的後生仔不是迪士哥就是卡拉 OK，哪裡還有唱山歌講古仔，全部給外
> 來文化侵占，客家人的文化慢慢會消失……。（不著撰人 2003）

「客家話講古仔比賽」在拿篤一直持續舉辦了十年，終於開始產生影
響力，州內客家公會開始注重客語的活動。沙巴客聯青為了「提倡健康
文娛活動，提高客家歌唱水準及發掘客家歌唱人才，促進同鄉情誼、親
善交流，發揚客家傳統藝術，流傳客家話語」，於 2012 年舉辦了第一屆
的「沙巴州客家流行歌曲歌唱金盃賽」這項客家流行歌曲歌歌唱比賽的
對象是 16 歲至 45 歲的會員或其子女（圖 5-32）次年，全州第二十三屆

圖 5-32：客家歌曲比賽
「客家流行歌曲歌唱金盃賽」（左）及「全州兒童及少年客家歌唱賽」（右）
拿篤區選拔賽上的演唱者（劉瑞超 / 攝）

「華語歌唱金盃賽暨第二屆沙巴州客家流行歌曲歌唱金盃賽」在內陸地區的根地咬客家公會舉行開始合併舉行。承辦第三屆（2014 年）的山打根客家公會青年團員們，在籌備會議上討論著如何才能吸更多年輕客家子弟參加，並且又要確保這是「客家歌賽」。最後議決參賽資格必須要是客家人，要檢查身分證（從名字拼音判斷屬何方言群）、司儀一定要講客語、評審也要能通曉客語、將山歌排除在流行歌曲之外等等，希望能強化比賽中的客家元素。但是青年團的籌備委員們卻也覺得客家歌不好唱，擔心沒人要參加，甚至討論是否藉由提高客語歌曲比賽的獎金來推動這項活動。

拿篤客家公會當初推動的客語活動，原本只是針對該會會員子女的地區性活動，經過該公會在沙巴客聯會理事會上的爭取，也於 2013 年成為全州性的客家社團活動，由各屬會輪流承辦。[40] 以小學生為對象的沙巴客聯會第一屆全州「客家話講古仔比賽」（紀念藍開明杯）由拿篤客家公會承辦，活動宗旨表明是「為了鼓勵本州鄉親子弟加強客語講說能力，有效推動本土方言教育，強化客語傳承，弘揚客家文化」。講古主題「應以客家文化、歷史、傳說故事或創新等相關題材為主」。

一樣是 2013 年，由沙巴客聯會婦女組主辦的第一屆「全州兒童及少年客家歌唱賽」在丹南的中華大禮堂舉行，這項比賽是針對五至十五歲的兒童及青少年。沙巴客聯會舉辦該活動的宗旨是：

---

40 即使客家話講古仔比賽後續推展至全州、全國，拿篤客家公會每年依舊持續辦理「會員子女客家話講古仔」比賽，以作為拿篤的區選拔賽，優勝者再參加全州賽。此外，拿篤客家公會又於 2014 年舉辦了該會第一屆針對成人的「客家話講古」比賽，未來或也可能推廣成為全州或全國活動。

1. 發揚及傳承客家文化。

2. 推廣兒童及少年歌唱活動，並鼓勵兒童歌唱觀摩和發展，

3. 發掘兒童及少年歌唱之潛能。

　　第三屆（2015）「全州兒童及少年客家歌唱賽」在丹南進行區選拔賽時，丹南客家公會會長黃泰明說，「年輕一代的客家子女不會說客家話，雖然他們是客家人，卻失去說本身方言的能力，希望透過比賽推廣客家話活動，讓客家話源遠流長傳承下去」。這項在沙巴已推動數年的兒少客家歌唱賽，在 2016 年成功獲得馬國客聯會的支持，將該活動推向全國性活動。該年 12 月馬國客聯會第一屆的「全國兒童及少年客家歌唱菁英賽」在沙巴東海岸的斗湖舉行。斗湖客家公會主席何天信表示，客家傳統與文化可藉由歌唱作傳承，他希望有更多兒童及少年透過歌賽，學習客家文化並取得延續傳統的目標，希望藉此「把我華裔客家文化特別是客家歌唱加以宏揚延續」（不著撰人 2016i）。

　　顯見，這幾年來客語說故事或歌唱活動逐漸增加。[41] 但是，並非只有客家公會才會舉辦客語歌唱賽，但以規模而言，目前是客家公會為最。馬來西亞河源同鄉會也在 2013 年於亞庇的沙巴客家禮堂舉行了第一屆「全國客家流行歌曲公開賽」由，藉以為該會籌募教育發展基金，當時斗亞蘭縣客家公會也派出選手參加。各社團舉辦的各類型華語卡拉 OK 賽、華語

41　一個值得注意的現象是，各種客家語歌唱比賽中有一些歌曲是高頻率出現，像是〈客家人系有料〉、〈泥水妹〉、〈亞婆賣鹹菜〉等經常是選手的自選歌曲。這些歌曲都是西馬客家歌手張少林所作詞演唱，其歌詞具有形塑客家族群特質（或刻板印象）的功用。〈客家人系有料〉則是范俊福作曲，該曲子曾在中國梅洲獲得首屆全球客家流行曲頒獎禮最佳作曲獎，及最高榮譽的年度最受歡迎金曲大獎。

金盃賽等相當多，也有因愛好歌唱而成立的合唱團，如附屬於客家社團之下的亞庇客家公會客鄉歌詠團、斗湖客家公會歌詠團。也有由愛好歌唱人士組成的社團，例如拿篤的樂揚文娛社，平日會員聚集練唱兼交誼，但也舉辦地區性的歌唱比賽，如 2015 年舉辦了「中文方言歌唱比賽」，包括客家、潮州、福建、粵語皆有選手上場。又如 2016 年山打根歌友會也舉行了數場「三方言歌賽公開賽」，分別是客家歌賽、福建歌賽、廣東歌賽。時至今日，華語及各種方言的歌唱賽在沙巴華社裡仍是頻繁可見。

（六）客家街

以上我們看見沙巴透過客家人物、客家食物、客家文物、客家產（商）品在客家實踐場域中的努力，現在我們再看打造「客家空間」的行動。

2013 年農曆春節前，拿篤客家公會在會所前方的道路上舉辦了沙巴第一次的大型華人新春夜市聯歡會，以整條道路封街的形式，連續舉辦兩天（圖 5-33）。[42] 夜市裡設置了大型舞臺表演節目，由客家公會及當地其他鄉團。以及數十個販賣各類產品的攤位，就在新春夜市舉辦之前，拿篤客家公會向拿篤縣政府、縣議會提出申請將該條道路命名為客家街（Jalan Hakka）的請求，以「作為拿篤客家人的典型地標，借此促進各族的融洽、展現多姿多彩的風貌」，但遭到官方駁回不准。[43] 但客家公會夥

---

[42] 拿篤客家公會率先推出新春夜市這種型態的過年活動，隔年在內陸省的保佛也在 2014 年春節初初連辦三天的「一馬當先鬧夜市」活動，活動中邀請當地幾間華人廟宇的醒獅團、華校的民族舞蹈及合唱團等表演。

[43] 當時的縣官暗示需要「金錢的資助」。隔年，縣官換人上任。

圖 5-33：拿篤客家公會舉辦的新春夜市
拿篤客家公會連續數年將會館前街道封街舉辦新春夜市（劉瑞超／攝）

伴再接再厲，在籌備 2014 年農曆年新春夜市的同時，再度送出公文及申請書〈誠邀參與夜市開幕禮及申請「客家街」命名〉[44] 給拿篤縣官及當地選區的國會議員：

> 特此致函邀請閣下為即將於本月舉辦的新春夜市聯歡會的特別嘉賓。
>
> 本年度的新春夜市聯歡會將於 2014 年 1 月 24 日至 26 日，從下午四時開始至午夜十二時，假拿篤客家公會前段整段街道舉行。此活動的目的是為了增添華人新年氣氛，同時也是極有意義的華人文化活動。除此之外，特此申請將這條舉辦夜市活動的街道命名為「客家街」，以此作為地標紀念。至誠希望閣下予於認真考慮，一旦得此命名，本會會全年致力保護及照顧此街道。
>
> 衷心期待閣下的蒞臨及將本會的申請要求作考慮。

44　這些公文書皆是馬來文書寫，委請拿篤客家公會謝慧齡女士翻譯成中文。

　　拿篤客家公會所提出的客家街計畫裡，包括對該街道的認養及佈置。在整條街道兩側的樓房屋頂上，總共架設數十組的掛勾及纜繩，每逢特定假日，如國家或州慶典，華人節日或馬來節日，分別掛上國旗、州旗、燈籠等等，對應各節日意含或族群文化的代表物，希望透過這種方式，讓該街道為拿篤增加知名度，促進觀光發展。但是再度遭到不具明理由的拒絕公文〈有關申請舉辦新春夜市聯歡會及「客家街」命名〉：

貴會 2013 年 12 月 9 日的來函已讀。

非常高興地通知，城市和鄉村發展委員會經已於 2013 年 12 月 30 日的會議上批准了貴會舉辦夜市聯歡會的申請。然而，有關申請命名「客家街」的事遭到否決。因此，貴會舉辦活動時，需遵循相關條規。

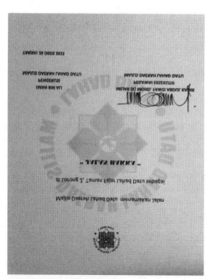

圖 5-34：拿篤客家街 Jalan Hakka 官方證書（劉瑞超／攝）

　　雖然連續兩年失敗，拿篤客家公會並未因此氣餒放棄，2015 年 2 月，公會向拿篤縣政府爭取了三年的客家街終獲縣議會通過，成功將客家公會會所前方的道路命名為「客家街」（Jalan Hakka），並獲頒證書（圖 5-34）。

　　申請成功後公會負責認養維護該空間，每逢各族群或國家節日進行相關布置。這是馬來西亞第一個以客家命名的街道，而且是第一個有中文字的路牌（圖 5-35）。公會隨即邀請中

圖 5-35：拿篤縣議會前來為客家街揭幕
路牌上華巫文並置，兩側分別是拿篤縣議會及客家公會的會徽（拿篤客家公會提供）

國駐哥打京那巴盧（Kota Kinabalu，沙巴州首府亞庇）總領事前來見證參觀。除了當地報紙報導這項好消息以外，中國廣東客家商會所出版的《客商》雜誌，也刊出沙巴拿篤縣成功申請客家街的消息，喻之「彰顯了當地華僑的客家特色，在馬來西亞華僑華人歷史上寫下了重要的一頁」。這條馬來西亞唯一由官方批准的客家街，也吸引了一些西馬客家鄉親慕名前來拜訪「拿篤客家街」。

　　這一節舉了一些實例，論證近年來沙巴客家社團如何透過跨國網絡，學習客家文化知識，以及再生產「在地客家」元素。從人物、食物、文物、文創產品、語言、到空間，這些被賦予客家意涵的實踐中，我們可以看見跨國力量的影響與滲透。跨國客家知識，與全球市場合作，讓這一切成了可能。

　　河合洋尚（2013c：1-3）曾指出，通過被媒體給予客家這個族群符號、風水等傳統思想、鄉村意象、UNESCO 的權威等文化價值，土樓變成為景觀，變成被消費的對象，這也涉及到商品化過程。與臺灣的文創產品主要是強調在地化脈絡不同的是，拿篤客家的文創產品雖可視作族群象徵的商品，但其脈絡並非在地化。除了以沙巴客家圓樓及神山為主題的筆

筒，稍微連結到在地以外，其他諸如客家茶葉組、客家鼎的獎盃、土樓獎盃等，大都是跨國連結到中國、歷史客家、中原南遷、客家文化典故、客家俚語等等來自「境外」客家歷史、文化、知識，並未呈現出客家社群在沙巴的歷史及文化。

值得注意的是，由客家組織的歷史論述來看，原是由中國原鄉為主，近年逐漸連結到新鄉，亦即由早期只強調中國境內的客家源流史，近年來開始透過巴色教會沙巴客家基督徒歷史論述連結到在地客家社群史，也逐漸有幾個客家公會開始發掘在地客家社群史。當代客家文創商品中所呈現的歷史論述走向，主體也是呈現接回中國原鄉，較缺乏在地連結。但也不可否認有朝向在地的嘗試，如將沙巴神山納入文創元素，將客家聚落史反映在如客家街的空間上，以與土地連結。這樣的發展，反映出沙巴甚至海外客家社群對客家的理解、建構及詮釋，在當代有某種程度的在地化表現及嘗試，但尚未如（也未必會如）臺灣出現立基本土為主的客家論述。在沙巴，市場因素在該等歷史論述與商品創作中也有一定的影響，做為一種文化商品，勢當考慮市場，而中國元素是馬國華人乃至客家都普遍認知與接受的準則。

林開忠與蕭新煌（2007）認為，客家食物作為展現客家文化生活的指標，在馬來西亞華人社會中，卻不如臺灣「客家美食」能發展成族群表徵之一，而不具有太大的意義。本書基本上同意這個看法，但也認為，沙巴客家菜作為族群意義上的食物，才正要展開其建構過程，一種透過比較（例如與臺灣客家菜、西馬客家菜進行對照）而回頭尋找屬於自己客家菜單的行動。這個建構過程透過許多的美食品嘗會、烹飪比賽，經過文化標準化的過程，逐漸地形成它的族群文化基礎（亦即為眾人所接受、公認），未來是否會發展至成為客家表徵之一，或成為客家文化表徵的過程中，（客家菜）文化商品化的現象亦值得持續觀察。

第 6 章
儀式、真實與社群
麒麟故事

　　過去數百年來，麒麟舞主要流行於中國廣東的惠州、東莞、寶安等區域。而沙巴客家裔華人中的多數亦移民自這些地區，因此也將此文化傳統帶來此地。為了在移民新天地裡安身立命，在沙巴早期華人社會中，成立了各種地緣組織、教會、商會團體，同時也在各地紛紛成立所屬的華文學校，以供子弟就讀。學校運作的經費主要靠華社大眾或成功的商人捐輸，這種民間辦校的方式，辦學經費始終不穩定，麒麟文化便在此時與學校結合。各校為了籌募建校及教育經費紛紛組織起麒麟隊、麒麟團，在每年華人新年期間出團挨家挨戶向華人拜年賀歲，以為學校募集經費。換句話說，當時的麒麟團其實是學校組織的一部分。客家社群移民沙巴初期主要分布在鄉村地區以務農維生，人口較為聚集的市鎮地帶則以經商的福建、廣東華人為主，因此早期的麒麟團主要出現在鄉區華文學校。隨著華人落腳沙巴日久，客家華人的經濟逐漸獲得改善，學校籌募辦學基金的方式也逐漸多元，加上教授舞麒麟的師傅日漸凋零減少，麒麟團逐漸退出學校組織中。同時，市鎮地區所興起的廣東醒獅，武藝魅力比起麒麟而言，在舞法、技巧上，都比麒麟有可看性，因此也吸引許多客家子弟加入。

　　1970 年代，馬來西亞政府推動以馬來文化為主流的國家文化運動，舞龍、舞獅、舞麒麟這些傳統文化全面遭到禁止，華人文化面臨極大壓力。直到 1980 年代華人逐漸在政治上取得位置，這些華人傳統文化才被解禁。然而，新生代的年輕華人，對此文化傳統已逐漸淡忘陌生。1970 至 1980 年代之間，為了對抗國家力量的壓制，各種華人社團組織甚至全國性的聯合社團也愈來愈多，其中包括了沙巴各地的客家公會，以及全州的客家公會聯合會。隨著組織的成立與擴大，沙巴的客家公會決定負起搶救客家傳統麒麟文化的任務，州內各個客家公會開始籌組成立各自的麒麟團組織，但有些缺乏麒麟教練師資的地區，則出現以醒獅團代替麒麟團的現象。時至今日，在當時的搶救麒麟潮下所成立的客家公會麒麟團，有許多早已出現後繼無人只好解散的現象，僅存幾個組織完備成員充足的客家公會仍能維持麒麟團。

第一節　藝陣文化與客家麒麟團

一、藝陣文化

　　馬來西亞常見的舞龍、舞麒麟、舞獅、貔貅等藝陣文化大多源自中國南方閩粵地區的傳統。這些藝陣文化所表演的都是「擬獸舞」的一種。這些藝陣的表演形式分為地面表演方式、及離地表演形式，舞獅的表演方式為了強化效果及炫耀技巧，經常為表演一些與武術或雜技相關的項目。離地表演方式則包括高樁、滾球等方式（施德華 2009：174-177）。

　　在西馬，舞獅運動大約在 1890 年代傳入檳城的順德會館，該會館成立了第一支獅隊，隨後推廣至吉隆坡，在 1922 年由慶同堂（現為雪蘭莪

慶同樂慈善國術團）成立了吉隆坡的第一支獅隊。高樁舞獅也在 2007 年
為馬國政府登錄為非物質文化遺產，成為國家文化（不著撰人 2014b）。
新加坡及馬來西亞的龍獅文化相當盛行，尤其每年均舉辦「世界獅王爭霸
賽」等許多國際性的賽事，馬國華團中也有許多龍獅運動協會之組織，並
在各地成立分會，推廣龍獅運動，他們也與中國的相關團體交流密切。在
馬來西亞以及沙巴常見的舞獅，大多是源起於中國南方廣東的醒獅團（圖
6-1）。

　　醒獅也被中國登錄為非物質文化遺產，尤其以廣州及佛山興盛。廣
東省非物質文化遺產保護中心對醒獅的介紹是：

> 醒獅，屬於中國獅舞中的南獅。歷史上由唐代宮廷獅子舞脫胎而來，
> 五代十國之後，隨著中原移民的南遷，舞獅文化傳入嶺南地區。明代
> 時，醒獅在廣東出現，起源於南海縣。現流傳於廣東、廣西及東南亞
> 各國華僑中間；在廣東境內主要分佈在佛山、遂溪、廣州等縣市。醒
> 獅是融武術、舞蹈、音樂等為一體的文化活動。表演時，鑼鼓擂響，

圖 6-1：高樁舞獅
高樁舞獅近年被列入馬來西亞國家文化項目，表演起來極具看頭，卻也相當危
險（劉瑞超／攝）

舞獅人先打一陣南拳，這稱為「開樁」，然後由兩人扮演一頭獅子耍舞，另一人頭戴笑面「大頭佛」，手執大葵扇引獅登場。舞獅人動作多以南拳馬步為主，獅子動作有「睜眼」、「洗鬚」、「舔身」、「抖毛」等。主要套路有「採青」、「高臺飲水」、「獅子吐球」、「踩梅花樁」等。其中「採青」是醒獅的精髓，有起、承、轉、合等過程，具戲劇性和故事性。「採青」歷經變化，派生出多種套路，廣泛流傳。遂溪醒獅在表演上從傳統的地獅逐步發展到凳獅，由凳獅又發展到高臺獅、高竿獅，由高竿獅又發展到樁獅。樁獅的難度也在不斷增大，如增加了走鋼絲、騰空跳等表演類。最高的樁接近 3 米，跨度最大達 3.7 米，充分體現了「新、高、難、險」的特色，被譽為「中華一絕」。廣州市的沙坑醒獅的道具造型特點是：獅頭額高而窄，眼大而能轉動，口闊帶筆，背寬、鼻塌、面頰飽滿，牙齒能隱能露。表演分文獅、舞獅和少獅三大類。通過在地面或樁陣上騰、挪、閃、撲、迴旋、飛躍等高難度動作演繹獅子喜、怒、哀、樂、動、靜、驚、疑八態，表現獅子的威猛與剛勁。自古以來，廣東醒獅被認為是驅邪避害的吉祥瑞物，每逢節慶，或有重大活動，必有醒獅助興，長盛不衰，歷代相傳。20 世紀 80 年代以來，幾乎鄉鄉都有自己的醒獅隊，一年四季，開張慶典鑼鼓聲不斷，逢年過節，獅隊便上街採青、巡演。各鎮、鄉村群眾性的獅藝普及也盛況空前。廣東醒獅已成為全國知名的為廣東特有的民間舞品牌。醒獅活動也廣泛流傳于海外華人社區，成為海外同胞認祖歸宗的文化橋樑，其文化價值和意義十分深遠。廣東醒獅已於 2006 年入選第一批國家級非物質文化遺產名錄。[1]

1　廣東省文化館〈非物質文化遺產（獅舞）廣東醒獅〉，「廣東省非物質文化遺產網」，http://www.gdsqyg.com/wzwh/show.php?itemid=472，2015 年 4 月 3 日

　　過去在沙巴州各華人地區的社團（如會館及宗親會）、華校、廟堂等，設有不少的醒獅團，1980 年代後也越來越多以體育會、武術會為名的華團也設立了醒獅團，隨著近年舞獅比賽越來越多，也有一些廟堂新近成立醒獅團，在店家新開張、新春賀歲採青之外，這些團體也經常參與各種舞獅錦標賽，以精進獅藝（圖 6-2）。[2] 何國忠（2006：110-113）指出，

圖 6-2：拿篤育才小學醒獅團在新開幕的店家前表演（劉瑞超 / 攝）

其實華社中的舞獅文化，只是一項文化傳統，早期並未引起太多華人關注，但是在 1970、1980 年代正值馬來西亞推動國家文化運動之際，當時的內政部長加沙里明白表示舞獅沒有本地色彩，除非將它改為舞虎，否則無法被接納為國家文化。舞獅因此受到刁難，引起華人不滿，原本不見得每個華人都喜歡的活動，突然變得珍貴起來。於是，每一次過年過節，報

上線。

2　如斗湖藝術文化體育會、山打根萬和體育會、沙巴光藝藝術與文化協會、沙巴三聖宮弘德體育會、沙巴李強龍獅團、斗湖普照寺醒獅團、亞庇龍藝南邦龍獅體育會、拿篤德教會紫諭閣醒獅團、亞庇南山觀音廟龍麒獅團、亞庇碧南堂龍獅團等等。

紙上總充滿申請舞獅表演風波的相關新聞。於是，爭取舞獅表演的權利，成了華人爭取尊嚴的角力場。[3]

位於沙巴州東海岸的斗湖佛教會在 1980 年代曾設有醒獅團，當初成立醒獅團之目的如同許多華校的醒獅團、金龍團、麒麟團一樣，主要是為了籌募經費，而佛教會成立醒獅團募款則是著重在慈善、教育、文化的活動上。二十多年間，隨著斗湖佛教會醒獅團的不斷發展和進步，並且多次在舞獅競賽中獲獎，佛教會並非是一個純粹發揚獅藝的舞獅團體，與醒獅團的運作目標逐漸出現差異。佛教會表示：

> 無法再提供獅團在發揚獅藝上的更多空間和欲成為獅王的目標。而醒獅團領導人也逐漸成熟並擁有了自己的想法，同時也具備了獨立操作醒獅團的管理能力。由於斗湖佛教會是以弘揚佛法為宗旨，所以兼顧獅團是一種很大的困難。而且斗湖佛教會的日常開銷是靠著平時善心人士的香油錢，所以有限的資金很難應付獅團的經費。獅團如今已進入了高峰期，所以必須時常前往各地參加各項比賽。巨大的參賽經費對斗湖佛教會而言負擔實在大。為了減少彼此的壓力，同時也尊重醒獅團領導人追求心中的夢想，因此該會理事會通過會議議決，決定讓醒獅團領導人往外獨立發展，尋找更大的發展空間。斗湖佛教會也特別衷心的感謝社會大眾過去二十年來對斗湖佛教會醒獅團的支持與協助。[4]

3　在此理解下，何國忠認為各種民族舞蹈、武術、華樂、民歌等傳統技藝、民俗活動，端午、中秋、中元等節日被大規模地慶祝，基本上都是針對華人文化被排除在國家文化的反彈。

4　The eTawau team〈南獅〉，「斗湖藝文體育會醒獅團」，http://www.etawau.

　　斗湖佛教會於 2012 年 9 月宣布解散醒獅團，原醒獅團另外成立斗湖藝文體育會醒獅團，兩者沒有隸屬關係。藝文體育會成立之後，旋即於2013 年獲得東馬獅王寶座，並前往西馬參加全國舞獅錦標賽，目前也是斗湖地區一支相當活躍的獅團。斗湖佛教會醒獅團獨立自立門戶事件可以很清楚的看出，過去藝陣團體的主要任務之一便是為其所屬單位（廟堂、學校、會館等）籌募運作經費，而隨著東南亞地區華社中龍獅文化的興盛，也逐漸發展出專業團體組織如斗湖藝文體育會，及沙巴龍麒獅總會等等。

　　除了屬南獅系統的醒獅，沙巴也有屬於北獅系統的金（京）獅，主要是附屬在福建會館或廟堂下，如山打根福建會館、斗湖福建會館、古達觀音廟等皆有京獅團（圖 6-3）。根據斗湖福建會館對京獅的介紹：

圖 6-3：福建會館金獅團表演
獅俑「弄獅」是與麒麟舞最大的不同（劉瑞超／攝）

com/Recreation/LionDance/YiWon.htm，2015 年 5 月 10 日上線。

北獅的造型酷似真獅，獅頭較為簡單，而獅身披金黃、橙、紅色毛。
舞獅者的衣服、褲子、鞋都會披上毛，故而未舞看起來已經是維肖維
妙的獅子。一般來說二人舞一頭獅子，但若是小北獅則是一人。北獅
表現靈活的動作，與南獅著重威猛不同，主要是以撲、跌、翻、滾、
跳躍、擦癢等動作為主。北獅一般是雌雄成對出現，獅頭上有紅結者
為雄獅，有綠結者為雌性；由裝扮成武士的主人前領，手拿綁有彩帶
的獅球。有時一對北獅會配一對小北獅，小獅戲弄大獅，大獅弄兒為
樂，盡顯天倫。北獅表演較為接近雜耍。配樂方面，以京鈸、京鑼、
京鼓為主。[5]

　　參加醒獅團或京獅團的華人，現在並無鄉團籍貫區別，許多醒獅團
中也可以見到客家子弟，他們多半在華校時接觸到舞獅文化，甚至有些客
家公會也曾有醒獅團。但是早期在沙巴成立的麒麟團，主要是客家社群，
他們的麒麟文化源自廣東南部，盛行於上世紀 1950 到 1960 年代。麒麟
是中國古代傳說中的動物，為吉祥的象徵，被尊稱為仁獸。舞麒麟主要流
行於湖北、湖南及廣東，前兩地區都是單純性的表演形式，廣東舞麒麟則
是屬於單純性與武術性混和的表演型態（施德華 2009：174-177）。
　　目前廣東省非物質文化遺產登錄在案的麒麟舞共有黃圃麒麟舞、深
圳麒麟舞、黃閣麒麟舞、海豐麒麟舞、東莞麒麟舞，各地區的麒麟傳統在
表演套路、樂器使用上略有不同。以目前沙巴地區較接近深圳傳統的麒麟
為例：

5　The eTawau team〈北獅〉，「斗湖福建會館京獅團」，http://www.etawau.com/
　　Organization/Association/Clans/Hockien/LionDance.htm，2015 年 5 月 10 日上
　　線。

據當地的傳承譜系，深圳麒麟舞的興起，可追溯到清咸豐辛酉年間，至今已有 140 多年歷史。深圳市前身新安縣（後為寶安縣）的布吉、龍華、觀瀾等近 20 個鎮鄉的客家人，當時即崇尚武術，風行舞麒麟。深圳麒麟舞的舞者必須是有武術功夫底的年輕人，因為舞蹈動作與武術動作基本相通，也要有伏、臥、彎、騰、躍、跳等難度較大的動作表演。深圳麒麟舞的表演套路分出洞、撓頭、舔腳、耍尾、尋青、採青、醉青、鏟腳、拜腳和聊（遊）花園等 10 個環節，伴著鑼鼓鑔的強烈節奏，以及嗩吶音樂和一陣陣鞭炮聲，時而騰空躍起，時而彎步前行，舞出麒麟的喜、怒、哀、樂、驚、疑、醉、睡等不同情緒和神態。在表演「擺水」即搖擺麒麟身體和尾巴時，舞麒麟頭的師傅只要用牙齒咬住頭部的下巴梁，便把整個沉重的麒麟頭固定穩當，再騰出雙手抓住麒麟被，然後就單腿站立，昂首生威，表現了深圳麒麟舞的最高動作技巧。傳統深圳麒麟舞常在春節期間或平時民間的喜慶場合表演，且一般都由兩部分組成，即先進行舞蹈表演後進行拳、棍、刀、叉、劍、戟等武術表演，顯示了麒麟舞與傳統武術的密切關係。深圳麒麟舞反映了當地客家人祈求驅凶趨吉、平安吉祥的願望，是客家移民一種重要的精神寄託，對研究客家地區的社會心理及傳統舞蹈與武術的關係具有一定歷史價值。[6]

　　過去十幾年，沙巴州各個客家公會麒麟團主要是與深圳地區的麒麟團交流較多，所以也使得目前客家公會麒麟傳統較接近深圳地區。除了舞

6　廣東省文化館〈非物質文化遺產（麒麟舞）深圳麒麟舞〉，「廣東省非物質文化遺產網」，http://www.gdsqyg.com/wzwh/show.php?itemid=482，2015 年 5 月 1 日上線。

獅、麒麟兩種藝陣外，貔貅也是被認為屬於客家文化的一種，目前只有在沙巴武術協會才看得見。貔貅是古代傳說中一種非常兇惡的野獸，外型似熊，古代常以貔貅隱喻勇敢的戰士。在中國南方浙江及廣東地區仍流傳著貔貅舞。與浙江貔貅不同的是，廣東貔貅是屬於武術型的表演型態，與醒獅類同（施德華 2009：174-177）。舞貔貅同樣被登錄為廣東省的非物質文化遺產，主要是在增城地區：

> 舞貔貅是增城市客家人的傳統舞蹈，又稱舞客家貓，主要分佈在派潭、正果、荔城等鎮鄉。據當地民間流傳，大約興起於明末清初客家人大批遷入增城的年代，距今已近 300 年。增城的貔貅道具以泥巴和紙張為主要製作材料，造型相當獨特：長長的身子，圓圓的腦袋，一副猴臉，但遠看像貓頭，有的頭頂還有獨角。此外還有性別之分，如一只「大貓」和一隻「小貓」同舞，則代表「貓媽」和「貓仔」；若只有一隻「貓」出現，則是「貓公」。增城舞貔貅的情節源於唐僧師徒西天取經途中，降伏獅子，然後一同為山區客家人驅瘟逐災的民間傳說。角色有貔貅、大頭佛造型的沙和尚及猴子造型的孫悟空。一般由五人表演，三人套上貔貅道具，按一人舞頭，兩人舞身和尾的方式扮演貔貅，另兩人分別扮演孫悟空與沙和尚。舞前，通常有一個稱「打四門」的儀式，由表演者朝拜四方土地神。表演時，先由一手拿蒲扇，一手拿一撮樹葉的沙和尚逗貔貅入場開始，孫悟空也相繼進場。貔貅就地表演一番跳躍、翻滾之後，便在鑼、鼓、鏡的伴奏下，與沙和尚、孫悟空按順序表演拜山、出山、逗猴、採青、歸山等情節動作。整個表演以嬉鬧、遊戲、諧趣為特點，呈現出人與獸和諧相處及熱鬧祥和的氣氛。舞貔貅是增城客家人逢喜事、年節以至開店鋪、建新房都要舉行的習俗表演。除了表達喜慶吉祥和祈求好運的意願，還蘊含驅邪之意，

有較豐富的民俗和文化價值。[7]

　　沙巴武術協會以推廣傳統中華武術為目的，針對六到十二歲的小學生提供武術課程，「學習中華武術文化，以武德培訓品德，透過強身健體和有助體格成長的武術磨練心智，在講求紀律和品德為先的武術課程中塑造優良品德人格」。其中位於東海岸的沙巴武術協會斗湖聯委會在 2005 年成立了麒麟團，2007 年又安排團員到沙巴總會接受貔貅訓練後，於同年創立貔貅麒麟團。該團在華人農曆年節及元宵節期間，也會出團向各界拜年採青。[8] 不過，筆者在接觸客家公會的麒麟團過程中，發覺他們對貔貅相對較陌生。對於貔貅文化在過去沙巴客家社群中的分佈與傳承，筆者目前尚無法確切掌握。

　　談到沙巴近年藝陣文化的發展，不能不提到沙巴龍麒獅總會的成立。該會成立於 2009 年，目的是為推廣中華傳統文化，透過在州內不同地區舉辦神山盃世界舞獅邀請賽、沙巴傳統獅藝錦標賽、沙巴獅王聯賽等賽事，促成州內各醒獅團更加活耀起來，也讓馬來西亞龍獅運動協會暨雪隆隆獅聯合總會舉辦的馬國雲頂全國舞獅錦標賽首度移師到東馬沙巴的斗湖舉行，並培養出曾打入全國高樁舞獅決賽的數支沙巴隊伍。[9] 除了辦比賽，沙巴龍麒獅總會也配合馬來西亞全國龍獅總會，在沙巴舉辦州級的「全國南獅教練培訓班」，教授學員關於南獅的起源和發展、武德、禁忌、禮

7　廣東省文化館〈非物質文化遺產舞貔貅〉，「廣東省非物質文化遺產網」，http://www.gdsqyg.com/wzwh/show.php?itemid=499，2015 年 4 月 3 日上線。

8　The eTawau team，〈貔貅麒麟團〉，「沙巴武術協會斗湖聯委會」，http://www.etawau.com/Organization/Association/WuShu.htm，2015 年 4 月 3 日上線。

9　至 2016 年 11 月已舉辦了三屆沙巴獅王聯賽，之後未有每年持續辦理。

儀、開光、教練準則、傳統南獅、競賽南獅、技能南獅等課程（不著撰人
2012b）。換句話說，沙巴龍麒獅總會的成立，提供州內的各個醒獅相關
藝陣團體一個交流整合的平臺，再進一步（透過承辦西馬半島全國龍獅總
會的活動）將沙巴藝陣團體整合進全國乃至跨國的華人藝陣文化網絡中。

　　沙巴龍麒獅總會的會長郭明道是亞庇市政廳的環境衛生局長。[10] 郭本
身是受英語教育出身的客家人，同時在政府單位任職，從原本不懂華文，
到後來受到外公的影響，才覺得華文教育的重要，並重新學習華文，他自
覺對華人文化有責任感。而他的公職又有關於市政硬體建設，尤其是環境
綠美化這方面，他覺得硬體建設完備以後，在精神層次上面也需要平衡，
所以才想推廣有娛樂性的文化活動，於是與幾位熱心獅藝的人士成立了沙
巴龍麒獅總會。也因他身兼公職的便利性而被推舉擔任會長。沙巴龍麒獅
總會在成立的隔年（2010）便促成沙巴州政府開始在每年華人新春前夕，
由州政府撥款派發獅頭與麒麟給相關華團，這是沙巴獨有的現象，馬國其
他州屬並無這樣的前例。[11] 郭也表示當初成立總會時，其實只有針對舞龍
舞獅而已，後來是經過前輩建議才加入麒麟這一項。

二、沙巴客家公會麒麟團組織

　　目前沙巴州十五個客家公會中，運作比較活躍的麒麟團有亞庇客家
公會、山打根客家公會、斗湖客家公會等，以及於 2015 年復團的拿篤客

10　他同時也是當時新成立於 2014 年的必打丹客家公會會長。

11　這個派發獅頭、麒麟頭的政策必須是由已在政府社團註冊局登記在案的團
　　體或學校向州政府提出申請，申請者必須已獲得警政單位批准的舞獅或舞
　　麒麟准證。

家公會。除了近年新成立的兵南邦、必打丹、古納等客家公會以外，[12] 州內其他客家公會在過去也多曾有麒麟團或獅團，但隨著人員流失、缺乏師資等因素，而名存實亡。換言之，各地客家公會的麒麟團曾經歷沉寂，甚至消失的一段時間。以東海岸的斗湖客家公會為例，該會前身在沙巴客屬總會斗湖分會成立初期（1960 年代後半，見第 2 章）為了發揚武藝及舞麒麟的文化，也設有一支麒麟團隊，每逢過年喜慶皆出動表演慶賀拜年。但在 1970 年代沙巴在聯盟政府的統治之下，由於政治因素，華人的舞龍、舞獅、舞麒麟等傳統文化遭到禁止。[13] 經過一段時間後，年輕一代的華人子弟也接觸不到這個傳統。直到 1980 年代人民黨在沙巴執政以後，華人傳統文化才逐漸解禁，教育及經濟活動才逐漸恢復正常，藝陣文化又開始興起。但是老一輩的麒麟師傅已經不再，學過的人的技術也不夠純熟，一些傳統舞法、樂器的搭配技巧都無法傳承下來。當時斗湖也只剩下一間興華小學保有一支麒麟隊。在沒有師資的情況下，斗湖客家公會放

12　古納縣位於東海岸斗湖與拿篤之間，是個華人人口不到千人的小縣。古納客家公會雖已成立理事會向政府社團註冊局登記，但當時尚在招募會員，也還未加入沙巴客聯會。

13　1969 年全國大選後，西馬數個州發生種族衝突的 513 事件，全國進入緊急狀態。沙巴州也於 1970 年進入緊急狀態，許多活動被凍結、禁止，失去自由，亞庇客家公會原本每年農曆新春期間出動麒麟團賀歲，為崇正中學募款的活動也因此被取消。其實時至今日，雖然州政府每年贈送麒麟、獅陣道具給華團，各客家公會麒麟團在遊街拜年或者其他活動時，都要先向警察局及政府單位申請准證，包括申報活動路線、團員姓名、活動保險等資料。但即便有事前向警政單位報備過了，都還是偶爾會遭到關切，例如 2015 年 3 月沙巴龍麒獅總會舉辦的「沙巴世界客家麒麟觀摩大會」，活動正式開始之前，也突然接到警方要求遊行隊伍不得沿街敲鑼打鼓製造音響，引起部分麒麟團不滿。

棄恢復麒麟團組織，而在 1980 年代初期設立醒獅團。後來，斗湖興華小
學麒麟隊也傳出即將停辦的消息，各地客家公會也發現麒麟文化有即將消
失在沙巴的危機，於是透過沙巴客聯會的商議，要求各地客家公會成立麒
麟團組織，斗湖客家公會於是在 2003 年借用了停辦了的興華小學麒麟團
之道具，並獲得在地有力人士贊助經費，復辦了客家公會麒麟團。沙巴客
聯會並在 2003 年於古達舉辦了第一屆全州麒麟觀摩賽，當時全州 12 個
屬會中有六個會派出麒麟團。2004 年第二屆麒麟觀摩賽再結合了沙巴客
聯會員大會及全州客家懇親大會，在內陸區的根地咬舉行，這次提高到 9
個客家公會派出麒麟團參賽，斗湖客家公會也是其中一隊（圖 6-4）。[14]

　　視各個客家公會在組織及人力上的考量情況不同，麒麟團有時是隸
屬於理事會下的一個小組，有的是附屬在文教組、康樂組或青年團之下，
設有團長、教練。西海岸斗亞蘭縣客家公會的麒麟團便是隸屬於青年團之
下，該會於 1988 年時又成立了南獅團，形成同時擁有麒麟團及南獅團的
情況，在農曆過年前後向縣內華人家戶商家賀歲拜年及打棚，當時團裡還

圖 6-4：吧巴客家公會麒麟團至華人家戶及商家採青
在沙巴客聯會鼓吹下各地客家公會又紛組麒麟團（吧巴客家公會提供）

14　這個沙巴客聯會主辦的全州麒麟觀摩賽並未持續舉辦下去。

有許多功夫手足以應付。[15]

　　內陸地區的根地咬客家公會在 1964 年成立時（時為客總分會），便設有麒麟團，當時根地咬地區還有懂得製作麒麟頭的老師傅，由其擔任武術總教頭，率領一批成員在農曆年節或重大節日前，開始習武練習。新春期間除了向本地華社拜年打棚，甚至搭火車到亞庇拜年，所獲得的經費均用來償還興建公會會所的費用。但是到了 1968 年，麒麟團便停止了。直到 2002 年響應沙巴客聯會復興麒麟文化之議，才再度成立麒麟團，並在兩年後沙巴客聯會舉辦的第二屆（2004）麒麟觀摩賽中奪得冠軍。

　　東海岸拿篤地區的麒麟團，最初是由當地的公民小學在 1950 年所設立，當初是為了學校募款而設，後來其他華校也相繼成立。拿篤客家公會麒麟團曾經沉寂許久，又於 1995 年再度於公會青年團之下設立麒麟團（圖 6-5），當時已是拿篤地區唯一的麒麟團，成立之初還能招收到四十名

圖 6-5：拿篤啟文學校（左）及客家公會的麒麟團（右）（拿篤退休麒麟教練提供）

---

15 根據香港地區客家麒麟的傳統，麒麟出隊謂之「出棚」，麒麟舞開始表演時謂之「開棚」，結束時則稱為「收棚」（劉繼堯、袁展聰 2018：55）。沙巴麒麟則經常以「打棚」指稱「開棚」。「招棚」及「招青」則指在農曆新年之前透過報紙、網路媒體、人際網絡等方式進行宣傳，期望招來家戶、商家、機構等客戶，向麒麟團下訂年節期間的表演。

團員。麒麟團剛剛成立後，青年團長兼麒麟團長（即現任客家公會會長）隨即與馬來西亞龍獅總會前往香港，參加香港龍獅麒麟貔貅總會所舉辦的香港區龍麒大賽，藉以吸取經驗。無奈的是，拿篤客家公會的麒麟團依舊沒有太大起色，無法運作。在進入新世紀以後，2003 年沙巴客聯會鼓勵各屬會成立麒麟團搶救客家文化，拿篤客家公會會長在理事會希望大家支持再組麒麟團，團組織起來了，但未幾又面臨了考驗。在參加過 2004 年沙巴客聯會舉辦的全州麒麟觀摩賽後沒幾年，馬上面臨團員流失，卻無法招收到足夠華人團員而面臨解散的問題。

山打根在 1960 至 1990 年代之間，除了山打根客家公會以外，幾乎各個華校都有麒麟團，最多時該地同時有二十多個客家人組織的麒麟團，甚至連乒乓協會、游泳協會、油漆工會、Taxi 工會都曾在短暫期間有過麒麟團。也因山打根位於沙巴州東北岸的區域中心位置，也是該州第二大城，形成人口、經濟活動、就業機會的移動中心。在此背景下，山打根客家公會的麒麟團能夠維持那麼長時間，且能比其他相對偏遠、邊緣的城鎮在招收麒麟團成員上來得容易。

同樣的，地處西海岸沙巴門戶首府的亞庇，是該州政治經濟中心，也是州內城鄉移民的重點，吸引許多華人至此尋找就業機會、接近教育資源。因此，就招收麒麟團成員而言比起偏鄉小鎮容易。亞庇客家公會屬下的崇正中學擁有許多華人學生，是個招募團員的重要管道之一，因此該公會麒麟團在 1983 年便至崇正中學開設武術班，由麒麟團派人督導學生練習武術及麒麟舞。

（一）麒麟團的領導者

客家公會的麒麟團通常設有團長（有時是青年團團長或理事會成員

兼任）及教練。團長通常自身在過去也有參與麒麟團的經歷，現專責打理
行政事務，包括安排交流活動、接演出團、以及過年前的招青／招棚（亦
即找客戶）。麒麟團教練則是直接負責舞麒麟的教導，他們幾乎都是麒麟
團出身的，本身就有多年舞麒麟經驗。平時下班後利用晚上接送團員練
習，讓家長放心，至外地演出也要打點團員事務（參圖 6-6）。

　　斗湖客家公會麒麟團教練年約四十餘歲，平日從事汽車修理業，已
擔任教練近二十年：

> 會接觸到麒麟是小時候念書時（斗湖興華小學）參加學校的麒麟隊，
> 那時候是為了要籌款。以前學校有四隊（麒麟）！有三位教練在教，現
> 在只剩一隊了，也只剩我在教。……我從二十歲時開始學習，像舞法、
> 步法、動作，還有鑼、鑔、樂曲這些。（麒麟的）喜怒哀樂一定要表現
> 出來，不然沒有賣相。

　　拿篤客家公會麒麟團復團前曾解散過幾年，該團退休教練已六十多
歲，他也是從小在生活中便有接觸麒麟的經驗：

圖 6-6：斗湖客家公會麒麟團教練與隊員
教練得帶隊外出表演，平日又得接送隊員練習（劉瑞超／攝）

四、五歲時候，拿篤的華人還很多，過年時候阿婆會帶著（我們）去看舞獅、舞麒麟表演，後來 1967 年啟文學校為了興建課室，要募款，就組織了麒麟團來募款。（我當時）不想參加而被阿公罵，只好去應付一下，跟朋友去看看，沒想到竟然有六十多人報名。那時候每禮拜學兩天，禮拜五跟禮拜六。唐山來的老師傅，教我們坐馬步……。（啟文學校麒麟團）來報名的六十多個，最後剩下二十八人出隊。也替的士（Taxi）公會、教堂出隊去募款，客家公會也來找麒麟團幫忙出隊。53年到 55 年之間，拿篤的華校就有麒麟團了，那是我的師傅輩的。（沙巴客聯會）在根地咬的全州麒麟觀摩賽我去當了評審。

山打根客家公會現任的麒麟團教練也已六十多歲，他來自一個麒麟世家，也一直對麒麟保有濃厚的興趣。他的父親曾在亞庇從事電器工作，也在當地擁有自己的麒麟團，在過年期間到處去打棚。對他而言，麒麟是「下南洋帶來的傳統」：

（我）爸爸是從（廣東）寶安來的，爸爸跟伯伯（伯父）都是麒麟師傅，爸爸去了亞庇，伯伯在保佛。（我）從小就是跟著（長輩）學習。十七歲時後加入客家公會，接觸到公會的麒麟團，跟著山打根的客家師傅學。

山打根客家公會麒麟團長本身對華人教育事業很有熱忱，擔任數間華校的董事，也是沙巴州華小工委會的理事。自 1998 年開始帶領麒麟團至今已二十餘年。他對中國文化事務情有獨鍾，認為「南洋華人」應義不容辭地支持華人文化、儒家思想，包括堅持傳承客家文化，都是我輩的使命，尤其，「麒麟又是客家的寶」。六十餘歲的他在 1968 年便開始接觸麒

麟，初期是參加山打根萬和體育會，當時山打根有不少同鄉會、體育會、華校等民間團體設有麒麟團，全是客家人的。新年期間出來拜年賀歲。他在 1970 年代開始加入客家公會麒麟團，當時的教練也是本地客家人。

> 個人已是第三代，看法是小時候受環境影響，老一輩的人對傳承麒麟的執著，每年傳承此文化，我們這一輩也有責任將其傳下去。我是先參加萬和體育會麒麟團，後來才加入客家公會的（麒麟團）。那時候教練教的都是很傳統、很完整的（麒麟）。60 年代山打根曾有將近二十多個麒麟團，分屬體育會、同鄉會、及華校，各有師承派系，相互競爭。民間團體出動麒麟團的目的是傳承文化、拜年、互惠互利。同鄉會、公會的麒麟團，向同鄉、顧問賀年募款，支持公會的常年活動，維持會員福利，像是敬老晚宴、會所的維持……，同時也傳承文化。華校出團是向社會大眾、華校顧問募款，支持學校辦學。

這位團長指出了麒麟團存在的目的，除了傳承文化以外，就是在實際層面替母會、母校開拓財源，也為麒麟團自身運作籌經費。這就涉及到麒麟團的營運方面。

（二）營運

一般而言，現在麒麟團運作所需費用，包括器材費（麒麟道具、樂器、團員服飾、拜神祭品、開光用具）、交通費（平日接送隊員練習、出團表演時貨車租賃等）、伙食費（出隊期間的茶水飲食）、場地費（練團場地租賃費、開光場地費）等項目。農曆新年、入新屋、店家開張等等出團演出所獲得的費用，通常有全數繳回母會（客家公會），或者麒麟團與

公會按比例分配的方式。分給麒麟團的部分，又分教練所得及團員的分紅。山打根客家公會會長直言：「以前都沒有分紅這種事，入團出團都沒有錢，麒麟團運作的費用是學校給的。現在麒麟團出團的費用收入，就都分紅給團員了，不然沒人要來」。

　　斗湖客家公會麒麟團算是目前沙巴州內比較活躍的麒麟團之一，經常在地方活動中出席演出，但要有收入，除了店家開張、新婚、入新屋等類的邀請以外，就只有年節期間招青打棚的演出了。該會麒麟團在2003年沙巴麒麟復甦浪潮中再次成立，至今營運不墜，也因其對公會而言，是個不錯的經濟來源，這可從表6-1顯示其復團後的歷年收入可看出：

　　由上表可以看見，團員人數與麒麟團的紅包收入呈正相關成長。斗湖客家公會麒麟團出隊收入是三七分帳（麒麟團三、公會七），出隊開銷是由公會收得的七成中去扣除，也就是麒麟團能有收入的三成保證。麒麟團日常的各項維持費用也是由理事會支出，至於麒麟團招青打棚所分得款

表6-1：2003-2009年斗湖客家公會麒麟團出隊營收支出
（單位：馬幣。四捨五入，小數點後去除）

年份	團員人數	紅包收入	30%酬勞金	出隊開銷	公會淨收入
2003	13	22,830	6,759	6,757	9,314
2004	23	38,767	11,240	11,053	16,474
2005	26	35,915	10,234	10,321	15,360
2006	33	43,220	12,876	13,953	16,391
2007	33	53,054	15,916	14,271	22,867
2008	33	65,178	18,863	18,117	28,198
2009	35	74,114	22,084	22,066	29,964

資料來源：本研究整理

項要如何分配給教練及團員，公會並無硬性規定，這也是經常引起爭議的部分。青年團曾提出改革麒麟團的分帳傳統，改成發薪水方式給教練及團員，但引起教練反彈。[16] 該公會署理會長表示：「麒麟團有點類似承包商的方式，在過年時候出隊打棚，所得的錢與公會分帳，已經變成為了賺錢而出隊的團體」（圖 6-7）。

圖 6-7：領紅包是大家最期待的時候（拿篤客家公會提供）

　　也因此，能獲得越多的表演、打棚機會，就越能增加可能的收入。安排演出的行政工作就是麒麟團長的職責了，有時招青的「獻青人」所選

16　隸屬客家公會組織之下的麒麟團，名義上受到理事會的監督，但實際上由團長及教練分別負責行政事務（平日與友會的交流、年節出演）及團員的教學訓練。團長是理事會成員，但麒麟教練並不隸屬理事會，甚至也未必是客家公會會員，有時與理事會在團隊管理、經費明細、麒麟團財產上會產生衝突，危及公會本體的利益，甚至被視為紀律上的不忠事件。

的時間會互相衝突，[17] 也會影響招青成果，團長需要不斷調整、協調路線與順序，分配團員前往。一戶採青基本上就是出動一對公母麒麟，目前價碼約五百馬幣，「獻青人」可視其預算或需求，甚至請來兩對或更多對的麒麟都並非少見（圖6-8）。過年前，麒麟團的招青／招棚，除了登報廣告外，幾乎都是先向自己組織（公會或華校）中的潛在大客戶下手，包括名譽理事長、名譽顧問、董事等對象，具有這些身分的人通常都是經濟狀況好的生意人，平日就常捐款資助華校或公會。對他們而言，除了增添過年過節的氣氛，也知道這算是贊助公會及麒麟團。[18] 團長及理事們會再透

圖 6-8：左為斗湖客家公會、右為拿篤客家公會新春採青
麒麟採青規模視獻青人預算而定（拿篤客家公會提供）

---

17 「獻青人」即指負擔麒麟團表演經費者，例如家戶之主、商家老闆、機構負責人等。

18 在沙巴華社的社團及社交活動中，贊助（當地謂之「報效」）是種常見的人際、社團與社團之間的互惠交換型態。某社團舉辦活動需要資源（例如活動獎品、餐宴桌錢），就會透過當地華社人際網絡尋求熱心人士的報效。報效人除了獲得社會名聲（甚或得到社團的名譽職），也將自己的人際、經濟網絡鑲嵌進特定社團（例如，報效了一桌餐宴，也帶了自己的朋友出席活動），隱藏了日後可能的資源回報。

過這些人的人際關係網絡向外引介，擴大麒麟的市場。沙巴華社中具有政經實力的角色，通常同時具有多重身分頭銜，既是華校董事、公會名譽理事、也是商會幹部等等，於是形成一個關係網絡，可讓麒麟團攀附而上。

　　有些客家公會的麒麟團不若山打根、斗湖、亞庇等三大客家公會穩定，即便過年期間能出團，卻類似一次性的任務編組一樣，過年前召集訓練，從香港購入新的麒麟，新春採青，年後便解散。也有的客家公會以外包的方式進行新春採青活動。2011 年春節前，拿篤客家公會的理事會議上，會長表示「麒麟是客家文化，希望新春年間公會還是能按計畫出隊」，但是該會麒麟團教練卻來函表示年紀已大要辭職。拿篤麒麟團沒有教練，無法出團的消息傳出，山打根的雄文堂麒麟團體育會聞訊前來拿篤自薦（雄文堂是目前山打根唯二有麒麟團的單位）。雄文堂麒麟團的功夫內容包括：肉針、雙刀、凳椿、長棍、藤遮、大刀、大耙、鋤頭、拐杖包袱等，符合拿篤過往麒麟團採青（麒麟表演）打棚的傳統（圖 6-9），於是雙方合作了。

　　山打根雄文堂派了十五位團員，前來協助拿篤客家公會採青籌款兩天，約定以六四分帳方式（雄文堂麒麟團六成、拿篤客家公會四成）。來

圖 6-9：拿篤客家公會早期麒麟團採青打棚時的武術表演（拿篤客家公會提供）

自山打根的麒麟團，解決了拿篤客家公會教練辭職的暫時性危機，公會新春招棚工作於是立即展開。有了這次合作機會，雄文堂麒麟團於隔年再次出團替拿篤客家公會採青打棚。雖然是來自外地，但外來麒麟團必須穿上拿篤客家公會麒麟團的制服，並由公會的理事們在年節期間分別帶隊前往獻青人之住家或店舖。但卻發生有些團員在沒有理事帶隊下沿門拜年，逸脫公會網絡的安排，引發收入款項如何分配爭議。這個私自接單的事件，加上客家公會麒麟團因為成員逐年減少，華人家長不願子女參加如此辛苦練習的活動，逐漸有非華人的成員進入隊伍替補空缺，復以教練辭職，各種不利條件之下，2013 年當時的青年團團長決定解散麒麟團。

無論是為了傳承華人／客家文化，抑或替母會及自己賺取經費，麒麟團要能營運，都得依賴訓練出純熟技巧的可靠團員。

（三）訓練

麒麟教練是麒麟團中如靈魂般的重要角色。教練個人的麒麟知識（舞法、步伐、拳法、樂譜）都會因師承不同而有所差異。在過去，武術是訓練的基礎，這也是麒麟及南獅（醒獅）的特色。所以早期入團，都得學武術，當地人謂之學「打棚」或「裝拆」。[19] 傳統的匸新春採青整套麒麟活動包括了「麒麟跳」及「裝拆」兩部分，但近年只有山打根客家公會的麒麟團還有「裝拆」的表演（圖 6-10）。山打根客家公會前會長年幼時也曾加入麒麟團，他表示：

---

19 「打棚」指的麒麟舞表演完後，再由團員利用各種棍、棒、刀、槍、藤牌、板凳等兵器類進行武術表演。「裝拆」則是指兩人利用兵器表演對打，「裝」指一方使出一套刀法或棍法，對打的另一方則要「拆」解他的攻勢。

圖 6-10：山打根客家公會麒麟團的武術表演（劉瑞超／攝）

當時華小都有麒麟團，我小學時參加過育才學校的麒麟團，教練是山打根的客家人。頭一兩年（我）只是負責搬東西、紮馬步、學拳、學功夫，要待到兩年了，學到不錯了，才有機會在打棚時候下場打拳，平常都只能練紮馬步，到一定程度了才能學打拳。

該公會麒麟團教練也說現在團員還是要學拳術，但沒有以前嚴格了：

學一套拳，有興趣有耐心，應該學很快，至少要練三年，能明白規矩以後才能上陣。……先練（麒麟）尾，最後才能舞（麒麟頭）……以前要練習紮馬（步），今天再（要團員）紮馬，人都不來了。

打鐃（鑼）的也是從隊員裡面選出來，（他）也要練拳，也可以舞（麒麟）。音師是最重要的角色，不是每個人可以做，因為要記譜，記在腦裡，不能看譜。先練小段，慢慢（再）增加（段數），總共有五段（麒麟跳）。

　　該會麒麟團團員的訓練是每週一到週五的晚上練習,但因團員白天都在工作,練習時常遲到。[20]這些白天工作或唸書晚上又要練團的隊員,辛苦不在話下,如何兼顧訓練品質也很難拿捏,因為「人數太少很難要求,一嚴格人就跑了」。面對招收華人子弟維持麒麟團運作的艱難,山打根客家公會會長、麒麟團長、教練等人苦思對策,打算發公文給當地十間華小,以「客家文化及強健體魄」為號召,招收學童加入。並且由公會出資購置新器材,甚至招待團員家人到公會聚餐烤肉都行,只為了能獲得團員家長的支持。為了維持一支能夠穩定運作的麒麟團隊,必須下的苦心不會少,這也反映了各地客家公會麒麟團所面對的成員困境。

第二節　「客家麒麟」的差異性與想像的真實性

一、「傳統」的麒麟

　　透過對沙巴麒麟組織的運作及文化展演的觀察,可以發現這些參與其中的客家社群,對所謂傳統的麒麟文化有一種記憶中的「傳統」。這些記憶乃過去單純欣賞麒麟及身為麒麟團員、教練,或聽聞前輩敘述而來,透過這些經驗比較今日所見的麒麟,進而對何謂真正傳統的麒麟有一種想像,也常以此評斷今日、他人的麒麟功夫。筆者在沙巴最常聽聞的這種比較是關於麒麟型制、禮節、儀式、演出內容等。

20　斗湖客家公會麒麟團則是一週兩個晚上的練習。

（一）麒麟型制

　　傳統的麒麟有分公母，公黑母紅。麒麟頭下接黑、白、紅、黃、藍的五色布。這布在緊接麒麟頭的部位上寫有「國泰民安」、「風調雨順」（公母麒麟各一）字樣，五色布之下再接上無麟片、長約三、四公尺的麒麟被（麒麟衣、麒麟身）。麒麟頭是由竹片所紮出的骨架，再黏上以紙、布等材料作為麒麟頭的外層，最後彩繪之。由這種材料組合起來的麒麟頭並不重，舞動麒麟頭時也因其材料及動作的關係會出現相當的動感。在麒麟被上，中國南方傳統的麒麟是長身麒麟，北方是短身麒麟，沙巴過去的麒麟文化都是來自廣東南部。這些是在沙巴常聽見的「傳統麒麟」。

　　1997 年之時，拿篤客家公會青年團將傳統麒麟被進行「改革」，創新做出「沙巴首見」的類似舞獅般華麗的短身麒麟。筆者認為此乃學習自中國。目前已知在 1998 年東莞的某麒麟武術隊為了表演的效果，便已將過去的四公尺的長身麒麟，改變成約二公尺的短身麒麟，並創新武術套路、音樂、服裝（圖 6-11、6-12）。推測在此之前，廣東已有某些地區的麒麟團隊也為了表演效果，而改成類似舞獅的短身麒麟及服裝。當時首創沙巴短身麒麟的拿篤客家公會青年團長（現任會長），曾在 1996 年前往香港與麒麟團體交流學習。[21] 或也因此「引進」短身麒麟至沙巴。[22] 這款短身麒麟在 2004 年沙巴客聯會為拯救麒麟文化而舉辦「全州麒麟觀摩賽」中曾引起爭議，因為它被視為「不是傳統」的麒麟，沙巴客聯會針對麒麟長短身的問題商議許久，最後決定在比賽中區分傳統組與創新組。傳統組冠

---

21 《拿篤客家公會創會二十週年紀念特刊》，拿篤客家公會 2003：B49。

22 除了拿篤客家公會麒麟團自己使用短身麒麟以外，也曾販售給亞庇的茅山道教會等團體。

圖 6-11：傳統長身麒麟的麒麟衣長約四公尺且較樸素（劉瑞超／攝）

圖 6-12：改良後便於表演的短身麒麟衣已如花俏南獅衣（拿篤客家公會提供）

軍由根地咬客家公會獲得，而拿篤客家公會當時只獲得創新組的第三名。

　　沙巴州政府於 2010 年起在每年華人新年前採購贈送給州內麒麟團的也大都是短身麒麟為主，因此目前長短身麒麟並存於沙巴（如亞庇及斗湖的客家公會麒麟團）。短身麒麟的麒麟被，類同於華麗舞獅，也便利於演出，但也遭一些人批評是「麒麟頭獅子身」。

　　哪一種麒麟才是正統、傳統？即便在廣東及香港其實都有不同。一位香港歷史文化的研究者表示，客家麒麟與東莞、海陸豐的卻有明顯不同，客家麒麟以白色為主，額上獨角畫有八卦，臉上繪有金線、玉書和牡丹花等圖案，而東莞麒麟與海陸豐麒麟，則分別是以紅綠和青綠色為主，

色調上有顯著的不同（不著撰人 2016a）。沙巴地區的麒麟外型與深圳東莞地區的麒麟較為相近，但這可能源於近年來中國與沙巴的交流增加，早期沙巴各地尚有能製作麒麟的師傅，能夠在當地自產自用或販售至其它村鎮學校的麒麟隊。目前沙巴能夠製作麒麟的老師傅只剩下山打根一位，幾乎所有麒麟都是自中國香港、深圳等地購入。

（二）禮節傳統

沙巴華人藝陣文化中主要就是龍、麒、獅為主，其中醒獅團、金獅團最多，次之麒麟團，龍團大多是附屬在華文獨立中學，貔貅團最少。這幾種靈獸在華人民間習俗中被賦予高低位階，依序是龍、麒麟、醒獅，貔貅、金獅。這種尊卑階序透過禮節來呈現。在遊街、採青、同場演出等場合中，這些陣頭若遠見到彼此，必須按照位階示意。譬如麒麟出隊時，若遇上獅陣，獅陣樂手必須息鼓停止敲鑼或降低音量，同時獅子必須放低獅頭獅身向麒麟行禮，退後，直到麒麟離去。換言之，麒麟若遠遠見到龍陣，樂手停止或低聲，麒麟退路邊等，讓人前去通報，等龍隊採青結束後，讓麒麟向龍行禮，龍也會回禮，但姿態較高，麒麟是用跪的，如同醒獅要跪麒麟般。若是在大型表演場合上同時有各種藝陣，一樣得按照尊卑禮數來。

2014 年元月農曆年前，斗湖華人社團聯合會舉辦了一場「甲午年新春龍麒獅大會串」活動。[23] 邀請了斗湖地區擁有藝陣團體的華團華校廟堂

---

23 農曆年前的新春大會串活動在沙巴每個華人地區都會舉辦，多半是由該地區的華團聯合組織舉辦，如山打根華人同鄉會總會、斗湖華人社團聯合會。這種聯合會組織是以當地各種會館、宗親會、同業公會、藝文組織等各類

出演，共計有醒獅團、京（金）獅團、麒麟團、金龍團等十二隊參與演出，斗湖民眾大會場擠滿了超過千餘人不分族裔的觀眾欣賞。開幕式後，各隊伍分據會場周邊各自集結，輪到個別隊伍表演時，隊伍上場前都會按照龍、麒、獅、貔貅、金獅這樣的順序滿場繞行，由教練或獅俑率領前往該敬拜的對象行禮，之後才登場演出。這種禮節也被認為是該團遵照傳統與否的指標之一，在過年期間龍隊、獅團、麒麟團絡繹於華人社區，有時便會遇見「不懂禮節」的團隊，主要是醒獅團（因為它的數量最多），這種失禮情形與帶團的教練關係較大（圖 6-13）。此外，麒麟團到了採青之宅，或者到外地與其他麒麟團交流時，進入該空間時除了向對方陣頭行禮外，也需先「拜四方」，否則亦是失禮。

圖 6-13：麒麟位階高於醒（南）獅
左圖為斗湖客家公會麒麟團在華人家戶採青時巧遇醒獅團（斗湖客家公會提供）；右圖為新春龍麒獅大會串表演場合上麒麟接受醒獅團致意（劉瑞超 / 攝）

華團為會員。在新春大會串時，多會安排龍麒獅表演，開放給當地民眾欣賞。

（三）儀式傳統

　　麒麟雖是藝陣文化（或當代展演文化商品）的一種，其中也包含了宗教性質的儀式，採青前的開光及出隊前的拜神。[24] 麒麟團每年在採青前都會購置新的麒麟頭（竹、紙材料的麒麟頭其實也很容易毀損），新的麒麟頭必經開光點睛的儀式，且必須是在夜裡於無人煙的山區樹林中進行。山打根客家公會麒麟團團長說：

> 麒麟頭剛紮好時，是沒有生命的，裝上麒麟衣、身體，必須包住麒麟雙眼，因為牠是神獸，是會吃人吃動物的獸，必須透過膜拜、馴化，才不會帶來災難，才能國泰民安。這就是為何要進行開光儀式，要讓麒麟認得你是好人，沒有儀式，容易有意外。以前山打根客家公會麒麟團是在過年前找一個好日子，在午夜十二點進到山裡，「食青」，青就是樹，現在都用生菜代替，因為生菜就是生財。以前是因為反清復明的關係，利用採青來「踩清」。

　　為何要在夜裡開光？因為「麒麟殺氣重」，所以大夥人得在黑夜裡到樹林間選一棵樹，眾人得保持靜默，音師在旁以極小的聲量敲擊著，開光前的麒麟，眼跟嘴都是用紅布包纏著，由舞麒麟的頭尾手兩人，蹲抓著麒麟頭，以現宰雞血替新麒麟的眼、舌、角、身、尾開光，開光完畢麒麟才

---

24 即便麒麟在儀式上帶有宗教性，但若就如新春龍麒獅大會串這種純粹表演的場合，其實並無宗教味道。一位基督教教友認為龍麒獅的表演教友也可以去看，那只是一種文化活動，因為本地的特色是人少地方小，人的身分很多重，社團之間要團結，互相會邀請，不會因為信仰不同而隔絕。

算活起來，此時鑼鼓大作，麒麟逐漸甦醒、活動，舞出一整套的麒麟跳，並唷咬一棵樹。據說被麒麟唷過的樹，兩天之內一定會枯死。這樣的傳統開光儀式，流傳在不少人士心中，每每以神秘的口吻描述著他曾（或聽來）經歷的傳統。時代變遷之下，現在很難看見麒麟在山林間進行開光儀式，幾乎都是在廟堂舉行，也不再用雞血，而是用朱砂代替。雖然改在廟堂開光，參與儀式的成員也都會在身上插上以紅布纏綁的一小束樹葉，用以避邪。[25] 例如山打根客家公會在三聖宮進行，斗湖客家公會在斗湖德教會紫辰閣舉行（圖 6-14）。

圖 6-14：山打根客家公會麒麟開光（山打根客家公會提供）
山打根客家公會選在百年老廟三聖宮裡，為新麒麟開光點睛

　　拿篤客家公會麒麟團曾因各種原因多次組起又解散，最近一次重組是在 2015 年 4 月，時間恰恰在沙巴舉行世界客家麒麟觀摩大會之後（見下文）。為了重組一支真正的客家麒麟，該會找來當地麒麟大師耆宿主持，由兩位名譽顧問開光點睛，儀式地點選在拿篤觀音慈航廟旁的樹下，樹旁點了蠟燭圍繞（圖 6-15）。雖然沒有真正進到山上，也以硃砂代替雞血，但已顯示出其找回傳統的用心。

25　目前只知當地客語喚該葉子叫 luk-yap，但尚無法確認是何樹種。

圖 6-15：拿篤客家公會麒麟開光（拿篤客家公會提供）
拿篤客家公會在暗夜中於觀音慈航廟旁的樹林裡替麒麟開光

　　現在開光儀式都會邀請相關人士前來觀禮，並安排重要人士點睛開光。麒麟團會先將要開光的新麒麟一列排開在神壇前，每頭麒麟頭尾兩人進入就位。儀式主獻由公會會長擔任，陪獻者即受邀點睛開光者，通常是理事會的成員、公會的顧問、或報效新麒麟頭的人士。儀式由獻祭開始，主獻、陪獻分就神壇前龍位虎位下跪奉香之後，接著由司儀朗誦祝文，朗誦完畢，主、陪獻再度頂禮膜拜（圖 6-16）。以斗湖客家公會麒麟團 2008 年的開光儀式的祝文為例：

圖 6-16：斗湖客家公會麒麟開光（劉瑞超／攝）
會長率領理事於斗湖德教會紫辰閣奉香敬拜並替麒麟開光

公元二零零八年正月二十八日（農曆丁亥年十二月二十一日），斗湖客家公會麒麟團於斗湖德教會紫辰閣舉行麒麟點睛開光儀式。弟子等虔誠祈禱德德社諸佛仙尊庇佑，國泰民安，風調雨順，農畜豐收，生意通順，財源廣進，家宅安康，吉祥如意。感恩德德社諸佛仙尊大慈大悲護佑，此禱。

　　祝文念誦頂禮結束後，隨即拆除包裹在新麒麟眼、鼻、口部的紅紙，由青年團執委引領來賓進行點睛，其他的麒麟團員這時是在後方列隊而已，理事會等人員則在座位上觀禮。開光點睛有其順序，依雙眼、鼻、角、口、耳、四腳、背部、天靈蓋等順序進行，開光儀式由念誦「開光訣」開始：

〈麒麟點睛開光九訣〉

吉時吉日來開光，客家麒麟查查鐺

一點雙眼亮光光，看顧鄉梓照四方

二點靈鼻和鐵角，氣勢崇高國家強

三點金嗆唇齒舌，豐衣足食好風光

四點順風龍通耳，風調雨順連年旺

五點爪甲行好運，麒麟處處現吉祥

再點彩被托壽福，國泰民安喜洋洋

後點麒麟靈通蓋，客家偉業日月長

　　開光後，麒麟教練拿起一束樹葉在麒麟陣前揮舞，麒麟開始甦醒，同時鑼鼓齊鳴，由教練引領在神壇前進行「拜四方」，然後引領麒麟到戶外廟旁的福德殿參拜。參拜完後由主、陪獻等人解開所有新麒麟頭上纏綁

麒麟角的紅布帶，至此，麒麟開光儀式結束，完成馴化麒麟的工作，可以開始加入團練了（圖 6-17）。

　　即便開光儀式已隨時代而改變，但麒麟拜神的習俗卻還依舊。這個拜神的習俗在兩個儀式空間發生。一是在當地，一是在外地。當地指的是麒麟團所在地，就是平日的練團地或公會處所，以及該地區用來行開光儀式的廟堂。外地指的是，當麒麟團至外地交流、演出、甚至採青，在正式上場前，會選一間外地的廟堂前去參拜，一切都是為了祈求演出順利平安。一位拿篤的報導人說：「採青前要先拜神，拜神的地方就是『風火院』，要在天亮前拜，不可以看到太陽。意思是拜神求平安，出隊時避免血光之災」。

　　「風火院」其實是一大張紅紙，上面以毛筆寫上「神」及對聯等文字，當作神龕一樣用來祭拜的地方（圖 6-18）。這地方通常是在存放麒麟道具的客家公會會所找一個適當之處張貼在牆上，面前擺上香爐、酒杯、茶杯、水果、糖果等祭品，早期還會準備三牲，現也省略，甚至只有酒杯而已。拜神處的「風火院」在農曆年前練團之時設置，做過拜神儀式後，

圖 6-17：麒麟開光後的甦醒與拜四方儀式
斗湖客家公會麒麟教練以樹葉為青，引導開光後的麒麟甦醒，並在廟內進行拜四方儀式（劉瑞超／攝）

圖 6-18：麒麟團安神
左：拿篤客家公會麒麟團。右：山打根客家公會麒麟團（筆者重繪）

才能展開該次過年前的集訓。在過年新春採青全部結束後，舉行送神儀式，撕下「風火院」，與破損的舊麒麟頭一同火化。風火院中的「火」字必須要上下顛倒寫，原因是早期麒麟團大都是武館開設，年輕人習武血氣方剛火氣大，所以要「降火」。

（四）演出內容

針對今日麒麟演出內容的批評是最常聽見的。究竟在沙巴客家麒麟社群中，怎樣的麒麟演出才是傳統的，不同團隊間的認知也有所差異，甚至認為沒有使用兵器、打拳的，只能叫招青，不能說是招棚、打棚。因為早期麒麟文化與武館、習武有密切相關，這也是南方醒獅及麒麟的特色。山打根客家公會會長表示：「舊時練功夫的風氣很盛，用來防身的，不單是客家，所有華人都有。以前在很多地方，就算是在山芭，晚上放工後都可以看到有人在練功夫」。該會麒麟團長也說：「客家人因五胡亂華而南

遷，時常面對危險，因此相當崇尚武術。裝拆，就是一種充滿客家崇武精神的文化，這些都呈現在舞麒麟之中」。

　　早期習武風盛，藝陣文化中的武術成分很重，這也是為什麼麒麟跳會有打裝拆、打棚的緣故。當麒麟團隊來到獻青人的住家時，從進屋到退出都有一定的程序（圖 6-19）。

圖 6-19：進行麒麟跳之前要先拜家屋內外的祖先神臺、土地神（斗湖客家公會提供）

　　這裡以出身自麒麟世家的山打根客家公會麒麟團教練的麒麟知識，來說明整套採青時的「麒麟跳」流程：

1. 拜祖先、神臺，低身在屋內拜四方。
2. 以麒麟尾先出的倒退方式，退到屋外拜四方。
3. 開始打棚。麒麟跳（套路包括遊花園 [26]、踢青、迎青、吃青、醉）。收棚。

26　遊花園是華語，客家口語中是「嬲」花園，亦即麒麟在花園中遊玩的意思。從客語轉成文字書寫時，便出現了「鳥花園」、「聊花園」、「遊花園」、「逛花園」等各種寫法。

4. 武術。打套拳、裝拆（兵器）。

5. 麒麟拜（獻青人在家門前站一排，由理事率領麒麟拜，領紅包）。

6. 退場。

麒麟跳有五段步伐（跳步、麒麟步、定步、虛步、蝴蝶步），每種步伐都要做到精確表現出來才可以。麒麟跳結束後的武術表演包括了單人拳術表演（數位輪流上場），拳術包括南拳、洪拳、螳螂拳、七星步等等。之後是裝拆，由單人、雙人輪流上場，常見以刀、棍、關刀、大耙、板凳、藤牌、拐杖等上場。[27] 樂手（音師）只有在麒麟跳階段以樂聲引領麒麟，武術表演階段不作聲。目前沙巴麒麟團隊使用的樂器常見的有鼓、鑼、鈸三類。鈸類樂器有鈸、鑔、鐃三類，沙巴麒麟以鑔及鐃為主，但他們口語習慣以鑔稱之，謂之「打鑔」）。鑼依型制有平面鑼、弧面鑼、平臍鑼、突臍鑼幾種，沙巴麒麟為平面鑼類型，口語謂之「打鐺」（施德華 2009：184-191）。基本上，鑼跟鈸兩種是最基本配備，有了這兩個就能引領麒麟的步伐及動作。麒麟鼓則不是每個麒麟團都有使用，東海岸三個客家公會麒麟團，只有拿篤使用鼓。

沒有武術表演的麒麟團，就只是單純的到獻青人家中拜神龕、表演麒麟跳。但受到醒獅團文化的影響，麒麟的採青也有些轉變。原本麒麟跳中麒麟對於放在地上的一截帶葉樹枝表現出拒、迎、食等情緒姿態，也為了讓表演更有看頭，以與醒獅拚比，而出現了諸如爬高「採高青」等各種奇特的採青方式。此風一出，獻青人也開始加入獻計，以使活動為家戶帶

---

27 山打根客家公會麒麟團的打棚中，還有一項在沙巴其他地區尚未見過的「傳統」，類似跳火圈的表演，由團員表演飛躍鐵圈架的招式，但並沒真的點火。

來更多新春歡樂。有些獻青人會出題考驗麒麟團的智慧，比如準備了一缸鴨蛋，裡面藏了一隻螃蟹。麒麟頭要能將螃蟹找出，挖出蟹肉放入盤中。甚至將螃蟹或生菜綁在竹竿上，謂之「吊高青」，麒麟得像獅子上樹般爬上竹竿，以取得裡面的紅包，又或要求麒麟頭剁開堅硬的椰子，麒麟團為了紅包只能鬥智，於是在麒麟頭裡藏了剪刀、槌子、牙籤等等的工具。有位報導人說曾至啤酒工廠採青，給麒麟的青是十二罐啤酒，於是他們又發明將塑膠袋藏在麒麟頭內的方法，喝了幾口後便把剩下啤酒全倒進袋子裡。各種奇怪的採青題目不一而足，若能順利解題，獻青人高興了，有時也多加一些紅包。

新春採青全部結束後，麒麟團會舉行「送棚」或「送街坊」，即華語的「採總青」，是一種免費演出的意思。通常在正月十五麒麟團全員出動表演給當地大眾欣賞，現在會結合當地其它華團的藝陣隊伍一起舉行。[28] 按照上文說的，傳統麒麟跳步驟，整套的演出大約半個小時，但在實際「招青業務」的性質限制下，絕無可能做到，在一獻青家庭待越久，代表能採到的青越少。因此在趕場的壓力下，只得縮短表演時間，並進一步導致演出內容必須修改及濃縮。面對麒麟舞從型制到演出內容的種種變遷，山打根客家公會麒麟團長表示：

傳統上，採青包括麒麟跳跟裝拆（武術表演），整個演出大概半個小時，但新春期間趕場演出不能遲到，同時也是為了爭取更多打棚的機會，不得不將麒麟動作、過程簡化縮短，原本「麒麟跳」便已需十五

28　2015 年斗湖華文獨中巴華中學舉辦乙未年新春龍麒獅採總青活動，便有巴中校友會金龍團、福建會館京獅團、藝文體育會醒獅團、客家公會麒麟團等共同獻藝（不著撰人 2015a）。

分鐘，現在連同武術表演都必須縮短，將整場原本半小時縮短至十分鐘左右，以爭取時效趕到下一戶人家。也因此影響到一些傳統文化為了適應今天生活形式而消失了，像是麒麟逛花園就被簡化或者取消了。這是（去）中國小金口取經的原因。因為年輕世代以為這種縮短版的演出就是傳統。

有的屬會建議把麒麟變短，麒麟上架跳，加上大鼓，但（麒麟）本來是沒大鼓的，我不認同。（我）認為是因為文化傳承人本身沒有堅持住。麒麟是蹄，如果上樁了，會被人笑「客家佬無知！」

麒麟遊花園裡，要用嘴咬住麒麟頭，（雙手展開）來跳鳳凰跳……這些都消失了。……麒麟是蹄，不能上架（樁），獅足有爪，可以上架（樁）。現在有些人讓麒麟去模仿舞獅的意識型態，從服飾、音樂型態都變成獅子了，這是錯誤的做法。

拿篤一位報導人表示：

這裡（拿篤）的麒麟團最早是 50 年代華校的，是從唐山傳來，當時舞麒麟的技術很複雜，要有真功夫，不像今天這麼簡單。現在麒麟只是為社團募款為主，老人家看了也不方便說什麼。（而且）有打功夫、跳麒麟才叫打棚，而且要有關刀！目前所看到的採青還不到打棚的水準，只是舞麒麟罷了……。

面對類似的質疑，擔任過多年拿篤客家公會及當地華小的資深麒麟教練說：

拿篤的麒麟跟各地方不見得相同，因為唐山的各派各系很多，像是五梅派、水仙派……，（但）山打根的麒麟不行！[29]

二、取經之路

沙巴客聯會於 2002 年呼籲各縣屬會成立麒麟團的時期，也正是中國廣東麒麟活動如火如荼興盛的時期。在那前一年，廣東省首屆的「麒麟文化節暨麒麟舞大賽」於番禺的黃閣舉行。2007 年，惠州的小金口也舉辦第一屆麒麟文化節，主辦單位確立了「以弘揚傳統文化、促進經濟發展為宗旨的基本主線」[30]，同年，小金口榮獲「廣東省麒麟文化之鄉」的稱號。2008 年廣東省第二屆「麒麟文化節暨麒麟舞大賽」同樣於惠州小金口舉行，這場比賽主辦單位也邀請沙巴客聯會參賽。[31] 沙巴州內各客家公會的麒麟團在比賽前一個月便集中於斗亞蘭縣集訓，並取得冠軍回國。[32]2013 年，深圳市也舉辦了該市首屆麒麟文化節。在中國非物質文化遺產熱潮下，麒麟也動了起來，廣東各層級各單位各地域紛紛辦理麒麟相關活動賽事，以爭取被列入國家非物質文化遺產名錄、廣東省非物質文化遺產名錄、乃至深圳市的非物質文化遺產。

29　拿篤早期麒麟師傅傳下來的某些麒麟舞招式，在沙巴其他地方並沒有出現，像是「鮮魚煲湯」、「舞中字」、「舞神雕」等招式，因此尚不確定早期拿篤的麒麟師傅派系傳承與沙巴其他客家地區的差異，未來需要進一步探究。

30　這正是中國過去十幾年以「文化搭臺，經濟唱戲」，吸引海外資金的方式。

31　第三屆（2011）、第四屆（2016）的廣東省「麒麟文化節暨麒麟舞大賽」都在東莞的青溪鎮舉行。

32《根地咬客家公會創會四十五週年紀念特刊》，根地咬客家公會 2009：30。

2008 年沙巴客聯會組團前往惠州小金口是來自惠州市海外交流協會牽的線，斗湖客家公會也組織了麒麟訪問團前往參加這項「客家人傳統文化」活動。帶隊的該會會長以「踏上『取經之路』的心態，希望能回到祖國拜訪取經，彌補現有不足之處，找回原有的傳統精華」。[33] 廣東的惠州東莞深圳等地，有不少傑出麒麟團隊是獲得廣東省非物質文化遺產名錄登記的文化傳承單位。例如，光是深圳地區就有大船坑、龍城、觀瀾、阪田、與黎圍等幾支舞麒麟隊伍，在深圳地區麒麟舞中頗具代表性和影響力。在這次的中國取經之路上，斗湖及山打根客家公會結識了不少廣東的麒麟團隊。

中國深圳市阪田永勝堂總負責人張志明師傅，目前也是斗湖客家公會麒麟團技術顧問。他是中國國家級及廣東省級的非物質文化遺產的傳承人，身形瘦小卻聲音宏亮的他，人稱「矮哥」。矮哥的阪田永勝堂麒麟團隊近來每年都至沙巴訪問，頻繁與沙巴客家社團（尤其是東海岸）交流互動，形成一股麒麟團界的矮哥風潮。例如 2013 年 12 月，被譽為「深圳國寶級麒麟師傅」的矮哥到訪斗湖客家公會，替麒麟團帶來新麒麟及道具，也為麒麟團示範講述，拿篤客家公會會長亦親往斗湖會見，並力邀前往拿篤首次舉辦的新春夜市中表演麒麟（當時拿篤的麒麟團已解散）。

矮哥不只頻往沙巴，阪田永勝堂也多次邀請沙巴客家公會的麒麟團前往深圳參加各種麒麟觀摩、比賽、交流會等。例如 2015 年 6 月，斗湖的麒麟團前往東莞市的塘廈鎮觀摩龍形麒麟文化展演，同年 12 月又再邀約拿篤及斗湖客家公會的麒麟團，前往深圳龍華新區的觀湖，參加廣東省非物質文化遺產保護中心等單位主辦的「龍華新區非物質文化遺產展演及觀湖麒麟比賽」，當時有新加坡、馬來西亞、香港、及中國各地的共 18

---

33 〈馬來西亞沙巴州斗湖客家公會惠州文化交流團專輯〉，斗湖客家公會 2008：4-5。

圖 6-20：拿篤客家公會麒麟團前往深圳參加麒麟交流活動（拿篤客家公會提
　　　供）

支隊伍報名。這次出賽也是拿篤客家公會麒麟團復團後的第一次出國參加
比賽。詎料在隊伍出發時，深圳突然發生大規模土石流山崩意外，造成多
人死傷，觀湖這場麒麟比賽被迫暫停。馬來西亞的兩支麒麟團（斗湖、拿
篤）隨即被矮哥帶往自己主持的阪田永勝堂交流，隨後並參加「陳江街道
『深莞惠』麒麟交流活動」，與本地六支麒麟隊伍同臺演出（圖 6-20）。

　　矮哥如此頻繁往來深圳及沙巴的原因之一是中國的海外僑務政策使
然。深圳市海外交流協會爲推動海外華文教育推廣，曾在 2011 年訪問馬
來西亞期間接觸了沙巴東南海岸的斗湖客家公會，希望了解如何協助華社
推廣華教及傳承中華文化。當時斗湖客家公會早有至廣東學習取經的經
驗，但希望能獲得深圳僑務部門的協助以提高表演水平，名列國家級非物
質文化遺產的阪田永勝堂麒麟團於是與斗湖牽起了連結。帶著海外交流協
會希望在海外華社推廣麒麟的任務，矮哥的阪田永勝堂開始到沙巴交流傳
授麒麟舞（不著撰人 2011）。矮哥如此往來沙巴的另一個原因，是他發現
原來家族中有長輩在第一次世界大戰之後，從深圳阪田移民斗湖。於是他
在斗湖華文報紙上刊登尋人啟事，尋找家族後代，未幾也讓他聯繫上了斗
湖的親人。

　　具有國家級非物質文化遺產傳承人頭銜的矮哥，以及他所代表的麒麟原鄉正統麒麟文化之象徵，被東岸幾個客家公會視為學習的對象。在僑務與親情交織背景下，那他又怎麼評價沙巴的麒麟呢？矮哥說：

> 沙巴的短身麒麟是沙巴自己創出來的，不是傳統的。變成「麒麟頭獅子身」了，是一種「混血」、是「馬來麒麟」的創新。獅子才會上樹，麒麟是蹄，怎麼上樹？只能用人牽上檯。……沙巴麒麟到廟堂去開光是不對的！

　　「向原鄉學習傳統」成了客家公會及麒麟團主事者的基本態度。每當深圳阪田永勝堂麒麟來到沙巴交流，在地麒麟團就扮演了學生的角色，接受指正。但斗湖客家公會麒麟團的教練私下一直很不以為然，因為他覺得跟他過去學到的麒麟舞法、步伐都不一樣。他說：

> （2015 年 6 月之時）我帶隊到中國跟他們麒麟交流，現場七個麒麟隊伍的動作步伐，都太慢了，都慢慢來的，斗湖是快動作的步伐，（我感覺）深圳的老人家不太接受。矮哥來交流，教的都是深圳的方式，但是他步伐死板，我不想用。我教的步伐比深圳的新，但也還是有傳統。沙巴麒麟的特點是喜歡動作快，不愛深圳的慢慢的。（斗湖）主要是山打根交流，亞庇太遠了，沒有什麼交流，（解散數次的）拿篤……也沒什麼交流，不清楚他們的步法。

　　山打根客家公會自從 2008 年前往惠州小金口學習以後，便一直實施一套較為接近「傳統」的麒麟（雖然還是去廟堂開光）。近年也熱衷與州內各地麒麟團體交流。

　　2014 年 9 月 20 日山打根客家公會麒麟團包了遊覽車來到斗湖進行兩天的麒麟交流。交流地點位於巴華中學禮堂廣場，斗湖客家公會會長率幾位理事、青年團幹部、麒麟團成員在廣場候駕。雙方麒麟團教練分別領著一對公母麒麟，在鑼鈸聲中於廣場入口舉行會面儀式。[34] 會面儀式中兩位教練均站在各自麒麟前方，山打根教練拿出木製的「呈盒」，以七星步方式向前對受訪者做出呈上的動作，最後自木盒中抽出一張代表自身麒麟團的賀卡或邀約卡。接著雙方各自引領雙方麒麟互拜，然後由地主麒麟陪同來訪麒麟進入準備交流表演的廣場進行「拜四方」，來訪的麒麟團教練同樣以呈盒呈向四方。會面儀式結束後，接下來便依序是山打根麒麟團的麒麟跳及兵器對打的「裝拆」表演，以及斗湖麒麟團的麒麟跳以及上架（斗湖麒麟團現在沒有裝拆的訓練）。各自表演完後，兩位麒麟教練開始交流，並由山打根教練指導斗湖麒麟團員各種步法動作。負責樂器的音師則在旁指導斗湖鑼鈸的敲擊技巧（圖 6-21）。

圖 6-21：山打根客家公會麒麟團擔任沙巴州內麒麟團教導者（劉瑞超／攝）

34　麒麟團教練的角色如同馴獸師，在任何演出中都扮演帶領麒麟移動的角色，皆用雙手分按兩頭麒麟引導高低及方向。這與醒獅團的獅偁逗弄醒獅不同。

在兩天期間中，都是這種形式的交流，而山打根客家公會麒麟團擔任的是示範的角色。雙分透過這種交流會有何感想，身為教導方的山打根麒麟團教練表示：

斗湖的（麒麟團、青年團）團長想學整套的山打根麒麟舞法，但是跟老一輩的想法不一樣。斗湖的麒麟已經摻進獅子的步法，上架（樁）也是獅子的，麒麟只（能）在地上。

山打根客家公會另一位青年團成員則說：「（來這裡交流）是要把中國小金口學來的一套傳統教出去」。身為學習方的斗湖麒麟團教練則不平的表示：「（山打根教的）步法、打鑔、打鐺……這些我們本來就會了！」。[35] 實際訓練麒麟團員的教練這樣想，但是斗湖客家公會青年團長兼麒麟團長一直很想讓自己的麒麟團更「精進」，他失望地說：「今天斗湖麒麟團的表現像小學生一樣，很丟臉！」。但也有斗湖客家公會的理事持平表示：「這只是互相學習，因為（斗湖跟山打根）各有特色」。該會前麒麟團長也是如此看待：「老人傳下的客家文化已失傳，做不到全套了……客人文化要傳承。辦麒麟隊是為了增加新年氣氛，籌經費。與山打根客家公會麒麟交換心得，相互補充」。沙巴歷史最悠久的山打根客家公會及資深麒麟團，自視也被視為保有比較完整的傳統麒麟，有職責將傳統的麒麟知識傳遞給其它社團。拿篤客家公會曾經組成四十人的麒麟訪問團至山打根拜會交流，用意是「取人之長補己之短」。過往也長期保有兵器對打（裝拆）傳統的拿篤客家公會麒麟團，倒覺得現在山打根的功夫是

35　對於山打根客家公會麒麟團「呈盒」拜會禮儀，斗湖麒麟教練即便承受理事會的壓力也始終不願意採納使用。

「花拳繡腿，沒力，也不夠生動，不像野獸」。

　　山打根客家公家的傳統麒麟「推介式」近年一直在進行。2016 年 9 月「秉持傳承及推進客家麒麟文化」，由該會第二副理事長兼麒麟團團長率領一支 26 名麒麟團團員的隊伍，再度包了一輛大型遊覽車，以「麒麟獻瑞呈祥和」為主題，弘揚客家麒麟文化與促進中原藝術交流的宗旨，前往沙巴的西海岸及內陸區交流進行親善訪問及麒麟文化交流。他們陸續拜訪了蘭腦客家公會、古打毛律客家公會、斗亞蘭縣客家公會、斗亞蘭玉皇殿、亞庇雷藏寺，再到內陸區的丹南客家公會、根地咬客家公會。在亞庇期間，也專程前往拜會以會長郭明道為首的沙巴龍麒獅總會，以及華光功德會龍麒獅團，並且在亞庇市政廳總部前舉行採青表演，及客家傳統武器武術表演，以祝賀曾任山打根市議會主席的拿督楊文海榮任亞庇市首位華人市長。沙巴龍麒獅總會郭明道也希望借由山打根客家公會的舉動，能在與各地麒麟團體交流之餘，加強雙方的情誼與聯繫。郭也盼望日後能有各麒麟團體舉辦更多類似活動，進一步推廣麒麟文化。[36] 在與各地客家公會的交流中，如同在斗湖的交流模式一樣，皆由兩方麒麟互拜，山打根客家公會表演整套的麒麟採青過程及裝拆表演，再換受訪麒麟團表演，教練交流意見的方式進行。[37]

　　推介傳統麒麟的現象也出現在斗湖客家公會，不過，不是推介自家的麒麟團，而是來自中國非物質文化遺產代表的深圳阪田永勝堂麒麟團。筆者在沙巴總是聽聞「西馬客家人沒有麒麟文化」的說法（圖 6-22），麒麟只有在東馬沙巴這裡最多，還有砂拉越也有兩支麒麟團。因此，2016

36　參山打根客家公會臉書。

37　州內能夠擔任教學角色的不是只有山打根一團，亞庇客家公會的麒麟團也曾前往西海岸的吧巴客家公會進行類似的麒麟教學。

年 8 月底，在吉隆坡無拉港客家公會主辦的馬國客聯會年度會員大會上，斗湖客家公會率領了自家麒麟團前往的同時，也邀請阪田永勝堂麒麟團前往西馬，除了斗湖客家公會麒麟團藉此交流學習與吸取新舞藝技巧，也為了是「把傳統客家麒麟文化推廣到西馬」（不著撰人 2016b）（圖 6-23）。

　　沙巴東海岸的幾個客家公會近年紛紛向中國廣東麒麟原鄉「取經」，為的是學習傳統、正統的麒麟文化，卻又面臨另一項「純不純」的挑戰。

**圖 6-22：西馬客家社團
較常見南獅團文化**
彭亨州淡屬客家公會以醒
獅表演迎接沙巴客聯會會
長伉儷（劉瑞超／攝）

圖 6-23：永勝堂麒麟在無拉港新村拿督公廟及無拉港客家公會
斗湖客家公會將中國非物質文化遺產的深圳坂田永勝堂麒麟引介至西馬交流
（劉瑞超／攝）

三、麒麟再「淨化」

　　沙巴各華團含廟堂屬下的醒獅、麒麟等藝陣團體，都面臨同樣無法招收足夠成員的問題。斗亞蘭縣客家公會會長觀察指出，「華人子弟不多，對此類文化活動較不熱衷、家長因素。沙巴一般龍麒獅隊員有七成以上都是土著，帶隊是華人」。為了團體能夠運作，幾乎都開放非華人加入隊員。而大家也普遍對非華人隊員有相同的看法，即「土人都是為了出糧（金錢收入）才來的」[38]。以客家公會的麒麟團而言，目前只有山打根麒麟團全部都是華人，但也維持得很辛苦。該團教練在小時候剛剛加入麒麟團時，團員就已是包括客家、廣東等其他籍貫的華人，可見山打根客家公會的麒麟團一直以來都於維持華人團員這件事有相當的堅持。教練說：

　　　　現在麒麟團大概二十多位，全部是華人。但我能理解其他地區的麒麟
　　　　團摻進「番人」的難處，因為真的很難找到隊員了。麒麟是客家才有
　　　　的，（我們）不收番人團員。因為萬一他們學會了，自己出去打棚賺錢
　　　　了。

　　斗湖客家公會麒麟團目前三十多位團員，土著佔將近一半，這些團員大多是華人中學生及土著輟生。拿篤客家公會麒麟團也曾因非華人團員越來越多而解散數年，至 2015 年 4 月才再組麒麟團重新出發。[39] 內

38　本研究目前並未對非華人隊員參與麒麟團的現象有足夠理解，留待日後進
　　行研究。

39　過去拿篤客家公會麒麟團的非華人成員，並不是當地的原住民或馬來人，
　　主要是來自菲律賓、印尼非法移民的外勞。這可能是東海岸地理位置緊鄰

圖 6-24：斗湖客家公會麒麟團成員華土各約一半（劉瑞超／攝）

陸區的根地咬客家公會麒麟團，在過去十幾年來就是「一半唐人、一半土著」，連首府亞庇客家公會麒麟團也無法避免非華人成員的「混入」。其實，就筆者觀察，這些非華人年輕團員與華人團員相處挺愉快的（圖6-24），那麼，非華人成員會有什麼問題？斗湖客家公會麒麟團中亦有一半以上為非華人隊員，在新春採青活動中，曾被邀請演出之家戶抱怨由非華人舞著麒麟拜他們的祖先。一位三十多歲的斗湖客家公會會員就表示：

> 麒麟團表現不好已經被大家知道了。去年過年打棚去招的青（獻青人）在抱怨麒麟舞的很差。以前還因為用馬來人當麒麟頭，進到人家屋裡

菲律賓、印尼交界，而馬國國界管理又剛好很不嚴格的緣故，讓這些自行上岸「找吃」的底層人民可以相對從容的留在當地打工，甚至加入社團。

拜神拜祖先時被人看見而不高興！馬來人不能當這角色，最多做麒麟
尾的工作。……麒麟團代表客家公會，不能再這樣爛下去了。

因此，麒麟團的調整作法便是進屋內拜神的部分，一定要由華人隊
員擔任。屋外採青的麒麟跳，其他場合的麒麟演出，則無所謂，也因此還
是可以看到非華人團員在夜裡勤奮地扛著麒麟頭在練習著。這些非華人麒
麟團員也能在山打根麒麟團來訪交流時上場表演，因為那只是純粹麒麟交
流的切磋場合。現實就是任何沙巴藝陣團體幾乎很難避免出現非華人成
員，因為是華人子弟及其家長選擇遠觀這項華人傳統文化。拿篤客家公會
的一位幹部這麼說：

拿篤華人不多，其中客家最多。各獅隊幾乎一半是馬來人，麒麟招不
到年輕華人，因為家長不願意讓小孩太辛苦，也擔心小孩在團裡學會
抽菸、喝酒、講粗話，變壞，小孩子本身也嫌辛苦而不願意參加。但
是公會本身不願見到黑皮膚的人來舞麒麟，所以寧願花錢請外地的麒
麟團。

擔心練團太辛苦，是家長及孩童共同的心聲之一，但是今日的生活
型態裡，麒麟確實不容易對大多數子弟們產生吸引力。斗湖客家公會麒麟
團前團長在帶領這幫年輕人時的觀察是：

參加麒麟團，耗時耗力，經濟OK的，有時間的才會參加。現在年輕
人的普遍問題是只對手機、電腦有興趣，對麒麟沒興趣。麒麟團成員
以學生較多，年紀大的人工作忙跑不開。團員來源通常是招募會員子
女，但開放給有興趣的社會大眾，土著有興趣也來參加。通常團員之

間會互相介紹，先加入的人向朋友介紹，有興趣的就來。2012 年時團員有三十人，其中十位是土著。跟土著團員之間是用馬來文溝通。

吸引不到華人子弟，非華人也無訪，反正溝通無礙。此外，許多華人家長思及孩子的出路，寧願孩子將時間花在補習班裡應付學業，所以，家長通常更是華人子弟卻步社團的主要原因之一。拿篤客家公會另一位資深理事則從保存文化的角度表示：

雖然組織客家麒麟團工作是艱辛的任務，但麒麟象徵是客家人傳統文化，身為客家後裔有承傳與發揚的義務，必須堅持擁有它，希望家長能夠多鼓勵孩子參與學習。

但情況就是不樂觀，華人／客家文化似乎真的得靠非華人夥伴一起協力發揚。[40] 行得通嗎？山打根客家公會麒麟團教練在前來斗湖交流時，看著斗湖麒麟團一堆的非華人團員時，他無奈又不解地說：

山打根麒麟團成員的平均年資超過斗湖團員很多，斗湖唐人團員不到一半。在山打根教的時候（我）都會講解，讓團員知道每個動作的意義，但是如果有番人團員，要如何講解？他們也沒辦理了解（麒麟的）洗腳、洗身（動作）。

---

40 麒麟團華人成員的流失危機，有時是因為轉到醒獅團去了。拿篤客家公會青年團曾發現所屬麒麟團中，有部分成員加入其他社團的獅團，公會產生危機感，並命令麒麟團長調查與設法解決，以免來年麒麟團出隊受到影響。

　　其實，是有辦法的。斗湖麒麟團教練一直是以馬來語跟非華人團員溝通無礙的。要求的重點是做出正確動作，而不必須解釋過於繁複的意義，這有助於整個麒麟團的實務運作。如上所述，沙巴華人藝陣團體無法全面避免透過非華人成員補充新血維持團體存續，就會在實務層面上做出適應。馬來西亞全國龍獅總會於 2012 年在亞庇主辦了第一屆「全國龍獅教練培訓班」，以傳授南獅（醒獅）的相關文化知識、教練準則、教學工作準備，打算培養南獅的教練師資。承辦的沙巴龍獅協會便是以馬來語授課，以「方便非華裔人士聆聽」（不著撰人 2012b）。這意味著未來也可能培育出非華人的南獅教練帶領獅團。

　　於是我們可以發現，在麒麟團的例子上，華人大眾擔心非華人成員的「問題」，其實是文化代表性與純淨性，以及儀式「汙染」（pollution）上。這汙染表現在由非華成員撐起代表客家華人的麒麟文化，也表現在拜祖先神臺的麒麟頭下竟是黑皮膚的。公會及麒麟團人士費盡心思要招來華人團員，為的是將麒麟純淨化（Purify）。其實沙巴當下的麒麟文化本身就是一個雜揉（Hybrid）的文化。從南北麒麟長短身並存，麒獅步伐姿態混用，華人土著共舞來看，麒麟頭下其實是隻雜揉過的麒麟身。

四、麒麟再「進化」

　　沙巴華人將麒麟視為客家文化的代表，也對臺灣客家很少有麒麟文化的說法感到訝異。臺灣過去傳統的藝陣文化主要是獅陣、龍陣、宋江陣、高蹺陣、跳舞陣、布馬陣、鬥牛陣、八家將、車鼓陣、十二婆姐陣、牛犁陣等（吳騰達 2002）。近年在文化復振風潮下逐漸廣為人知的客家藝陣，當屬客家開口獅。臺灣的麒麟陣，目前僅知新竹縣新埔鎮的四座里社區有自清末流傳至今的麒麟傳統（參朱軒仙 2006），但其麒麟型制及舞法

與沙巴地區不甚相同。

由上文的觀點來看，當代沙巴客家社群的麒麟文化，其實並不專屬於客家。不過，這阻擋不了相關人士想將之打造成客家麒麟的企圖。成立於 2009 年的沙巴龍麒獅總會，致力於推廣龍麒獅文化活動，成立至今也與西馬的馬來西亞龍獅總會等組織合辦過多場舞獅錦標賽。2015 年 2 月春節前，沙巴龍麒獅總會首次投入區域性華社新春大型活動，在亞庇市舉辦了「乙未年新春聯會大會串」。當天有亞庇地區各醒獅團隊的表演，其中也包括了亞庇客家公會麒麟團、亞庇少林李家麒麟團、亞庇華光功德會麒麟團、亞庇空手道協會麒麟團等四支麒麟隊伍，甚至也安排了電音三太子及鋼管舞的表演。[41] 沙巴龍麒獅總會會長郭明道本身是亞庇市政府官員，但很熱衷文化活動。2014 年冬天，偶然在報上得知沙巴客聯會將於隔年三月舉行客家圓樓大廈的落成開幕典禮，於是他與客聯會聯繫上，決定在短短四個多月之內籌備配合客家大廈開幕大典，舉辦「沙巴世界客家麒麟觀摩大會」，對國內外麒麟團隊廣發邀請，也透過沙巴客聯會的管道，希望西馬各個客家公會也能共襄盛舉。未料，「西馬的麒麟很弱！不如沙巴！」，沒有任何西馬麒麟隊伍前來。

隔年（2015）三月，客家大廈開幕慶典活動中，除了兩天的晚宴及節目表演以外，客聯會也舉辦了「首屆國際客屬工作創新論壇」[42]、「沙巴

---

41 發源於臺灣的電音三太子是前些年由婚入沙巴斗亞蘭的臺灣人引進斗亞蘭玉皇殿的。

42 這個客家論壇除了沙巴首長等政治人物致詞推崇以外，安排了中國梅州市外事僑務局〈客家精神是中華民族優秀傳統的重要組成部分〉，以及亞庇崇正中學前校長〈在中華民族振興的背景下談青少年客屬後裔的問題〉兩場演講。客家美食節則是由州內各個客家公會婦女組夥伴準備各地各式的客家特色食物在現場販賣供來賓品嘗。

客家美食節」、以及與沙巴龍麒獅總會合作的「沙巴世界客家麒麟觀摩大會」。麒麟觀摩大會一共邀請了中國[43]、新加坡、菲律賓、香港等九支外國團隊，以及國內砂拉越州一支、沙巴州 37 支麒麟隊伍參與。沙巴龍麒獅總會在會場展示了本地師傅製作的馬國歷史上最大的麒麟頭，又舉行了規模甚大的麒麟遊街，邀了將近五十隊的麒麟，在亞庇市鬧區形成長長的麒麟陣，創下同場超過一百頭麒麟的盛況（圖 6-25）。這樣的安排為的是打破紀錄，讓兩者雙雙被記錄進《馬國紀錄大全》（Malaysia Book of Records）。

圖 6-25：亞庇市區麒麟隊伍遊行
來自國內外超過一百頭的麒麟隊伍在亞庇市區浩浩蕩蕩遊行（劉瑞超／攝）

　　在遊街隊伍及與會麒麟團隊名單上有個「借殼上市」的有趣現象。有好幾個客家公會其實已無能正常運作的麒麟團，而以廟堂或其他團體代替該公會舉牌代表存在，主辦單位表示，因為這是「客家麒麟」，所以州內每個客家公會都應該要有麒麟團出來。拿篤客家公會的麒麟團在沙巴世

43　中國來了八支麒麟團隊，主要是來自東莞及深圳地區，其中包括了深圳阪田永勝堂的「矮哥」麒麟團。

界客家麒麟觀摩大會舉行時，尚未復團，為了參與此盛會，也派出青年團成員與會，由幾位青年團成員舉著麒麟及公會名牌參加亞庇市區的麒麟遊街行程，但並未表演舞麒麟。拿篤客家公會的目的是「希望藉此機會提升青年人對客家傳統文化之興趣，盡快將本會沉寂多時的麒麟團舞動起來，做到承傳保留文化之工作」。果不其然，拿篤客家公會的麒麟團因此再生了起來，隨即展開練團，讓團員熟悉，公會並於同年底率麒麟團前往中國深圳參賽觀摩。

　　一天半時間的麒麟觀摩大會中，安排了半天的「麒麟工作坊研討會」，邀請了香港龍獅麒麟貔貅體育總會的師傅們來為麒麟團隊講解傳統麒麟文化，並解說舞麒麟該有的動作步伐要求，順帶介紹配合麒麟舞的八音樂器（圖 6-26）。

　　沙巴客聯會永久名譽會長劉瑞發在開幕式上表示：

麒麟文化在客家人從中國飄洋過海來到當時的北婆羅洲後，便開始在這片陌生土地上舞動，成了有客家人的地方，便有舞麒麟文化的出現。……隨著時代變遷，麒麟慢慢走出校園，學校裡已經看不到麒麟

圖 6-26：麒麟工作坊
香港師傅在麒麟工作坊中傳授鑼鈸樂器敲擊及呈盒步伐（劉瑞超／攝）

的踪影……。希望日後能大力的推廣，特別是針對年輕一代……讓校園裡的中華文化不再僅限於華樂、舞蹈、武術等等……。

面對沙巴客家麒麟文化衰弱及可能消失的危機，郭明道會長說安排麒麟研討就是為了更深一層認識與了解客家麒麟的各項禮儀、傳統、步法。在郭會長心中，沙巴麒麟似如同「南非犀牛」一般岌岌可危：

……重點不是發揚，而是要挽救幾百年的文化，因為麒麟代表客家人。麒麟是客家人的文化靈魂。客家人一般說打麒麟，而非舞麒麟，因為早期都要打功夫，需要好的功夫底。未來客家麒麟的發展中，也不能忽略功夫這一點。

（找）香港來的師傅（因為我們）要用原裝、原汁原味的標準追回原始客家的麒麟，因為經過數百年來，麒麟早已變了。所以找來香港的老師傅，他七十多歲了，（他就是）原裝的……希望未來成立世界客家麒麟聯合會之類的組織，名字還沒決定，用它來聯合推廣交流。否則違背客家先祖，文化失傳的失敗者，導致優秀文化無法長存。

其實本來是辦世界客家麒麟，但發現（馬國）只有沙巴有麒麟，西馬沒人來，臺灣客家公會也沒來……沙巴華人中又有六成是客家人，所以叫做沙巴世界客家麒麟……。

這個標榜客家麒麟請來原汁原味正統的師傅，在整場工作坊中都是廣東話進行解說，而且說「麒麟不是客家文化，而是全世界華人的文化」。其實，即便香港師傅如此說，在沙巴一般提到客家文化，舞麒麟就

像是芋頭扣肉般被提出來，早已在多數人心中建立起族群文化的象徵，即
便它其實如上文提到是一種雜揉性的。

　　沙巴龍麒獅總會其實想透過這個客家麒麟活動，達到更大的企圖。
做出全馬來西亞有史以來最大的麒麟頭、同時有超過一百頭麒麟遊街舞
動，都被記錄進《馬國紀錄大全》，這些只是吸引外界注目焦點的起手
式，用來累積沙巴麒麟、龍麒獅總會未來可能的社會及經濟資本。正在籌
備設立的全球性客家麒麟組織，為的就是要為全世界麒麟舞做一個標準化
的過程。在與香港龍獅麒麟貔貅總會的諮詢合作過程中，他們已初步提出
對麒麟舞比賽的評分標準，未來亦推廣到所有麒麟團隊上，包括禮儀、服
裝、道具、音樂、難度、型態、步法等項目：

難　　　度：必須要包括烏鴉曬翼、鳥（遊）花園、洗臉。依形態生動、
　　　　　　麒麟步、跳步進行評分。

步　　　法：最少要包括吊步、麒麟步、跳步、虛步、丁步這五種。

禮　　　儀：必須包括開式（禮）、長式禮、拜四門。拜四方需由左至
　　　　　　右。

比賽時間：6 到 8 分鐘。

參賽人數：6 至 10 人。

服　　　裝：整齊畫一。

道　　　具：麒麟（單角、三個釘、六個金線、尾幟、麟紋）。麒麟被順
　　　　　　序為黑、白、紅、黃、藍，字由右至左書寫「風調雨順，國
　　　　　　泰民安」。被長十呎。

樂　　　器：基本為的（底）鼓、鑼（鐺）、鈸（鑔）、扁鼓，可以加至
　　　　　　八樣（八音），但不能多加。

青陣高度不得超過二米，闊度二米，長度四米。

　　其他如時間超過或不足、道具脫落、麒麟移體等失誤均要扣分。以我的觀察經驗來看，沙巴麒麟不要說使用超過八音，基本上就只有鑼、鈸、頂多加上拿篤地區（被認為是受醒獅影響）的鼓，一共三音。斗湖客家公會麒麟團教練在麒麟工作坊上的反應也是如此，他覺得香港舞法、樂器與斗湖差很大，工作坊上不斷強調的麒麟鼓（底鼓、司鼓、單皮鼓），對許多沙巴麒麟團隊都顯得陌生。就算是與斗湖頻繁交流的深圳麒麟，在樂器及步伐也相差很遠。斗湖教練強調的是「異」的部分。對此，山打根客家公會麒麟團團長則看重「同」的部分，他認為：

> 看你傳承的是哪一派，做法不同。不同地區之間，近的（地區）比較相近，遠的就差異很大。香港的做法（過去）沒有傳承到沙巴來。不過萬法同宗，離不開基本客家麒麟的動作。

　　郭明道的客家麒麟並不包括武術部分，單純只是麒麟表演，設下的評分標準也是為了比賽。他其實不經意提到這次的麒麟觀摩大會只有沙巴州有，更是沙巴最大型的客家文化活動，西馬沒有，國外就是中國的小金口有類似的活動。前文提到，過去十餘年間，連年舉行「麒麟文化節暨麒麟舞大賽」的惠州小金口是「廣東省麒麟文化之鄉」，廣東各地麒麟團隊都競相爭取要被列入中國的國家級或省級、市級的非物質文化遺產名錄，而郭明道成功透過此次麒麟觀摩大會將兩項麒麟紀錄登錄進《馬國紀錄大全》，他的下一步是讓客家麒麟成為馬國的非物質文化遺產，想必也考量過「世遺經濟」的可能效益（圖 6-27）。但眼前，他必須要先推廣麒麟活動使之在馬國境內有一定的普遍性，此時他的參考對象便是舞獅。對比於馬來西亞發明的高樁舞獅，引領東南亞地區舞獅競賽風潮的現象，郭認為是透過比賽評分標準化的成功，才能讓各個獅團有所依循，進一步又再強

圖 6-27：列入馬國紀錄大全的最大麒麟頭

最大麒麟頭能否為客家帶來新的文化活力（劉瑞超／攝）

化舞獅競賽的市場。為了打造出標準麒麟舞及評分標準，沙巴龍麒獅總會與沙巴藝術學院合作，由藝術學院團隊透過錄影、錄音等科技方法記錄下所有舞麒麟表演團隊的步伐、形象、設計、樂器演奏，並做進一步分析整理，最後將製成《客家麒麟收錄案》，傳承麒麟文化，也給世界各地麒麟團隊一個參考。

基於推廣麒麟文化的想法，同時也擔任此次客家麒麟觀摩大會第一副主席的山打根客家公會麒麟團團長，對於將麒麟演出標準化的想法也表贊同：

> 麒麟沒有具體的組織或評分標準，不同派別、不同師傅教的，沒辦法統一評分標準，所以沒辦法搬上國際舞臺。……不像舞獅，從南中國來到這裡，馬來西亞把它改革，又成立龍獅組織來推動，形成一種機制，才（將舞獅）推上國際舞臺。

相較過去，今日沙巴麒麟文化的弱化，以及受到醒獅文化的影響，沙巴龍麒獅總會會長對此文化變遷的看法倒是很實際：

> 這是娛樂性的問題，改變傳統表演方式，走高樁有看頭，變一種 Hybrid 也好，文化是可以變成<u>商品</u>的，文化要能存活，靠政府補助、

靠人脈贊助不是長久之計。麒麟可以變成一種產業，比如專門製作標準的麒麟頭、麒麟裝備、樂器，供給麒麟團隊。……麒麟是靈獸，可以避邪、帶財、招財，但今天沒有人知道牠的好處，麒麟可以是旅遊產品、商業產品、文化產品，代表客家人的種族象徵。（如果做起來）像是入新屋、結婚，都可以用麒麟，就可以變成一種事業、產品。麒麟也可以是宗教產品，麒麟以前就是宗教信仰，比如說道教、慈濟……。如果他是（基督教）教徒，就把它當文化產品來看……。現在麒麟文化走下坡，華人（參與）少，等到走上坡後，回復自然了，自然就會吸引華人回來了。

我們可以回頭想想，沙巴龍麒獅總會要打造的是怎樣的客家麒麟？其實他提出的像是一個「客家品牌」的概念，麒麟將以文化商品化的方式變成「客家文化產業」中的一環。這個文化產業中除了客家美食，客家歌唱賽以外，將有麒麟比賽、麒麟產品、麒麟在生活上的應用。只是，這幅願景、圖像目前還無法看出它能被實踐到怎樣的程度。

本章以沙巴客家社群的麒麟為主題，呈現了麒麟文化在過去至今與華社、客家社群發展之間的關係。在過去，麒麟兼具習武防身的身體文化，與替華校募款的教育經濟功能，以及華人年節儀式上的文化功能。歷經獨立前、建國後的政治轉變，麒麟文化起起伏伏於馬國及沙巴的政治、社會結構中。如同何國忠（2006）指出，馬來西亞舞獅文化的興盛背景，其實是華人對於國家主導的排除華人的國家文化之反彈，並以華人方式自行界定何為華人文化。演變至今，馬國舞獅文化及相關組織、賽事已成東亞跨國盛事。麒麟透過文化復甦而再起之時，已換上族群文化的面貌。不同的主事者有不同的做法。沙巴龍麒獅總會因其與馬來西亞龍獅總會組織的關聯性，欲透過舞獅模式的複製，成為華人文化力展現下的「客家

麒麟」。客家公會為了保存及發揚客家文化,也透過向中國原鄉取經的途徑,盼找回能代表客家傳統的顯形、展演型文化項目。本章也從組織內部的運作探討,這個追求麒麟「真實性」以「代表客家」的族群文化,其實是一種雜揉的本質,麒麟身上揮之不去的異(異族與異質),其實象徵著客家本身即為異質性很大的集合體。在這個透過與中國原鄉交流管道找回想像中的真實之行動,基本上反映了國際政治的實況,也顯現了「沙巴客家」作為一種人群文化集合體,在認知差異、理解差異、詮釋差異之集體想像的動態過程。

從變遷的角度來看,今天在沙巴所見到的麒麟藝陣文化,其儀式功能已較往常式微,更多的是娛樂與經濟功能。Sutton(1990)針對臺灣龍獅藝陣文化的研究中,也看見了類似的文化變遷。臺灣龍獅陣頭修改了傳統內涵,轉向商業化,朝向民俗化的演出。為了演出,從民俗傳統中擇取了些許元素拼貼而成。在國慶表演遊行中,藝陣原用以凝聚團結表演者在地社群的意義,游移擴大到更大範圍中(如國家),臣屬於世俗性的愛國象徵。Carsten(1980: 246-251)對西馬半島客家聚落觀音誕辰祭典儀式的研究也顯示,布賴(Pulai)客家人遷入新村後,雖保留了布賴觀音儀式,但因應了在地環境而產生變遷,祭典成了表演、為人不為神、祭品隨便、性別不分、儀式簡化、不守齋戒等等。儀式改變的原因主要是加入了外人參與,缺乏在地歷史的連結,也使儀式原有意義難以持續。透過這樣的觀察,她指出儀式所反應出的性別差異、口述傳統與社群關係之關聯。

這兩個藝陣、儀式的案例,與沙巴麒麟的發展有著部份類同。沙巴麒麟藝陣文化過去是以特定聚落、城鎮的華人社群為範圍,在年節期間向在地華人家戶採青、為當地華校募款為主,也就是以服務當地為主,因此各地有各自的藝陣團體,這是藝陣文化、團體與地域社群的連結(但麒麟也存在跨地域性質,具有麒麟知識、資源的人,可將此經濟工具帶往外地

華人社區採青或表演，以獲取經濟利益）。在後來的發展中，麒麟藝陣調整了傳統，進入一種新的脈絡。

聚落社區本身的變遷（為求學及就業導致的人口外流與疏離藝陣）、藝陣文化的表演性質增強（導致麒麟人口往醒獅移動）、國內政治（馬國政府打壓華人文化）、國際局勢（跨國網絡的移動增加與族群文化知識的傳遞）等，都影響著這個新的發展。在這過程中，麒麟文化本身也在儀式與內涵上產生變遷，原本具有界定聚落範圍的麒麟家戶採青祭拜儀式，也因非華人成員的加入，出現了彈性安排祭拜儀式的現象。展演內涵及形式，包括表演時間、演出套路均修改至適於商業演出及比賽，而這些場合是可捨棄祭拜儀式的。

最後，沙巴客家麒麟故事反映的是，麒麟文化在此過程中展現的超越聚落（走出特定聚落）、進入國家（1980 年代反抗政府打壓華人之下的麒麟文化第一波復甦浪潮），及跨國連結（2000 年後中國非物質文化遺產風潮帶來的沙巴麒麟第二波復甦浪潮）、最後成為族群象徵（透過追求真實傳統，將麒麟打造成專屬客家的、可商品化的麒麟藝陣文化），以及沙巴客家菁英希望透過這樣的客家文化建構行動中，成為馬來西亞客家麒麟文化的中心地位。

第 7 章
結論

　　1980 年代以前，人類學的海外華人研究傳統的典範觀點是，將海外華人視為漢人社會的延長，更是瞭解中國本土的一個窗口。Maurice Freedman 的研究可說是此類代表。這樣的研究是從漢人社會研究的脈絡著手，只研究海外華人社會內部的運作，忽略了當地的社會文化脈絡，而淪為片面理解，因為海外華人社區早已與當地社會相互融合，成為當地大社會的一份子而非孤立地存在（葉春榮 1993：181）。在地脈絡的重要性，也逐漸成為學者所不可忽視的層面。尤其當我們要探究東南亞的客家認同或者客家意識時，就必須回到當地客家人所生存的脈絡中才有可能理解，因為在很多情況中，東南亞的客家認同其實只是一種亞／次族群認同，而它是在東南亞特定的社會文化與政治歷史中逐漸成形與變動的（林開忠、李美賢 2006：211）。

　　回到在地社會文化脈絡中檢視客家族群現象，並不意味著忽視了地方以外的大脈絡，尤其是跨國的層面。由於跨國的人群移動與社會文化現象的不可忽略，1980 年代以後，人類學對於移民研究的理論典範轉向跨國主義的視角，並在這樣的理解下，強調在跨國遷移中的社會、文化、認同過程，是不斷超越（邊界）的。同時「想像的社群」也成為人類學對跨

國移民研究重點之一，這樣的社群想像涉及了製作地方（making place）、對特定空間的認同與歸屬感的觀念性理解。當我們在跨國主義框架下，面對空間上的交融與邊界的消融時，「想像的社群」變成為重要的理解方式（Horevitz 2009: 753-754）。

因此，本書由馬來西亞沙巴州客家社群的移民史開始，描述了客家社群落腳在沙巴的故事，其中以組織的角度探討教會及客家公會所引領的客家社群生活面貌。發現客家在不同時代脈絡下，對於這群被喚作客家的人們有著不同的意義與影響。在過去百餘年時間之河中，人們在生活中接觸到了「族群知識、國內及跨國客家網絡、語言、文化特質」這些項目，對於「界定客家」、「走向客家」有著一定程度的影響。

巴色會造就了以客家人為主的沙巴華社之出現。透過教會的方式，維持了客家語言的存續，凝聚了這群客家教友的關係網絡。黃子堅認為，巴色會維持了沙巴客家的認同。然而，教會也隨著客家墾殖腳步在沙巴州土地上成長茁壯，走出傳統「客家教會」的限制，成為跨族群、跨文化的教會組織。如同 Nagata（2005：110）指出，雖然馬來西亞官方延續殖民時期對各族群分而治之的政策至今並未改變，但華人基督徒已然跨出以族群為分界的教會，在馬國及跨國的宗教關係中耕耘著多元性。這個跨出同時也為教會自身帶來質與量上的轉變，以及在此過程中面臨了重新界定自我的課題。

其實，基督宗教作為一種普世宗教，原就具有的性質，將其信仰跨地域跨文化傳遞世界各地的人群，這也是基督宗教在 19 世紀傳入中國的思想基礎。隨著廣東的客家基督徒社群來到沙巴，這群基督徒在宗教（社群）組織上的立基與拓展，BCCM 在蓄積足夠能量後走出客家，走出沙巴，牧養了州內其他原住族群，以及世界各國的客家及華人地區。非華人的宣教事業，主要是由 BCCM 培育出來的非華人教牧負責，華人的宣教

則由華人擔當。其中，近年來跨國的海外宣教事工上，中國客家地區、巴色會原鄉是最主要的焦點，其中隱含著反哺回饋的意義。

從在地與跨國的視野來看，這個「反哺原鄉」的意味顯露在沙巴客家基督徒在成長、自立、茁壯後，有能力回頭扶持在信仰上已衰弱的原鄉地區。而其管道乃循著過去中國廣東巴色會既有脈絡、沙巴客家與原鄉的家族連帶關係而展開，在族群文化及家族組織上都具有某種的親緣性。這種族群文化親緣性也是全球客家基督徒組織網絡建立的基礎，包括語言、歷史在內的族群文化成為推動宣教事業的利器。換言之，巴色會中國事工及全球客家基督徒網絡都可說是一種親族脈系網絡（Network of kindred action），透過移民家族連帶關係，以及客家想像共同體之族群身分，以尋根、探親、培訓等行動，所建立起來的網絡。這個網絡，為 BCCM 提供了反哺原鄉／普世宣教的管道，象徵著當年走出中國的客家基督徒與當代中國原鄉的「再連結」（re-connection）行動，也同時維繫了跨國客家基督徒共同體的連結。這個連結，同時傳遞的是基督徒與客家兩種身分屬性意義。最後，在沙巴客家基督徒的社群及組織發展史上我們可以看到，BCCM 在馬國境內的「去客家化」，在其他國家乃至中國原鄉的宣教事業卻是依循著親族網絡展開的「再客家化」進程，兩者並無違和或衝突，因為作為普世宗教的馬來西亞基督教巴色會組織，這些都是一種宣教必然的發展。

要了解海外客家的擴散與文化發展，除了鉅觀層次的國際政治經濟架構，也不能忽略移民過程的各種複雜關係，例如移民網絡、親屬關係等面向，維生方式的發展也是關注的重點，關係到成為客家（being a Hakka）的文化發展（張翰璧 2013：41）。這提醒我們必須回到在地脈絡下來看個別客家社群的生活過程。也因此，本書著重在這種跨域網絡交作下的視角來檢視沙巴客家社群。這個網絡是由在地客家、在地華社、跨國

華人、跨國客家等面向共同架構起來。如第 2 章所述，客家這種缺乏地域界限或明顯的地理依託，而立基於語言上的認同，導致客家社群在觀念及活動上都具有跨地域化和泛華化的特徵，這使得客家社群更容易透過方言紐帶建立起一種超越地域得全國性乃至全球性客家認同及聯繫網絡（劉宏、張慧梅 2007：65-90）。

　　作為中國本土以外的華人社區，沙巴客家社群在上世紀中葉接觸到了羅香林客家知識與海外華人對東亞政局發展（中國政治局勢、移民在海外的處境）交織下產生的客家浪潮。這樣的族群知識促成了客家公會的成立，也使得客家公會成為傳遞此等族群知識的窗口。客家公會頻繁透過各種活動場合、文字傳統（透過各種特刊、華文報章）、及具體物質文化，不斷重複傳遞建立這種客家知識。晚近傳播媒體及網路資訊的發達，更是加速其普遍性，最終它成了眾人的常識。此外，跨域的實體網絡讓客家社群可以因著各種（尋根、懇親、投資）理由移動到境外，接觸並見證了這樣的族群文化實體的存在。許多人因此知道自己屬於「客家」，也知道了自己這種客家在遙遠中國史中被賦予的正統地位，同時也學習到代表客家的眾多文化項目。原本作為族類的自在客家，接觸到了自為族群的「客家」，但這並不意味它能成為指導個體的行動的準則，而只是選項之一。也因此，本書在第 4 章安排了沙巴客家華人參與中國及臺灣官方各自架起的跨國網絡平臺之分析。

　　透過這個跨國網絡平臺，中國及臺灣官方各自舉辦多種類型的活動，以招攬海外華人或客家的向心（力）。夾雜了政治、經濟為主要目的之兩岸活動，引領著沙巴客家穿梭在兩岸之中，兩岸的政治對峙對於沙巴乃至馬國華人與客家而言，向來不是問題，雙方政權各自對他們的張臂歡迎，讓他們能自在的遊走。或許現階段，臺灣客家在文創軟實力方面仍略勝中國，也確實為遊走兩岸的沙巴客們所認知。但這種實力或吸引力不是他們

追求的主要或唯一目的。挾巨大政經力量崛起的中國，早在東盟（協）有強大的影響力，亞投行帶領的一帶一路戰略，早已是進入許多馬國華人日常生活的經驗中。對中國、臺灣這種跨國網絡積極參與的，仍是以在地政治經濟菁英階級為主，他們具備了遊走的資本，也欲透過這個資本將本求利，在跨國網絡中獲取更多的資本，以回應（或鞏固）其於在地網絡中的位置。

以政治經濟資本的角度來看，參與跨國活動的菁英們所呈現的是一種迴流循環網絡（Network of recycling and circulation）。也就是說，在地菁英透過本地資本的積累，於在地網絡（如全國或州級的客家公會聯合會、商會、華人大會堂等）獲得一定位置，而累積了更多資本以遊走中、臺兩岸的客家網絡。在跨國網絡中獲得的資本（如政治頭銜、經濟獲利）又再迴流到在地華社或客家網絡中，具有強化既有優勢的可能性。因此，客家公會成員參與跨國客家／客商網絡至中國投資，本質上並不同於巴色會中國事工協助原鄉建立教會的反哺行動。即便是在中國僑務政策下海外華僑回國投資，都只是著眼於商機。然而，不論是巴色會透過親族脈系網絡（Network of kindred action）所進行的反哺中國原鄉，或是客家政商菁英透過迴流循環網絡（Network of recycling and circulation）所進行跨國客家參與，兩者均展現出馬國客家與當代中國的再連結行動。

然而，沙巴客家在參與跨國活動的同時，也在進行著在地實踐。本書第 5 章所呈現的便是近年來沙巴或馬來西亞客家社團如何透過跨國網絡，學習客家文化知識，以及再生產「在地客家」元素。從人物、食物、文物、文創產品、語言、到空間，這些被賦予客家意涵的實踐中，我們可以看見跨國力量的影響與滲透。跨國客家知識，與全球市場合作，讓這一切成了可能。

在「再客家化」的麒麟藝陣文化案例上，我們可以看見族群文化的

動態變遷。沙巴麒麟藝陣文化過去是以特地聚落、城鎮的華人社群為範圍，在年節期間向在地華人家戶採青、為當地華校募款為主，也就是以服務當地為主，因此各地有各自的藝陣團體，這是藝陣文化、團體與在地社群的連結。由 1980 年代到 2000 年後的兩波麒麟復甦浪潮裡，麒麟藝陣調整了傳統，進入一種新的脈絡。聚落社區本身的變遷、藝陣文化的表演性質增強、國內政治與國際局勢等，都影響著這個新脈絡，而其反映的是沙巴客家麒麟文化在此過程中展現的超越聚落、進入國家，及跨國連結，最後成為族群象徵（透過追求真實傳統，將麒麟打造成專屬客家的族群文化表徵、可商品化的麒麟藝陣文化）。在族群研究觀點上，族群互動中所選出使用的文化象徵，並不代表該群體的文化整體，而是用來對群外宣稱自己的同質性，但群內其實有異質性。文化是處在成員間不斷對話的持續過程中，當人們強調傳統時，其實也不斷再創文化（Carsten 1980），麒麟正是這樣的情況。但是，沙巴相關主事菁英階級打造客家麒麟並不是為了建立族群邊界，而是要找出具有區隔市場效應的商品邊界，亦即品牌。藉由品牌的建立，更可確立自我的中心屬性。

河合洋尚（2013b：134-144）認為沙巴還未將客家文化當作推動地方經濟發展的策略，也還未形成全沙巴共同認可的客家文化（內涵），但若政府或商人開始注重藉客家發展經濟之間的關係，未來是有可能改變。也確如本書的觀察，沙巴客家吸收到當代意涵的「客家」，或許對沙巴而言最大的影響是嘗試將客家文化具象化，以建構本土的內涵，如本書前面章節提到的客家飲食、客家麒麟、客家教會史、類文創產品等，雖然在程度上尚未顯示出一定商品化的成果，但那已是沙巴客家遊走在本土化與全球化間的象徵，而這個過程尚在持續中。

另一方面，引領客家來到沙巴的巴色教會，對於在原鄉既已有親密關係的組織，對客家基督徒而言是一種家人般的生命陪伴關係，在烽火貧

困亂世中，在新天地裡相互扶持。對於這群基督徒，客家的意義在於這樣的生活引領與心靈依靠。那樣夾雜了信仰、逃難史、移民史、開拓史在內的我群認同可說是客家認同，它確實在特定時空中曾經存在過。今天客家基督徒與教會組織在這方面的想法已有差異，當教友（而不是主管教會宣教事業的教牧）們宣稱我們是客家教會時，強調的更是一種認同本土（沙巴巴色會歷史與情感）的關懷。隨著教會組織的擴張而走出沙巴，在中國事工的場域裡，也是顯現出這樣的關懷情感。

語言（方言）若是用來界定客家的重要範準，那麼什麼是客語？一般被認為是客家的人群，其實源自中國南方「原鄉」的不同地區，在地理上接近的，彼此語言既便有所差異但也能相通，但距離差太遠的，語言溝通上經常是無法達到相互理解的地步。那麼，這些人如何共享同為「客家」，勢必得經過建構的動態過程，而這必須回到各地客家在地的政治經濟文化脈絡中去看。以沙巴為例，客家人主要來自龍川、紫金、惠陽、寶安、五華、花縣等區域，彼此語言或有些許差異，但還算能溝通。經過長久的融合，也發展出以惠州、寶安腔為主的沙巴客語。當沙巴客家遇上來自外地例如砂拉越的河婆客家，溝通上十分費解，而這種情形經常出現在各地客家公會交流活動上，最後只得以華語行之。但是透過客家會館的出現，以及超聚落客家組織架構的建立，共享的客家身分便出現了。那麼，「客家」是一種方言群嗎？在現實上的情況是，客語在沙巴具有通用語的地位，因此許多非客家的華人也同樣習慣使用客語，有些甚至也內化進家庭私領域，但他們也清楚地認為自己不是客家。換言之，沙巴客語不等於沙巴客家人，即便說著同一種方言，也不會是方言「群」。即便是自認客家身分者，也可能只是自視為華人族類之一，而不會成群體。

劉堉珊（2015：274）認為，臺灣學者的東南亞客家研究中，大多帶著論述客家族群認同或族群性、族群特色的目的，習慣將客家作為一個

「族群」、客語作為重要族群辨識工具的角度，將客家視為獨立的文化主體，而非華人中的客家，這樣的態度透過學術交流網絡，已開始影響部分東南亞學者的客家研究。我同意劉堉珊所言，臺灣學者由客家「族群」出發的角度對當地學者有些許影響。但帶著臺灣客家族群經驗的學者，進到馬國或沙巴地方脈絡的田野之中，有時總得面臨族群想像上的落差。客家在馬來西亞或者沙巴當地，依舊不是個存在本地的族群單位，華人才是。換句話說，沙巴客家作為一種「族類」的存在，有其模糊性，他們的族群認同還是華人。但是，即便只是模糊的族類，也需要透過文化元素的選擇及展演（如客家飲食、客家麒麟），來界定自身與他人的差異。但也同樣因為這樣的模糊性，能夠讓沙巴客家人自在遊走於臺灣（自為的客家）和中國（自為的中國人）之間，但這些移動本身並非被動的，反而是沙巴客家從對照中國和臺灣的「客家」中所彰顯出的自我特點。

華人是馬來西亞社會中國家族群文化的中心之一，客家不是。因為在國族文化（national culture）內，我們可以看見次序清楚之大大小小的中心存在，它們共織一片網絡，其間互有中心與邊陲的認知或理解（謝世忠、劉瑞超 2012：228）。馬來西亞華人在經濟上的成就及政治上的努力，無不為了在馬來優先的國度中擺脫這種邊陲屬性，使自己成為國家的中心之一。所以，本書以 Hannerz 提出的網絡民族誌方法論，分析了沙巴在地、馬、中、臺跨域客家網絡中的文化與資本的流動現象，這有助我們釐清全球客家的中心、邊陲、網絡及其他種種組裝文化（setting culture），亦即文化組合（culture sets）的過程。

在全球、跨國的客家場域中，我們看見了「中心與邊陲」的網絡的展現。臺海兩岸的中國與臺灣政權在上世紀中葉以後都透過各自的國族主義召喚著海外華人、華僑，進入 21 世紀「文化搭臺，經濟唱戲」時代裡，客家文化同時成了兩岸政府吸引東南亞華社、客家社群以追求政治經

濟目的之手法。在這個時代背景下，我們可以看見馬來西亞或沙巴客家遊走在兩岸政權各自建構出的客家中心之間。網絡中的強者中心性明顯，其文化特徵也就更為公開（謝世忠、劉瑞超 2012：4），是故，中、臺兩國的當代客家文化元素也常為馬來西亞客家接納、吸收，乃至試圖找出自己的在地特色，我們在馬來西亞客家組織中看見的各種關於讓自身成為「客家新都」、「南方客都」等的想像與企圖，都是想在強調世界主義傳統的全球客家網絡中，將自我打造成另一個中心的努力，這卻又似同時顯示出其難以擺脫的「類邊陲」身分屬性（同上引 2012：227）。在這個「遊走」、「再中心化」的過程中，我們仍然可以看見客商文化、國家商業資本主義的運作邏輯是無所不在的。

　　透過跨國網絡吸取到的客家知識、文化元素，可以說是個文化啟動的機制。若將具有世界主義傾向的客家放在全球客家網絡之下來看，她或具有「類跨國境族群」的部分元素，但是每日面對的真實生活情境，或日常生活中的族群意識，更大程度上是連結於在地的政治、經濟、文化脈絡的課題。在理解地方華社脈絡有其影響力的同時，卻也不該忽略這個在地脈絡實際上受到東亞地緣政治及全球化市場力量的滲入，可說是在國內與國際政治交相影響下的行動。

　　沙巴客家的形成與發展，能夠如何有助於我們思考何謂海外華人、海外客家？東南亞乃至沙巴的客家，經歷了移民時代的華僑、獨立建國後的華人，不斷調整著自我的認同與歸屬。從落葉歸根到落地生根的單向發展思維，或許已不足以讓我們全面理解海外華人或海外客家的真實面貌。本書基本上呼應了族群並無絕對對應的實體與文化內涵。如同 Nagel（1994）在談及族群意識的建構時指出，認同（identity）與文化（culture）是族群意識的兩大基石。前者藉由族群界線（ethnic boundary）強調的是「我是誰」（who am I）的面向，後者則經由產生意

義（production of meaning）強調「我是什麼」（what am I）。他特別強調，在族群運動的過程中，某些文化的形成與發展與人的主動性有關，而且有其社會性目的，例如創造出共享的意義、強化凝聚力、提供動員的象徵基礎等均是（轉引自黃宣衛、蘇羿如 2008：85）。這也是本書同樣採取文化建構（cultural construction）的概念作為理解近年沙巴客家行動的立場，但我們更強調的是在怎樣的域內域外的多向交作過程中，客家與華人這樣的身分歸屬，如何在當地社會文化脈絡及跨國行動中生產意義。

最後，關於客家成為一種族群、客家如何形成的探討已相當多，但就沙巴而言，或許故事還沒完結，這個「客家過程」依舊持續著。客家不只是一個人群集合體、一種文化的名詞，也是一種動詞。

參考書目

Carsten, Sharon A.

    1980 *Images of Community in a Chinese Malaysian Settlement*. Ph.D. Dissertation, Cornell University.

    2005 *Histories, Cultures, Identities: Studies in Malaysia Chinese Worlds*. Singapore: SingaporeUniversity Press.

Constable, Nicole

    1994 *Christian Souls and Chinese Spirits: a Hakka Community in Hong Kong*. CA: University of California Press.

Constable, Nicole ed.

    1996 *Guest People: Hakka Identity in China and Abroad*. WA: University of Washington Press.

DeBernardi, Jean

    2004 *Rite of Belonging: Memory, Modernity, and Identity in a Malaysian Chinese Community*. CA: StanfordUniversity Press.

De Coppet, Daniel

    1992 "Comparison, a Universal for Anthropology: From 'Re-presentation' to the Comparison of Hierarchies of Values". In *Conceptualizing Society*. Adam Kuper ed., pp: 89-74. London: Routledge.

Furnivall, J. S.

    1967[1939] "Plural Societies". In *Netherlands India*, J.S. Furnivall, Pp.446-469. Cambridge: CambridgeUniversity Press. (Reprinted in abridged form

　　in Sociology of South-East Asia, Hans DieterEvers, ed. 1980, Pp.85-96.
　　Kuala Lumpur: Oxford University Press.)

Hang Sin Fong（韓銑豐）

　　1975 *The Chinese in Sabah East Malaysia*. Taipei: The Orient Cultural Service.

Hannerz Ulf

　　1992 "The Global Ecumene as a Network of Networks". In *Conceptualizing Society*. Adam Kuper ed., pp: 34-56. London: Routledge.

Hill, R. D.; Voo, Min Shin,

　　1990 "Occupational and spatial mobility in an overseas Chinese agricultural community: the Hakkas of Kudat, Sabah, Malaysia". *Sojourn* 5(2): 194-218.

Horevitz, Elizabeth

　　2009 "Understanding the Anthropology of Immigration and Migration", *Journal of Human Behavior in the Social Environment*, 19(6): 745-758.

Hsiao, Hsin-Huang Michael and Lim Khay Thiong

　　2007 "The Formation and Limitation of Hakka Identity in Southeast Asia". *Taiwan Journal of Southeast Asian Studies*, 4(1): 3-28.

Lim, Khay-Thiong and Hsin-Huang Michael Hsiao

　　2009 "Is there a Transnational Hakka Identity? Examining Hakka Youth Ethnic Consciousness in Malaysia". *Taiwan Journal of Southeast Asian Studies* 6(1): 49-80.

Liu, L. M.,

　　2008,"Dynamic Approach in Contemporary Chinese Visual Art Practice and Education: An Integration of Theories and Practices of Folk Art Culture in Higher Education." Paper presented at the Mid America College Art Association Biennial Conference, Indianapolis, IN, October 15-18, 2008

Marriot, M. and B.S. Cohen

　　1958 "Networks and Centers in the Integration of Indian Civilization". *Journal of Social Science* (Ranchi Bihar)1: 1-9.

McKay, James & Frank Lewins

　　1978 "Ethnicity and the Ethnic Group: A Conceptual Analysis and Reformulation". *Ethnic and Racial Studies* 1(4): 412-427.

Milner, Anthony

　　1998 "Ideological Work in Constructing the Malay Majority". In *Making Majorities: Constituting the Nation in Japan, Fiji, Turkey, and the United States*. Dru C. Gladney ed. Pp. 151-169. Stanford: StanfordUniversity Press.

Nagata, Judith A.

　　1981 "In Defense of Ethnic Boundaries: The Changing Myths and Charters of Malay Identity". In *Ethnic Change*, Charles F.Keyes ed. Pp. 87-116, Seattle: University of Washington

　　2005 "Christianity among Transnational Chinese: Religious versus (Sub)ethnic Affliation". *International Migration* 43(3): 99-128.

Nash, Manning

　　1989 *The Cauldron of Ethnicity in the Modern World* (Chapter 2 "Ethnicity in Peninsula Malaysia: The Idiom of Communalism, Confrontation, and Cooperation", pp:21-60. Chicago: The University of Chicago Press.

Sutton, Donald S.

　　1990 "Ritual Drama and Moral Order: Interpreting the Gods' Festival Troupes of Southern Taiwan". *The Journal of Asian Studies* 49(3): 535-554.

Tan, Chee-Beng

　　1988 *The Baba of Melaka: Culture and Identity of a Chinese Peranakan*

Community in Malaysia. Selangor: Pelanduk Publications.

2004[2000] "Social-cultural Diversities and Identities". In *The Chinese in Malaysia*. Lee Kam Hing & Tan Chee-Beng eds. Pp. 38-70. Selangor, Malaysia: OxfordUniversity Press.

Tregonning, K G

1965 *A History of Modern Sabah 1881-1963*, Singapore: University of Malaya Press.

The eTawau team

年代不詳〈南獅〉,「斗湖藝文體育會醒獅團」,http://www.etawau.com/Recreation/LionDance/YiWon.htm,2015 年 5 月 10 日上線。

年代不詳〈北獅〉,「斗湖福建會館京獅團」,http://www.etawau.com/Organization/Association/Clans/Hockien/LionDance.htm,2015 年 5 月 10 日上線。

年代不詳〈貔貅麒麟團〉,「沙巴武術協會斗湖聯委會」,http://www.etawau.com/Organization/Association/WuShu.htm,2015 年 4 月 3 日上線。

Wertheim, W. F.

1980[1964] "The Trading Minorities in South-East Asia". In *East-West Parallels*. W.F. Wertheim, Pp. 39-82. The Hague: Van Hoeve. (Reprinted in abridged form in Sociology of South-East Asia. Hans Dieter Evers, 1980, Pp. 104-120. Kuala Lumpur: OxfordUniversity Press.

Wong, Danny Tze-Ken

1998 *The Transformation of an Immigrant Society: A Study of the Chinese of Sabah*. London: Asean Academic Press.

2003 "The Search for Modernity: The Chinese in Sabah and English Education". In *Chinese Migrants Abroad: Cultural, Educational, and*

Social Dimensions of the Chinese Diaspora. Michael Walter Charney, Tong Chee Kiong and Brenda Yeoh, eds., pp. 145-160. Singapore: Singapore University Press and World Scientific.

2004 "The Chinese Population in Sabah: A Historical Survey." 刊於《馬來西亞華人人口趨勢》。文平強編。頁 147-162。吉隆坡：華社研究中心。

2013 "The Hakka in Sabah before World War Two: Their Adaptation to New Environment, Challenges and the Forging of New Identity." 刊於《東南亞客家及其周邊》（張維安編，中壢：中央大學，2013），頁 252-255。

Yen, Ching-hwang

2008 "Hakka Chinese in Southeast Asian History." In *The Chinese in Southeast Asia and Beyond: Socioeconomic and Political Dimensions*. Pp. 379-396. Singapore: World Scientific.

小林伊織

2000《中共改革開放後的僑務政策》。國立政治大學東亞研究所碩士論文。

大華府地區客家同鄉會

2014〈海外好客文化巡迴列車 —— 華盛頓〉，http://www.hakkadc.org/Pages/2014HakkaCultureSeries.aspx，2016 年 5 月 15 日上線。

不著撰人

1994〈中國政協第一副主席葉選平讚客家工商業城計畫〉。《星洲日報》1994 年 12 月 4 日。

1995〈客聯會揚州投資計畫反應熱烈〉。《南洋商報》1995 年 2 月 24 日。

2001〈山打根客家文物展令時光倒流〉。《亞洲時報》2001 年 6 月 29 日。

2003〈客家話講古仔比賽　拿篤首創〉。《亞洲時報》2003 年 6 月 18 日。

2006a〈丹南巴達小學八成是土著生〉。《華僑日報》2006 年 2 月 21 日。

2006b〈東西馬雖同屬一家華教發展卻大不同〉。《華僑日報》2006 年 10 月 30 日。

2007〈楊愛華要求馬希迪協助以土著生比例協助華小爭取特別撥款〉。《華
　　僑日報》2007 年 1 月 10 日。

2008a〈于墨齋認華文日益重要冀華社繼續支持〉。《華僑日報》2008 年 11
　　月 9 日。

2008b〈化解內部矛盾華教才有將來〉。《東方日報》2008 年 5 月 10 日。

2008c〈非華裔對華教認同未來人數仍將攀升〉。《華僑日報》2008 年 7 月
　　16 日。

2008d〈劉德甲：認為難讀．不報考華文學生日增〉。《星洲日報》2008 年
　　5 月 10 日。

2009a〈仍派不諳華文老師華小執教沙華小工委會表不滿〉。《華僑日報》
　　2009 年 1 月 7 日。

2009b〈全球客家總執行長黃石華稱譽沙巴為海外客家精神王國首都〉。
　　《華僑日報》2009 年 8 月 8 日。

2009c〈張玉揚籲保佛華社同努力為保中增添學生來源〉。《華僑日報》
　　2009 年 10 月 16 日。

2009d〈落實「一個馬來西亞」概念蔡順梅籲承認獨中地位〉。《華僑日報》
　　2009 年 12 月 28 日。

2009e〈盧金炎強調華小之存在喚起華社關注華教發展〉。《華僑日報》
　　2009 年 9 月 22 日。

2010〈沈寶發：教育政策朝令夕改校方難適應不利教〉。《華僑日報》
　　2010 年 1 月 5 日。

2011〈阪田麒麟舞向海外市僑辦將邀永勝堂麒麟隊赴海外教習〉。《深圳
　　僑報》2011 年 6 月 18 日。

2012a〈沙州美里客家公會拜訪印尼客聯總會〉。《印尼星洲日報》2012 年
　　9 月 5 日。

2012b〈首屆全國南獅教練培訓班　州級課程 10 月亞庇舉行〉。《詩華日

報》2012 年 9 月 27 日。

2014a〈中國尋根之旅春令營即日起接受報名〉。《亞洲時報》2014 年 4 月
11 日。

2014b〈雪隆龍獅聯總主席梁溧棠希望　沙獅王賽成品牌聯賽〉。《華僑日
報》2014 年 3 月 29 日。

2015a〈巴中採總青反應熱烈德源捐助兩萬令吉〉。《華僑日報》2015 年 2
月 9 日。

2015b〈第八屆世粵聯會〉。《國際日報》（印尼）2015 年 12 月 12 日。

2016a〈天賜玉麟——來自古洞的麒麟紮作技藝〉。《香港商報》2016 年 9
月 15 日。

2016b〈何天信吳秀傳率湖代表出席大馬客聯大會〉。《亞洲時報》2016 年
8 月 27 日。

2016c〈卓還來與 3 烈士公祭儀式逾 35 華團代表出席〉。《詩華日報》2016
年 7 月 30 日。

2016d〈保佛區華小工委會反對雙語言課程〉。《詩華日報》2016 年 8 月
26 日。

2016e〈客家文協引反彈客聯會轟浪費資源〉。《東方日報》2016 年 12 月
16 日。

2016f〈前必打丹中華工商會會長劉順泰揭註冊被吊銷內幕〉。《亞洲時報》
2016 年 4 月 28 日。

2016g〈盼復辦啟智建客家圓樓〉。《星洲日報》2016 年 9 月 11 日。

2016h〈梁福強籲珍惜客家傳統文化〉。《亞洲時報》2016 年 9 月 11 日。

2016i〈湖客會主席何天信認為透過年幼一代歌唱比賽可發揚客家傳統文
化〉。《華僑日報》2016 年 12 月 12 日。

山打根客家公會

1978《山打根客屬公會成立九十二週年紀念特刊》。沙巴：山打根客家公

會。

1986《山打根客屬公會成立九十二週年紀念特刊》。沙巴：山打根客家公
會。

1999〈客家文化資料中心籌畫書〉。沙巴：山打根客家公會。

山打根中華商會

2011《山打根中華商會 120 週年紀念特刊》。沙巴：山打根中華商會。

王力堅

2011〈新加坡茶陽（大埔）會館研究：以文化發展為焦點〉。刊於《東南
亞客家的變貌：新加坡與馬來西亞》。蕭新煌編，頁 105-139。臺北：
中央研究院人社中心亞太區域研究專題中心。

王曉梅

2008〈馬來西亞柔佛州客家民系的語言轉用〉。刊於《第七屆國際客方言
研討會論文集》。張雙慶與劉鎮發編，頁 39-45。香港：香港中文大
學。

2009〈馬來西亞華人族群認同與語言傳播之間的互動〉。刊於《粘合與
張力—當代馬來西亞華人族群內關係》。鄭文泉、傅向紅編，頁 175-
187。雪蘭莪：新紀元學院。

王賡武

1994《中國與海外華人》。香港：商務印書館。

2002《南洋華人簡史》。張奕善譯。臺北：水牛出版社。

中央通訊社

2015〈「2015 好客文化列車」巡迴東南亞〉，http://www.cna.com.tw/
postwrite/Detail/165919.aspx#.WKGv1G99601，2016 年 5 月 15 日上線。

中國評論新聞網

2015〈第四屆世界客商大會在梅州開幕朱小丹致辭〉，http://hk.crntt.com/
doc/1039/6/1/6/103961656_2.html?coluid=7&kindid=0&docid=10396165

6&mdate=1013002206，2016 年 6 月 8 日上線。

中國僑網

　　2015〈馬來西亞客商楊天培：發揮僑胞作用建設海絲〉，http://www.
　　chinaqw.com/jjkj/2015/10-14/67019.shtml，2016 年 6 月 8 日上線。

中國華僑歷史博物館

　　2016〈鄭潮炯先生遺物捐贈儀式在中國華僑歷史博物館舉行〉，http://
　　www.ocmuseum.cn/a/news/news/2016/0514/206.html，2016 年 5 月 19
　　日上線。

斗湖客家公會

　　1989《斗湖客屬公會舉辦第三屆客屬之夜特刊》。沙巴：斗湖客屬公會。

　　2008《馬來西亞沙巴州斗湖客家公會惠州文化交流團專輯》。沙巴：斗湖
　　客家公會。

斗亞蘭縣客家公會

　　1984《斗亞蘭縣客家公會會館落成紀念特刊》。沙巴：斗亞蘭縣客家公會。

古鴻廷

　　1994《東南亞華僑的認同問題：馬來亞篇》。臺北：聯經。1998〈英屬馬
　　來亞聯合邦華文教育之研究〉。《馬來西亞華人研究學刊》2：51-73。

　　2000〈馬來西亞華文獨立中學發展之研究〉。《馬來西亞華人研究學刊》3：
　　57-83。

古旭熙

　　1987〈我的事奉經歷〉。刊於《馬來西亞基督教巴色會特刊 1982-1986》。
　　曾國桴、周亮、涂恩友編。頁 37-39。亞庇：馬來西亞基督教巴色會。

古達客家公會

　　1985《古達客屬公會新會所落成開幕暨成立五週年紀念特刊》。沙巴：古
　　達客家公會。

　　1990〈古達客家公會十週年會訊〉。沙巴：古達客家公會。

石滄金

2005《馬來西亞華人社團研究》。北京：中國華僑出版社。

世界客屬總會

1999《世界客屬第十五屆懇親大會特刊》。吉隆坡：客屬懇親會。

田英成

1985〈一個華北移民的村莊──沙巴的山東村〉。《亞洲文化》6：65-67。

朱浤源

2001〈沈慕羽──華教領導人與打造馬來西亞〉。刊於《承襲與歷史──馬來西亞華人歷史與人物（文化篇）》。何國忠編。頁 95-130。臺北：中央研究院東南亞研究計畫。

朱軒仙

2006《麒麟隊資源在國小高年級「藝術與人文」領域課程之教學研究──以新竹縣新埔鎮國小為例》。國立新竹教育大學美勞教育研究所碩士論文。

安煥然

2010〈馬來西亞柔佛客家人的移植型態及其認同意識〉。刊於《客家的形成與變遷（下冊）》。莊英章、簡美玲編。頁 887-910。新竹：國立交通大學。

2011〈馬來西亞柔佛古來客家聚落〉。刊於《東南亞客家的變貌：新加坡與馬來西亞》。蕭新煌編，頁 185-219。臺北：中央研究院人社中心亞太區域研究專題中心。

余柯

1986〈客家的由來及對歷史文化之貢獻〉。刊於《山打根客屬公會成立九十二週年紀念特刊》。頁 108-118。沙巴：山打根客家公會。

全球客商合作交流平臺

2009〈2009 梅州‧世界客商大會定於 10 月 12 日 -14 日在梅州隆重舉

行），「世界客商大會網」，http://www.sjksdh.com/html/keshangdahui/dahuidongtai/2009/0711/794.html，2016 年 6 月 8 日上線。

何國忠

2001　〈多元文化下的抉擇──馬來西亞華人社會的文化人〉。刊於《承襲與歷史──馬來西亞華人歷史與人物（文化篇）》。何國忠編。頁 17-38。臺北：中央研究院東南亞研究計畫。

2006[2002]　《馬來西亞華人：身分認同、文化與族群政治》。吉隆坡：華社研究中心。

宋哲美

1957　《北婆羅洲、婆羅乃、砂勞越華僑經濟》。海外出版社。

1963　《華僑志：北婆羅洲、婆羅乃、砂勞越》。臺北：華僑志編纂委員會。

1966[1963]　《馬來西亞華人史》。香港：東南亞研究所。

利亮時

2011　〈錫、礦家、與會館：以雪蘭莪嘉應會館和檳城嘉應會館為例〉。刊於《東南亞客家的變貌：新加坡與馬來西亞》。蕭新煌編，頁 65-85。臺北：中央研究院人社中心亞太區域研究專題中心。

沙巴客屬公會聯合會

1983　《沙巴客屬公會聯合會年刊創刊號》。沙巴：沙巴客屬公會聯合會。

吧巴縣客家公會

1994　《吧巴縣客家公會成立十週年紀念特輯》。沙巴：吧巴縣客家公會。

你好臺灣網

2010　〈中國閩西第二屆國際客屬龍舟文化節〉，http://www.hellotw.com/zthz/gbzq/fyzt/lakjgflt/gflthxkj/201006/t20100617_578827.htm，2016 年 6 月 20 日上線。

2011　〈全球首個「客商」研究性機構在梅州成立〉，http://www.hellotw.com/mnkj/mzbjb/201112/t20111206_701116_2.htm，2016 年 6 月 8 日上

線。

李盈慧

1997《華僑政策與海外民族主義（1912-1949）》。臺北：國史館。

李偉權

2011〈家族企業接班規劃：霹靂州客家錫礦家族之興衰〉。刊於《東南亞客家的變貌：新加坡與馬來西亞》。蕭新煌編，頁 261-287。臺北：中央研究院人社中心亞太區域研究專題中心。

李坤才

2015〈沙巴華人與基督教巴色會的淵源〉。刊於《沙巴的客家人故事》，張德來編，頁 171-172。沙巴：沙巴神學院。

李明歡

1995《當代海外華人社團研究》。廈門：廈門大學出版社。

吳欣怡

2010《同胞與外人之間：馬來西亞「僑生」的身份與認同》。國立臺灣大學人類學系碩士論文。

吳曉慧

2008《馬來西亞沙巴州華語的研究》。國立彰化師範大學國文研究所國語文教學碩士論文。

吳騰達

2002《臺灣民間藝陣》。臺北：晨星。

林正慧

2015《臺灣客家的形塑歷程清代至戰後的追索》。臺北：國立臺灣大學。

林育建

2011〈客家族群商業網絡的形成與變遷：以馬來西亞太平中藥業為例〉。刊於《東南亞客家的變貌：新加坡與馬來西亞》。蕭新煌編，頁 315-338。臺北：中央研究院人社中心亞太區域研究專題中心。

林開忠

　　1999《建構中的「華人文化」：族群屬性、國家與華教運動》。馬來西亞：
　　　　華社研究中心。

　　2009[2008]〈全球化、現代國家與東南亞的族群關係〉。刊於《東南亞概
　　　　論：臺灣的視角》。李盈慧、王宏仁編。頁161-192。臺北：五南。

　　2011〈日常生活中的客家家庭：砂勞越石山與沙巴丹南客家家庭與日常
　　　　生活〉。刊於《東南亞客家的變貌：新加坡與馬來西亞》。蕭新煌編，
　　　　頁403-443。臺北：中央研究院人社中心亞太區域研究專題中心。

　　2013〈從「客幫」到「客屬」：以越南胡志明市崇正會館為例〉。刊於《客
　　　　居他鄉：東南亞客家族群的生活與文化》。林開忠編，頁114-130。苗
　　　　栗：客家委員會客家文化發展中心；南投：國立暨南國際大學東南亞
　　　　研究中心。

林開忠、蕭新煌

　　2007〈家庭、食物與客家認同：以馬來西亞客家後生人為例〉。「第十屆
　　　　中華飲食文化學術研討會」。Penang：Bayview Hotel，2007年11月
　　　　12-14日。

林開忠、李美賢

　　2006〈東南亞客家人的認同層次〉。《客家研究》1：211-238。

林廷輝、方天養

　　2005《馬來西亞新村：邁向新旅程》。吉隆坡：策略分析與政策研究所。

河合洋尚

　　2010〈客家文化重考——全球時代下空間和景觀的社會生產〉。《贛南師
　　　　範學院學報》2：3-9。

　　2013a〈空間概念としての客家－「客家の故鄉」建設活動をめぐって〉。
　　　　《國立民族學博物館研究報告》37(2)：199-244。

　　2013b〈馬來西亞沙巴州的客家人——關於移民、認同感、文化標誌的初

步報告〉。《客家研究輯刊》42：134-144。

2013c〈「硬性」客家文化與「軟性」客家文化〉。《客家研究輯刊》42：1-3。

客家委員會

年代不詳〈本會簡介〉，「機關介紹」，http://www.hakka.gov.tw/Content/Content?NodeID=439&PageID=33588&LanguageType=CH，2016 年 10 月 15 日上線。

年代不詳〈本會重點施政〉，「機關介紹」，http://www.hakka.gov.tw/Content/Content?NodeID=634&PageID=37676&LanguageType=CH，2016 年 11 月 10 日上線。

2001《訪問馬來西亞與新加坡客屬團體報告》。臺北：行政院客家委員會。

2011《參加東南亞地區客屬團體年會暨訪視當地客家鄉親出國報告》。新北：行政院客家委員會。

2015〈「2014-2015 海外好客文化巡迴列車東南亞團授旗儀式」記者會〉，http://www.hakka.gov.tw/Content/Content?NodeID=617&PageID=34906，2016 年 5 月 15 上線。

2015《參加泰國臺灣客家同鄉會 14 週年慶與第七、八屆理事長連任典禮暨泰馬客家藝文巡演心得報告》。新北：客家委員會。

2016〈客庄南向國際交流合作試辦成果豐碩〉，http://www.hakka.gov.tw/Content/Content?NodeID=34&PageID=38029，2016 年 12 月 7 日上線。

2016〈大會歡迎詞〉，「海外客家社團負責人諮詢會議」http://www.2016worldhakka.com/edcontent.php?lang=tw&tb=1，2016 年 10 月 30 日上線。

洪麗芬

2007〈馬來西亞華人的語言馬賽克現象——語言融合的表現〉。《東南亞研究》2007(4)：71-76。

2008〈試析馬來西亞華人母語的轉移現象〉。《華僑華人歷史研究》

2008(1)：32-41。

香港商報網

2016〈2016 中國（開封）客家國際龍舟賽隆重舉行〉，http://www.hkcd.com/
　　content_p/2016-06/11/content_34406.html，2016 年 6 月 20 日上線。

保佛客家公會

1993《保佛福客家公會慶祝會所開幕暨第二十八週年銀禧紀念特刊》。沙
　　巴：保佛客家公會。

南洋年鑑編輯委員會

1939《南洋年鑑》。新加坡：南洋商報營業部。「日本國會圖書館」http://
　　dl.ndl.go.jp/info:ndljp/pid/1759942，2016 年 5 月 20 上線。

涂恩友

1983〈本會教牧神學訓練之沿革〉。刊於《馬來西亞基督教巴色會百週年
　　紀念特刊（1882-1982）》。頁 170。沙巴：馬來西亞基督教巴色會。

1987〈教會近二十年發展概況（1964-1985）〉。刊於《馬來西亞基督教巴
　　色會特刊 1982-1986》。曾國榉、周亮、涂恩友編。頁 4-11。亞庇：馬
　　來西亞基督教巴色會。

2003〈獻詞〉。刊於《馬來西亞基督教巴色會慶祝一百二十週年紀念古達
　　區紀念特刊》。頁 6-7。沙巴：馬來西亞基督教巴色會古達區會。

2008[2007]《從文化釋經角度探索馬來西亞的沙巴族群身份》。臺北：東
　　南亞神學教育協會臺灣分會。

涂稚冰

1964〈讀宋哲美教授的北婆羅洲、婆羅乃、砂勞越華僑志〉。《史繹》1：
　　94- 101。

施德華

2009《中國獅舞之藝術》。臺北：國家出版社。

星野麗子

2013〈作為「硬性文化」的「客家文化」──以江西省贛州「五龍客家風情園」為例〉。《客家研究輯刊》42：26-34。

范雅梅

2005《論 1949 年以後國民黨政權的僑務政策：從流亡政權、在地知識與國際脈絡談起》。國立臺灣大學社會學研究所碩士論文。

唐人街網

2014〈梅州市舉行首屆"海外學子客都情"活動〉，http://www.tangrentown.com/text/9209.html，2016 年 5 月 17 日上線。

徐眷民

1983〈馬來西亞基督教巴色會簡史〉。刊於《馬來西亞基督教巴色會百週年紀念特刊 (1882-1982)》。頁 21-22。沙巴：馬來西亞基督教巴色會。

亞庇客家公會

1957《北婆羅洲客屬公會新會所開幕紀念特刊》。鍾月樵等編。亞庇：北婆羅洲客屬公會。

2005《亞庇客家公會四禧慶典紀念特刊》。沙巴：亞庇客家公會。

2010《亞庇客家公會五禧慶典紀念特刊》。沙巴：亞庇客家公會。

2015《亞庇客家公會五禧慶典紀念特刊》。沙巴：亞庇客家公會。

高信

1963〈序〉。刊於《華僑志：北婆羅洲、婆羅乃、砂勞越》。宋哲美著，頁 1-2。臺北：華僑志編纂委員會。

拿篤客家公會

2003《拿篤客家公會創會二十週年紀念特刊》。沙巴：拿篤客家公會。

拿篤中華商會

1994《拿篤中華商會四十五週年紀念特刊》。沙巴：拿篤中華商會。

根地咬客家公會

1984《根地咬客屬公會慶祝成立二十週年暨新廈落成開幕典禮紀念特刊》。

沙巴：根地咬客屬公會。

2009《根地咬客家公會創會四十五週年紀念特刊》。沙巴：根地咬客家公
　　會。

馬來西亞客家公會聯合會

1994《神州探索——大馬客聯工商考察團訪問中國記》。馬來西亞客家公
　　會聯合會。

2015《淶系客家人》。柔佛：馬來西亞客家公會聯合會。

馬來西亞基督教巴色會

年代不詳《馬來西亞基督教巴色會中文大會月刊》。

1983《馬來西亞基督教巴色會百週年紀念特刊 1882-1982》。

1987《馬來西亞基督教巴色會特刊 (1982-1986)》。沙巴：馬來西亞基督教
　　巴色會。

2012〈巴色會 130 年歷史回顧〉，https://www.youtube.com/watch?v=-
　　6nEvhZ8Ka4。

馬來西亞基督教巴色會古達區會

2002《馬來西亞基督教巴色會一百二十週年紀念古達區紀念特刊》。沙巴：
　　馬來西亞基督教巴色會古達區會。

馬來西亞基督教巴色會孟家達堂

2012《馬來西亞基督教巴色會孟家達支會例會八十週年（1930-2010）紀
　　念特刊》。亞庇：馬來西亞基督教巴色會孟家達堂。

馬來西亞華校董事聯合會總會

年代不詳〈董總簡介〉http://www.dongzong.my/aboutus.php，2016 年 11
　　月 30 日上線。

馬來西亞統計部

2016〈Population by States and Ethnic Group, 2015〉，https://www.statistics.
　　gov.my/，2016 年 12 月 3 日上線。

陳冬和編

2009《北婆羅洲抗日神山游擊隊》。Kota Kinbalu: Opus Publications。

陳安仁

1963〈序〉。刊於《華僑志：北婆羅洲、婆羅乃、砂勞越》。宋哲美著，
頁 1-2。臺北：華僑志編纂委員會。

陳偉玉

2004〈卓還來領事對北婆羅洲的功績〉。《淡江史學》15：237-252。

陳美華

2008〈族群、歷史與認同——以馬來西亞客聯會的發展為探討〉。《馬來
西亞華人研究學刊》11：1-45。

2011〈馬來西亞雪蘭莪烏魯冷岳客家聚落〉。刊於《東南亞客家的變貌：
新加坡與馬來西亞》。蕭新煌編，頁 221-258。臺北：中央研究院人社
中心亞太區域研究專題中心。

黃子堅

2005〈沙巴客家移民與英文教育〉。《海洋文化學刊》創刊號 (2005.12)：
67-85。張德來編，頁 119-138。亞庇：沙巴神學院。

2011〈馬來西亞基督教巴色教會與沙巴州的客家族群〉。刊於《東南亞客
家的變貌：新加坡與馬來西亞》。蕭新煌編，頁 367-402。臺北：中央
研究院人社中心亞太區域研究專題中心。

2015a〈夏南南 - 孟家達 - 德里福的客家基督徒在百年歷史的情境裡作定
位〉。刊於《沙巴的客家人故事》。張德來編，頁 119-138。亞庇：沙
巴神學院。

2015b〈基督教巴色會與沙巴的 130 年歷史〉。刊於《沙巴的客家人故事》。
張德來編，頁 71-87。亞庇：沙巴神學院。

黃玉奎

2005〈沙巴客家人對沙巴及祖居地的貢獻〉。刊於《亞庇四禧慶典紀念特

刊》。頁 185-190。沙巴：亞庇客家公會。

黃辰濤

2009《爭取海外力量：中華民國外交、僑務、黨務在新馬的運作 (1945-1957)》。國立暨南國際大學歷史學系研究所碩士論文。

黃信洋

2017〈政治先行抑或文化先行：世界客屬懇親大會的全球客家族群網絡建構方式之探討〉。刊於《在地、南向與全球客家》。張維安編，頁 499-531。新竹：國立交通大學出版社。

黃惠仁

1994〈南來北婆羅洲 (沙巴) 的客家人〉。刊於《吧巴縣客家公會成立十週年紀念特輯》。頁 55-56。沙巴：吧巴縣客家公會。

黃賢強

2011〈新加坡永定會館：從會議記錄和會刊看會館的演變〉。刊於《東南亞客家的變貌：新加坡與馬來西亞》。蕭新煌編，頁 33-64。臺北：中央研究院人社中心亞太區域研究專題中心。

2015《跨域史學：近代中國與南洋華人研究的新視野》。臺北：龍視界。

黃宣衛、蘇羿如

2008〈文化建構視角下的 Sakizaya 正名運動〉。《考古人類學刊》68：79-108。

黃淑玲、利亮時

2011〈共進與分途：二戰後新馬會館的發展比較〉。刊於《東南亞客家的變貌：新加坡與馬來西亞》。蕭新煌編，頁 87-104。臺北：中央研究院人社中心亞太區域研究專題中心。

莊仁傑

2016〈柔佛古廟遊神中的新山客家公會與感天大帝〉。《全球客家研究》6：253-278。

麥留芳

　1985《方言群認同：早期星馬華人的分類法則》。臺北：中央研究院民族
　　　學研究所。

曹德安

　2001〈同鄉組織新方向之探討〉。刊於《亞庇客家公會三喜慶典紀念特
　　　刊》。沙巴：亞庇客家公會。

陸漢思（Hans Lutz）

　2015〈宣教士的移民中介角色〉。刊於《沙巴的客家人故事》。張德來編，
　　　頁 59-69。亞庇：沙巴神學院。

曾國桴

　1987〈發刊辭〉。刊於《馬來西亞基督教巴色會特刊（1982-1986）》。曾國
　　　桴、周亮、涂恩友編，頁 3。亞庇：馬來西亞基督教巴色會。

曾慶豹

　2001《馬來西亞華文教育的困境與出路》。臺北：海華。

惠州區外事僑務局

　2013〈第二屆東南亞華裔青少年（惠州）冬令營到小金口觀摩學習〉，
　　　http://wsqwj.hcq.gov.cn/content/?323.html，2015 年 1 月 11 日上線。

教育部

　年代不詳「教育部主管法規查詢系統」，http://edu.law.moe.gov.tw/
　　　LawContentDetails.aspx?id=FL009263，2016 年 5 月 10 上線。

湯詠詩

　2012[2002]《一個華南客家教會的研究：從巴色會到香港崇真會》。香港：
　　　基督教中國宗教文化研究社。

葉日嘉

　2006《兩岸客家研究與客家社團之政治分析——以「世界客屬懇親大會」
　　　為中心》。中國文化大學中國大陸研究所碩士論文。

葉春榮

1993 〈人類學的海外華人研究〉。《中央研究院民族學研究所集刊》75：
171-201。

新山客家公會

1995 《馬來西亞客家公會聯合會活動簡介（九五年一月至五月）》。柔佛：
新山客家公會。

張侃

2005 〈胡文虎與馬來西亞客家社團關係初探〉。刊於《中華心‧客家
情——第一屆客家學研討會論文集》。頁 43-76。吉隆坡：馬來西亞客
家學研究會。

張容嘉

2018 《客家想像的全球多樣化：浮現與蛻變》。國立清華大學社會學研究
所博士論文。

張育強

1987 〈我的蒙召〉。刊於《馬來西亞基督教巴色會特刊 1982-1986》。曾國
桴、周亮、涂恩友編。頁 60-62。亞庇：馬來西亞基督教巴色會。

張維安

2013 〈序：從互動中浮現客家文化特色〉。刊於《東南亞客家及其周邊》。
張維安編，頁 iii-v。中壢：國立中央大學。

2015 《思索臺灣客家》。中壢：國立中央大學。

張德來

2002 《沙巴的客家人：客家華人貢獻沙巴州現代化之探討》。沙巴：沙巴
神學院。

2014 〈沙巴早期的客家移植史〉。《馬來西亞人文與社會科學學報》3(1)：
1-9。

2015a 〈1913 年華南人及華北人移民北婆羅洲之異同〉。刊於《沙巴的客

家人故事》。張德來編。頁 89-101。沙巴：沙巴神學院。

2015b〈沙巴的客家人故事〉。刊於《沙巴的客家人故事》。張德來編。頁 5-17。沙巴：沙巴神學院。

張德來編

2007《沙巴的客家移民實驗：客家人南來夏南南、孟家達、德里福開埠 九十週年紀念特輯》。沙巴：沙巴神學院。

2015《沙巴的客家人故事》。沙巴：沙巴神學院。

張翰璧

2011〈族群政策與客家產業：以新馬地區的典當業與中醫藥產業為例〉。 刊於《東南亞客家的變貌：新加坡與馬來西亞》。蕭新煌編，頁 289- 314。臺北：中央研究院人社中心亞太區域研究專題中心。

2013《東南亞客家及其族群產業》。中壢：國立中央大學。

2014〈「服貿」經濟治理中的社會／族群影響〉。《全球客家研究》3：255- 260。

張曉威、吳佩珊

2011〈馬來西亞客家聚落的產業經濟發展：以沙登新村為例〉。刊於《東 南亞客家的變貌：新加坡與馬來西亞》。蕭新煌編，頁 143-184。臺 北：中央研究院人社中心亞太區域研究專題中心。

張維安、張容嘉

2011〈馬來西亞客家族群信仰〉。刊於《東南亞客家的變貌：新加坡與馬 來西亞》。蕭新煌編，頁 339-366。臺北：中央研究院人社中心亞太區 域研究專題中心。

張維安、張翰璧

2005〈東南亞客家族群認同之雙重隱性：以中大客籍僑生為例〉。《台灣 東南亞學刊》，2(1)：125-150。

張陳基、張翰璧

2020〈研究方法〉。刊於《東南亞客家社團組織的網絡》。蕭新煌、張翰璧、張維安編，頁 37-49。中壢：國立中央大學出版中心。臺北：遠流。

楊建成

1982《馬來西亞華人的困境：西馬來西亞華巫政治關係之探討 1957-1978》。臺北：文史哲出版社。

蔡志祥

2011〈本土化、區域化和全球化：華社與故鄉及世界的聯繫－以新加坡潮州八邑會館為例〉。刊於《族群、歷史與文化－跨域研究東南亞及東亞》。黃賢強編。頁 503-518。新加坡：新加坡國立大學。

鄔天輝

1987〈我的進修生活〉。刊於《馬來西亞基督教巴色會特刊 1982-1986》。曾國梂、周亮、涂恩友編。頁 64-66。亞庇：馬來西亞基督教巴色會。

2011《探討「全球客家福音協會」如何推動 21 世紀普世宣教使命》。香港信義宗神學院教牧學博士論文。

廣東省文化館（廣東省非物質文化遺產保護中心）

年代不詳〈非物質文化遺產（獅舞）廣東醒獅〉，「廣東省非物質文化遺產網」，http://www.gdsqyg.com/wzwh/show.php?itemid=472，2015 年 4 月 3 日上線。

年代不詳〈非物質文化遺產（麒麟舞）深圳麒麟舞〉，「廣東省非物質文化遺產網」，http://www.gdsqyg.com/wzwh/show.php?itemid=482，2015 年 5 月 1 日上線。

年代不詳〈非物質文化遺產舞貔貅〉，「廣東省非物質文化遺產網」，http://www.gdsqyg.com/wzwh/show.php?itemid=499，2015 年 4 月 3 日上線。

翟振孝

2006《遷移，文化與認同：緬華移民的社群建構與跨國網絡》。國立清華

大學人類學研究所博士論文。

劉崇漢

　　1998〈獨立後華人鄉團組織〉。刊於《馬來西亞華人史新編（第三冊）》。
　　　　林水豪、何國忠、何啟良、賴觀福編，頁 379-417。吉隆坡：馬來西
　　　　亞中華大會堂總堂。

劉立敏、劉明宗

　　2010〈「花布」美學意象與文化記憶初探：以客家族群為例〉。刊於《客
　　　　家的形成與變遷（下冊）》。莊英章、簡美玲編。頁 745-770。新竹：
　　　　國立交通大學。

劉宏

　　2013《跨界亞洲的理念與實踐：中國模式、華人網絡、國際關係》。南京：
　　　　南京大學。

劉宏、張慧梅

　　2007〈原生性認同、祖籍地聯繫與跨國網絡的建構：二戰後新馬客家人
　　　　與潮州人社群之比較研究〉。《臺灣東南亞學刊》4(1)：65-90。

劉堉珊

　　2015〈當代臺灣客家族群經驗對東南亞客家論述發展的可能影響〉。刊於
　　　　《客家文化、認同與信仰－東南亞與臺港澳》。張維安編，頁 255-287。
　　　　中壢：國立中央大學。

劉義章

　　2015〈承先啟後、承擔使命——得到客家、傳到地極〉。刊於《第四屆全
　　　　球客家福音大會手冊》。頁 66-73。新竹：基督教客家福音協會。

劉繼堯、袁展聰

　　2018《武舞民間——香港客家麒麟研究》。趙式慶主編。香港：商務印書
　　　　館（香港）有限公司。

賴觀福

2016《回首歷史往事》。吉隆坡：賴觀福。

鳳凰網

2016〈中國（開封）客家國際龍舟邀請賽隆重舉行〉，http://news.ifeng.
com/a/20160612/48959054_0.shtml，2016 年 6 月 20 日上線。

鍾月樵

1957〈本會史略（一）〉。刊於《北婆羅洲客屬公會新會所開幕紀念特刊》。
鍾月樵等編。頁 75-78。亞庇：北婆羅洲客屬公會。

鍾湘湄

2015〈組織體系與宗教社團的發展：馬來西亞基督教巴色會的歷史個案〉。
刊於《沙巴的客家人故事》。張德來編。頁 139-150。沙巴：沙巴神學
院。

鍾德馨

2002[1956]〈古達在初期教會之概況〉。刊於《馬來西亞基督教巴色會
一百二十週年紀念古達區紀念特刊》。頁 208-211。沙巴：馬來西亞基
督教巴色會古達區會。

顏清煌

1991《新馬華人社會史》。栗明鮮譯。北京：中國華僑出版社。

蕭文評

2010〈近代客家僑鄉的形成與建構：以大埔縣百侯村為例〉。刊於《客家
的形成與變遷 (上冊)》。莊英章、簡美玲編，頁 267-298。新竹：國
立交通大學出版社。

蕭新煌、張維安、范振乾、林開忠、李美賢、張翰璧

2005〈東南亞的客家會館：歷史與功能的探討〉。《亞太研究論壇》28：
185-219。

蕭新煌、林開忠、張維安

2007〈東南亞客家篇〉。刊於《臺灣客家研究概論》。徐正光編。頁 563-

581。臺北：行政院客家委員會、臺灣客家研究學會。

蕭新煌

2017〈臺灣與東南亞客家認同的比較：延續、斷裂、重組與創新〉。刊於
《臺灣與東南亞客家認同的比較：延續、斷裂、重組與創新》。蕭新煌
編。中壢：國立中央大學出版中心。臺北：遠流。

蕭新煌編

2017《臺灣與東南亞客家認同的比較：延續、斷裂、重組與創新》。徐正
光編。中壢：國立中央大學出版中心。臺北：遠流。

蕭新煌、張翰璧、張維安編

2020《東南亞客家社團組織的網絡》。中壢：國立中央大學出版中心。臺
北：遠流。

戴萬平、顧長永

2005〈華人移民社會的認同政治：臺灣與馬來西亞〉。刊於《百年回眸：
馬華社會與政治》。何國忠編，頁 311-338。吉隆坡：華社研究中心。

魏月萍

2005〈從「離心」到「主體」歷史意識的建構：獨立後馬華地方史初探〉。
刊於《百年回眸：馬華社會與政治》。何國忠編。頁 63-79。吉隆坡：
華社研究中心。

謝世忠、劉瑞超

2012《客家地方典慶和文化觀光產業——中心與邊陲的形質建構》。南投：
國史館臺灣文獻館。

羅素玫

2010《千島之國中的「他者」：印尼峇里島的客家社群與族群現象》。行
政院客家委員會獎助客家學術研究計畫。